电网企业级管理信息系统运维体系及实践

陈祖斌◎主编

中国财富出版社

图书在版编目（CIP）数据

电网企业级管理信息系统运维体系及实践 / 陈祖斌主编. —北京：中国财富出版社，2016. 12

ISBN 978 - 7 - 5047 - 6332 - 7

Ⅰ. ①电… Ⅱ. ①陈… Ⅲ. ①电力工业—工业企业管理—管理信息系统—研究—中国 Ⅳ. ①F426. 61

中国版本图书馆 CIP 数据核字（2016）第 287392 号

策划编辑 谢晓绚　　**责任编辑** 宋宪玲

责任印制 何崇杭　　**责任校对** 孙会香　孙丽丽　张营营　　**责任发行** 邢有涛

出版发行 中国财富出版社

社　　址 北京市丰台区南四环西路 188 号 5 区 20 楼　　**邮政编码** 100070

电　　话 010 - 52227568（发行部）　　010 - 52227588 转 307（总编室）

010 - 68589540（读者服务部）　　010 - 52227588 转 305（质检部）

网　　址 http：//www. cfpress. com. cn

经　　销 新华书店

印　　刷 北京京都六环印刷厂

书　　号 ISBN 978 - 7 - 5047 - 6332 - 7/F · 2690

开　　本 787mm × 1092mm　1/16　　**版　　次** 2016 年 12 月第 1 版

印　　张 15. 5　　**印　　次** 2016 年 12 月第 1 次印刷

字　　数 340 千字　　**定　　价** 62. 00 元

本书编写组

主　　编：陈祖斌

编写成员：胡继军　谢　铭　黄连月　宋骏豪　陆冰芳　苏宇琦
莫英红　周迪贵　刘　强　谢朋宇　陈剑皓　王　海
高爱琴　贺冠博　杭　聪　陶镇威　曾明霏　郑俊明
欧阳喆　陈勇铭　蒙　亮　翁小云　袁　勇　邓戈锋
叶　林　张　鹏　谢　菁　唐玲丽　黎　新

前　言

信息技术及其应用的快速发展，使各行各业都取得了前所未有的成就，推动了技术革命演变为产业革命和社会革命，由此带来的变革以及由这种变革造成的影响，似乎已经超过以往机械化、电气化、自动化为代表的工业技术革命。当前社会是信息化、数字化、智能化格局，信息系统以信息技术为骨干，与信息网络、信息资源相结合，构成了最活跃的生产力，承载着以信息技术创新能力、信息技术应用和信息资源开发利用广度和深度为标志的信息化应用能力水平，成为提升企业、行业甚至是国家竞争力的主要标志。在这种影响下，许多组织在信息技术与信息系统方面进行了大量投资，以寻求竞争优势。信息化建设逐渐成为企业中最大的几项支出之一。但是，企业对信息化建设的投资却往往不能带来令人满意的回报，甚至给企业带来很大风险，这不仅阻挠了企业进一步开展信息化工作，也令信息化建设工作者感到困惑。

信息化建设面临的首要问题是 IT 价值交付或 IT 投资绩效，即著名的“IT 生产率悖论”。全球经济论坛首席经济学家史蒂芬·罗奇教授曾发表文章指出“计算机化的迅猛增长与经济绩效之间没有多少关系”。诺贝尔获得者、美国经济学家罗伯特·索罗提出了著名的“生产率悖论”：“你可以在世界任何角落和生活的各个领域看到计算机时代的影子，但是在经济统计年鉴上除外。”根据一项长达 5 年，对全球很多典型企业进行长期跟踪的调查显示：企业信息化存在巨大的风险，尤其是在信息化项目完成后进入运维阶段。这应是信息化为企业创造价值的阶段，却有 90% 的企业在运维阶段遭遇失败，从而导致信息化投资与企业得到的业绩回报不成比例。当前我国信息化已经进入到建设与运维并重和以运维为主要特征的阶段，这标志着延续多年的信息化推进方式已经发生根本性转变。

在信息化项目运维阶段，企业不但会投入甚至比信息化建设还要多的运维资源，而且还会面临许多风险。ITGI（信息技术管理）全球 IT 治理现状报告中，IT 运维服务交付风险被认为是最重要的几项 IT 风险之一，排在第二位。“随着实时企业观念的推进，即使是最小的中断——关键业务系统几分钟或是几小时的储运损耗、关键供应商或是外部服务供应商服务的中断，都可能带来极为严重的商业后果。”2016 年美国达美航空因电脑系统故障，造成大规模航班延误，损失数千万美元。国内也有很多因 IT 运维而导致的重大事件。根据调查显示，这些 IT 运维事件中约 20% 是技术原因，另 80% 是 IT 服务管理控制不完善的结果。

电力行业作为国民经济中最重要的基础能源产业，承担着整个国家持续稳定发展的重任。面对我国经济提升发展以及电力生产消费增长特征，南方电网开启了将能源行业与信息产业融合，持续推动行业变革转型的探索之路，促进能源优化配置、保障电力生产系统安全稳定运行、提供多元开放的电力服务、推动战略性新兴产业发展，从信息化建设向信息一体化方向前进，各类大集中式企业级信息系统也已建设完成。企业级信息系统的建成促进了企业业务运作模式的转变，由传统的业务运作模式转为以现代信息技术运用为基础的现代业务运作模式。为了使企业信息化战略能够真正得到实现，需要对信息系统运维服务进行充分有效的管理。一方面，“以客户为中心”的服务理念已扎根于电网企业，电网企业的信息化运维管理要紧扣客户需求和业务流程，确保将运维服务作为一种服务模式，推动企业实现业务战略目标和改进客户体验的进程；另一方面，企业对信息化建设的评估和对信息化建设投资成本的控制，促使企业从传统的以技术为中心的管理模式向以服务为中心的管理模式转变。

电网公司在多年的信息化建设工作中，探索电网企业级信息系统运维管理道路，按照 IT 服务管理理论、方法和标准，结合电网企业信息系统运维管理实际需求，遵循立足需求、统一规范、保障重点、务求实效的原则，通过梳理服务管理需求、规范服务管理流程，综合考虑组织、制度、流程、人员和技术等因素，建立了一套规范化、精益化和主动式的运维服务管理体系，建立组织机构，制定规章制度，规范管理流程，明确职责分工，强化技术支撑，通过建运一体化，打造信息运维闭环管理，实现对企业级信息系统及信息网络的综合服务管理和日常技术支持，快速响应并高效解决信息系统运行过程中出现的各种问题和故障，确保了信息网络及信息系统正常、稳定和高效运行，实现运维管理工作的全方位与精益化。

在实践信息系统运维管理过程中，电网公司推动信息运维业务发展模式和运维服务管理模式创新，信息化运维工作走上了“IT 业务化、业务 IT 化”的协同发展道路，并形成了基于 IT 的核心竞争力。

编　者

2016 年 12 月

目　录

1 绪论

1.1 引论

中国电力行业的信息化已经由工业过程的自动化、经营管理信息化，逐步走向信息一体化发展的道路，进一步缩窄与国际领先技术、管理方式的差距。同时，在“云、物、移、大、智”（即云计算、物联网、移动互联网、大数据、智慧城市）的社会信息化格局下，电网企业级管理信息系统运维管理工作也正向着智能化、精细化的方向前进。本章将着眼于信息化系统运维与管理工作的真实需求，探究电网企业级管理信息系统运维体系与实践道路。

1.1.1 国内外现状

放眼全球，随着科技的高速发展，电力企业的信息化步伐正在不断加快，在这个过程中，由于起步时间差异、社会资源投放不均等因素的制约，国内外电力企业的信息化步伐依旧未能一致。自 2003 年美国政府发布《Grid 2030——电力的下一个 100 年的国家设想》以来，智能电网已成为世界主要国家，尤其是发达国家、新兴经济体应对环境变化、发展绿色经济、提高能源使用效率的重要举措。智能电网给世界所带来的影响会超过互联网。据预测，2012—2017 年，全球智能电网基础设施投资规模年均增长比例将达到 17.4%，到 2017 年，全球智能电网基础设施的投资规模将达到 464 亿美元，特别是在硬件、软件和服务方面的投资规模更大。世界知名咨询机构麦肯锡的预测报告显示，仅仅到 2020 年智能电网的全球产值将达到 800 亿美元。全球各国纷纷制定出台了规划、政策，采取具体行动，加快推进智能电网技术和产业发展。由于各国社会经济发展情况迥异，电力工业发展现状差异明显，因此各国智能电网建设的特点和方向都有所不同。各主要国家和地区基于其发展条件、技术基础和应用需求，在推动智能电网发展的部署上各有侧重，对应的信息系统运维体系与管控技术也有所不同。

1.1.1.1 国外现状

（1）法国电力

法国电力集团（EDF）是一家国有综合性跨国能源公司，拥有欧洲最大的电力生产系统，在核电、水电和可再生能源等清洁能源领域具有较强的国际竞争力。法国电力是世界能源市场上的主力之一，已经在欧洲、亚洲、拉丁美洲和非洲的20多个国家投资超过110亿欧元。法国电力公司拥有3100万国内客户和2000多万海外客户，是全球范围内最大的供电服务商之一。作为全球领先的电力基础设施服务提供商，法国电力公司非常重信息化系统建设，近年来，一直致力于数据在企业运营分析管理与信息运维管理中的作用，如：①建立独立机构支持运营决策法国电力在客户关系管理数据库中，对用户信息进行全面收集，成立运营分析中心，专门负责对客户数据进行分析，以对销售管理进行支撑。以项目制的形式负责向销售、营销和财务控制在内的六个业务部门提供客户行为分析支撑，以改善这些部门的服务质量并实现客户的最大化保留。②在信息系统运维管理产品选取上，法国电力公司通过对全球多家供应商技术实力、系统性能、服务水平乃至企业文化等硬性指标和软性指标的严格筛选，并在内部严谨遵循ITIL（信息技术基础架构库）的服务标准，打破传统企业级信息运维管理模式与业务应用系统底层逻辑的隔阂，通过ITSM（IT服务管理）系统采用集中式一体化的运维管理，并贯穿公司日常的信息运维与管理工作，提升精细化管控与自动化流程水平，最大限度保障各个领域的不同类别大系统的正常运作。③法国电力公司通过对自身建设的企业级信息系统进行全方位的数据采集—存储—分析—应用—优化的“一站式”运作模式，以数据为驱动，为企业级信息应用运维工作提供可靠的数据支撑，为企业级信息系统运维与管理工作指明方向。同时，通过设立专业数据运维机构（从属现在的大数据研究部门）、完善业务与运维管理工作的数据基础、增强分析能力，不断发掘数据资产价值，对外能为企业战略转型与服务升级提供有效的决策辅助，对内则通过融合先进的管理手段提升信息系统运维管理工作的精细化与精益化水平。

（2）美国电力

美国电力起步于智能电表建设，并在2015年度《智能电网系统报告》中明确指出：未来智能电网建设注重提升其电网的可靠性及安全性，同时提高用电侧的用电效率并降低用电成本。

在美国能源部《Grid 2030》公开发表后，美国在智能电网的信息系统应用方面均处在世界前列，信息化应用涉及用户行为分析、需求响应分析、设备风险分析、系统风险评估、能效分析、决策支持等多个领域。其中，美国PG&E公司（Pacific Gas and Electric Company，太平洋燃气电力公司）最具有代表性，截至2015年，PG&E公司基于自身研发的C3能源分析引擎平台对其内部12个数据源系统及来源于其服务地区内的200万台智能电表的数据进行了集成，总计10TB的云图像数据，集成分析3500万条数据，每天约传输8GB/2.2亿条数据，年收益预计可达200万美元。另外，与之相对应的是对公司内部的企业信息系统的运维管理工作，通过对区域互联电网的建设规划，基础联网智能设备投入与智能化软件系统在全美范围的推广应用，截至当前，解决了计算机和电力设备的安全问题，确定可靠性水平，确立联网规则，降低可用的联网成本，并从数据通信维度上解决了营销、GIS（地理信息系统）、工作指令、天气预测、设备状态、系统风险预警等多个信息系统的高效运作与运维管理，开辟出一条融合通信层、网络链路层以及数据层的业务数据与运维数据信息交互通道，并应用大数据关联分析手段，将结果应用于供需求侧响应、能效、资产负荷、设备状态、系统健康状态监测、分析等多个功能需求点上。

较早前，以《美国2007年能源独立与安全法案》《2009年美国经济复苏和再投资法案》和奥巴马政府智能电网投资为基础的智能电网发展政策中，论述了美国未来智能电网发展政策性框架的4个支柱，并强调一个更加智能、安全的电力系统是确保美国在21世纪继续成为世界经济的领导者、引领清洁能源革命、赢得未来科技创新的关键所在。以及在《2015美国智能电网系统报告》中指出，包括智能电表、通信网络和信息管理系统，正在提高公共事业的运作效率，为电力客户提供信息以更有效地控制其能源消费，但同时也面临着交叉科学的工作领域中，互操作性、网络安全措施两方面的困境。这些内容侧面反映出在新型技术的投放同时，不仅要求加强对先进的信息化系统投建，还要将信息安全作为全美智能电网建设的一部分，在保证长期的经济增长和居民生活水平的提高的基础之上，企业级的信息系统运维体系与实践之路将是未来信息化道路的战略点之一。

（3）日本电力

日本作为岛国，资源量极度匮乏，消耗的常规能源主要依靠海外进口，在这一基本国情下，日本本土的电力公司与其他国家电力企业有所不同，目前日本有20家电力公司，其中9家既经营发电，也经营高压输电，是低压供电网络的发、输、供电一体化公司。另11家电力企业，自己没有高压输电和低压供电网络，所生产的电力，除一部分自用外，剩余电力通过有网络电力公司的网络，向用电大户销售。这些电力企业的管理体制以及运作模式基本相同，信息化建设也基本类似，以东京电力、关西电力、中部电力、东北电力、九州电力、中华电力等为代表的9大本土电力公司较早前已经上线了ERP（企业资源计划）系统，与自身公司生产、经营、管理的各项业务紧密集成，形成了企业一体化的信息系统。但在持续的对信息系统投入过程中，却鲜有对企业级信息系统运维体系深入的研究，而在经历了福岛核辐射事故之后，日本总务省于2012年7月新发布日本政府启动“新ICT战略”（又称活力“ICT”日本，ICT即信息通信技术），内容核心依旧围绕提高信息通信领域的国际竞争力、培育新产业、解决应用信息通信技术应对抗灾救灾和核电站事故等社会性问题，尚未有对企业级信息系统运维体系进行专项论证与探索，当前仅依赖现有的ITSM这类系统进行相关的信息运维与管理工作，与不断创新的科技应用形成鲜明对比，而该情况在本土电力公司中尤为明显。

（4）澳大利亚电力

澳大利亚国家电力委员会从2007年开始在全国范围内推行高级量测体系（Advanced Metering Infrastructure，AMI）项目，引入分时电价（基于时间间隔计量），使用户能够更好地管理电能消耗。澳大利亚政府推行电力市场的改革不仅是为了提高供电效率，而且通过改善电价制度，提高对能耗的控制以及减少温室气体排放。2011 年，澳大利亚电力巨头新南威尔士州能源公司宣布开始一项全新的智能电表项目。这一项目旨在使其用户更好地管理和控制用电量。部分用户作为志愿者可以选择安装电表，并将通过电脑、智能手机和网络浏览器的操作及应用对用电量进行详细记录。事实上尽管输电网络已经运营了数个世纪，但网络运营商在输电网的维护和输电网低压段输送损耗等问题上仍缺乏经验。到目前为止，公共事业部门虽然已经在整个城市的高压输电段布置了输送损耗监控，但对于低压段的输电线路故障和输送损耗还依赖于用户传递过来的信息。

（5）韩国电力

韩国自 20 世纪 80 年代起大力推进信息技术在工业领域的应用，取得明显效果。2008 年，韩国又提出 IT 与产业融合战略，并通过一系列强有力的措施加以推动。

正当 KHNP（韩国水力原子力株式会社）被从韩国国家电力公司剥离后，可以清楚地预见到 KHNP 这家新兴的商业核电企业不仅需要一套完美的业务系统，更重要的是要在业务流程上增强竞争力。

（6）中华电力

从 1999 年开始，中华电力公司根据英国资产管理协会的 PAS55 标准，组建电力系统事业部，成立资产管理部，以支撑实体资产全过程管理为目标，依托关键业务信息系统平台，成立数据分析组织体系，分综合业绩、资产绩效、成本绩效和业务分析等多个场景开展数据资产管理。通过开展资产全生命周期管理，依据国际标准，科学地加大固定资产投资，通过 10 年时间将用户平均（故障）停电时间从 40 分钟降低到接近 2 分钟。通过合理地增加资产规模、优化网架结构、提升设备品质，中华电力公司电力系统事业部的单位供电成本从 87 港元/千千瓦时下降到 75 港元/千千瓦时。

1.1.1.2 国内现状

（1）中央网络安全和信息化领导小组

中央网络安全和信息化领导小组在 2016 年 7 月 11 日开展“信息化促进中国经济转型升级”的专题研究，在本次研究报告中表明：在这新阶段，发展的巨大机遇和严峻挑战并存，改革红利和转型风险同在，有利条件和不利因素交织，我国经济发展确实到了是否能够迎难而上、跨越“中等收入陷阱”而迈入形态更高级、分工更优化、结构更合理阶段的关键时期。国家“十三五”规划纲要已明确了新时期发展的总体思路，提出了应对国内外严峻挑战的战略性安排。我们要按照中央的部署，领会好、运用好“创新、协调、绿色、开放、共享”五大新发展理念，积极推进“四个全面”战略的实施，全力推动中国经济转型升级，确保实现 2020 年全面建成小康社会的总目标。而在此过程中，我们必须清醒地认识信息化的发展趋势，准确把握信息化促进转型升级的作用机制和潜在动能，做到精准施策、顺势而为。

（2）中华人民共和国工业和信息化部

中华人民共和国工业和信息化部副部长冯飞于2016年7月14日表示，截至2016年10月，中国移动互联网的用户将达到9.5亿，居世界第一位，到2020年，中国所掌握的数据将占到全球整个数据量的20%。

目前，中国在大数据顶层设计、标准、关键技术研发和产业化、部分行业应用和安全体系建设等方面已取得了显著成效。据工业和信息化部副部长冯飞介绍，未来中国拥有超大规模的大数据市场，“中国大数据产业的发展，最重要的优势就是市场规模的优势。截至2016年10月，手机的用户已经达到13亿，移动互联网的用户有9.5亿，全部基于世界第一位，按照估算的话，到2020年中国所掌握的数据能占到全球整个数据量的20%，这充分体现了超大规模国家的市场优势。”

得益于大数据产业巨大的市场规模，数据获取、存储、挖掘、分析和应用等方面涌现的大量新技术、新产品和新模式，一大批优秀互联网企业应运而生。冯飞表示，目前中国的互联网企业、产业应用规模在世界上获得了举足轻重的地位，全球10大互联网公司中国占4家，前30位企业我国占40%以上。“我们有一批创新活跃、规模还是相当大的企业，在全球市值居前十位的互联网企业中，中国占了四席，这四个企业基本都是利用了中国超大规模的市场优势，得到了迅猛的发展，我们是IT产品的制造业大国，像智能手机、终端、平板电脑、交换设备等，我们在全球的竞争力都是很强的，再加上大数据形成软硬结合的产业竞争优势。”

（3）信息安全标准化技术委员会

2016年5月7日上午，全国信息安全标准化技术委员会（以下简称“信安标委”）在北京组织召开座谈会，学习贯彻习近平总书记在网络安全和信息化工作座谈会上的重要讲话精神。习近平总书记的重要讲话，站在历史和全局的高度，深刻揭示了网络安全和信息化发展规律，对网络安全和信息化发展的重大问题做出了科学回答和战略部署。讲话高屋建瓴、思想深刻、内涵丰富，为网络安全标准化工作指明了方向、提供了基本遵循规章。

与会同志表示，要制定好标准、应用好标准，就要深刻领会和把握总书记重要讲话的精神实质，特别是要把习近平总书记对网络安全规律的阐述，把习近平总书记关于发展和安全、开放和自主、管理和服务重大关系的论断贯彻到网络安全标准化工作中。要深入贯彻习近平总书记网络安全观，重点做好以下几个方面的工作：一是贯彻习近平总书记关于以人民为中心和网络安全为人民、网络安全靠人民的指示，加快出台关于个人信息安全规范、保护指南等网络安全国家标准；二是贯彻习近平总书记关于加快构建关键信息基础设施安全保障体系的指示，抓紧制定国家关键信息基础设施认定指南、保护框架等重要标准；三是贯彻习近平总书记关于建立网络安全风险报告和信息共享机制的要求，加快制定网络安全信息共享指南等标准；四是贯彻习近平总书记关于减少重复检测认证的要求，对现有检测认证标准进行全面梳理和修订，为统一规范网络安全产品检测认证工作提供标准保障；五是贯彻习近平总书记关于下大功夫、下大本钱，建一流网络空间安全学院的指示，积极研究有关网络安全教材、学科专业建设、人才培养的评价指标；六是贯彻习近平总书记关于积极参与国际网络空间标准和规则制定的指示，实质性参与国际网络安全标准化工作，大力推动国家标准上升为国际标准，更多地体现中国声音、中国主张。

（4）国务院国有资产监督管理委员会

中华人民共和国国家发展和改革委员会在发改能源〔2016〕392 号文件中提出，“互联网 + ”智慧能源（以下简称能源互联网）是一种互联网与能源生产、传输、存储、消费以及能源市场深度融合的能源产业发展新形态，具有设备智能、多能协同、信息对称、供需分散、系统扁平、交易开放等主要特征。在全球新一轮科技革命和产业变革中，互联网理念、先进信息技术与能源产业深度融合，正在推动能源互联网新技术、新模式和新业态的兴起。能源互联网是推动我国能源革命的重要战略支撑，对提高可再生能源比重，促进化石能源清洁高效利用，提升能源综合效率，推动能源市场开放和产业升级，形成新的经济增长点，提升能源国际合作水平具有重要意义。

（5）中国电信

2016 年 4 月 28 日，中国电信“天翼安全中国行 2016”启动仪式暨安全办公产品发布会在重庆拉开帷幕。中国电信携手众多合作伙伴打造手机安全办公的新时代，共筑信息安全的美好未来。此次活动是中国电信贯彻落实习近平总书记在网络安全和信息化工作座谈会上的讲话精神，打造安全可靠的网络产品和服务的具体举措。

中国电信系统集成公司刘志勇总经理表示，习近平总书记在网络安全和信息化工作座谈会上强调，网络安全和信息化是相辅相成的。安全是发展的前提，发展是安全的保障，安全和发展要同步推进。要树立正确的网络安全观，加快构建关键信息基础设施安全保障体系，全天候全方位感知网络安全态势，增强网络安全防御能力和威慑能力。近年来，网络安全已提升为国家战略，维护网络安全、建立良好的网络生态成为国家经济转型发展的重要根基。网络在给人们带来无尽便捷的同时，也对安全带来严峻的威胁和挑战。以移动应用安全风险为代表的移动端隐患频频出现，引起了社会各界的高度关注。在新形势下，如何保障并提升网络信息安全能力，为经济社会健康发展保驾护航，成为当今的新课题与新挑战。

（6）中国石油

2016 年 3 月 5 日下午，由北京大学信息化与信息管理研究中心主办、中国新一代 IT 产业推进联盟协办、CIO（首席信息官）时代网承办的“第二期央企 CIO 论坛：走进中石油”活动在中国石油昌平科技园顺利举行，30 多位专家学者、央企 CIO 和中石油信息技术团队共聚一堂。中国石油信息管理部总经理刘希俭对中国石油信息化做回顾与展望，其中，强调了石化行业信息化建设持续推进，取得了一系列重大成果和重要进展。在油气勘探与开发、储运、炼制与化工、销售、工程技术服务、工程建设、装备制造等业务领域，信息化为推进发展方式转变，提高生产管理水平和工作效率，提供了重要的支撑，发挥了重要的作用。目前，国家正在大力推进实施“中国制造2025”和落实“互联网+”行动计划，全面提升企业自动化、数字化、集成化和智能化水平，切实加强网络信息安全，充分应用云计算、大数据、物联网、移动互联网等新技术，以信息化促进企业发展进步。

（7）国家电网

目前，电网信息化建设正处于高速发展阶段，国网公司现在已经初步完成“两地三中心”的总体架构设计，并已完成北京、上海、西安三个容灾中心的基础建设，国网各单位的关键应用系统的“数据级容灾”以及“应用级容灾”也在国网公司的统一部署下进行前期调研及规划设计。与此同时，关键业务管理信息系统高可用及容灾建设也正在电信、金融、电力、政府等各行业如火如荼地展开。由于各行业信息系统的特殊性，各IT厂商、咨询公司提出了各种各样的解决方案，但目前没有一种通用的高可用容灾方案经过灾难的真实验证。

（8）大唐电力

2016年3月11日，大唐集团公司以视频形式召开2016年信息化工作会议。会议贯彻落实国资委、能源局、公安部等有关部委关于信息化的各项要求以及集团公司2016年工作会议精神，总结“十二五”时期特别是2015年的工作情况，分析面临的新形势，部署2016年重点工作，推动集团公司信息化水平再上新台阶。

期间，集团公司副总经理金耀华在讲话中指出，当前，信息化已成为国家实现转型升级的重大战略举措，也是集团公司全面实施“一五八”发展战略的重要支撑。各分子公司、基层企业要与集团公司党组保持高度一致，充分认识信息化在国家和集团公司总体战略布局中的重要地位，进一步提高认识，从思想上和行动上真正将信息化摆在极端重要的位置上，同时，指出下一步要做好信息化工作，必须坚持规划指引、坚持安全第一、坚持“六统一”、坚持归口管理与业务驱动相结合、加强资源配置等基本要求。

（9）南方电网

在南方电网“十三五”改革发展推进会暨2016年半年工作座谈会的相关调研中，公司党组书记、董事长李庆奎提出了“提升信息化技术装备水平、全面加强信息化与企业发展的深度融合”等要求。8月3日，公司召开2016年信息化专业半年工作会，进一步贯彻落实董事长讲话精神，总结信息化专业上半年工作，谋划下半年工作。公司党组成员、副总经理杨晋出席会议并讲话，指出要结合信息化业务特点和专业定位，贯彻落实好公司的新理念、新目标、新要求。并提出了以下四点要求：

第一，深化企业级应用，支撑公司实施精益管理。当前要突出抓好系统实用化和数据质量治理的专项工作，解决疑难问题，提升用户体验，尽快实现系统实用化，为公司推进精益管理提供必要的前提条件。

第二，打造电力综合服务平台，支撑相关多元业务布局。要依托公司的数据优势、客户优势，打造电力综合服务平台，支撑电子商务、电动汽车运营、电力市场交易、智能用电、国际化投资运营等多元化的拓展应用。

第三，改进 EA（企业架构）的架构管控，服务公司管控模式的优化调整。要加强业务管理体系与信息系统的联动管理，保证二者的协同一致。

第四，突出自主可控、确保安全的原则，提升可持续发展能力。

1.1.2 电网企业级管理信息系统运维工作现状

1.1.2.1 当前电网企业级管理信息系统运维工作模式

随着信息化建设的逐步深入，电网公司在经过“十二五”信息化系统大规模投资建设阶段后，应用系统的集约化不断提高，大集中系统占企业信息化系统的比例也越来越大，电网公司信息化水平得到了突飞猛进的发展，与此同时，电网企业级管理信息系统的高可用性和业务的连续性也就显得越来越重要。在走过“大建设”，步入“十三五”期间，对于信息化的发展已进入“大运维”阶段。电网公司如何对大集中后的企业级管理信息系统进行运维已成为当前企业信息化发展的一个重大课题，如图 1－1 所示。

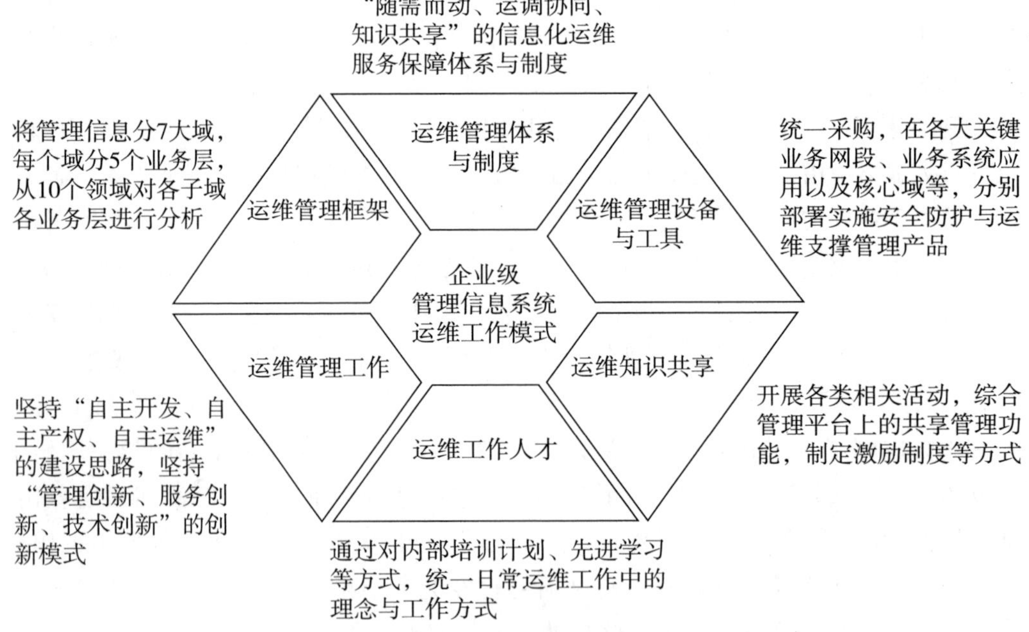

图 1－1 企业级管理信息系统运维工作模式

当前，在总体运维管理体系与制度方面，以“大运维、大服务”为目标，以“用户服务”为核心，建成“随需而动、运调协同、知识共享”的信息化运维服务保障体系，同时，电网公司通过实施基于国际通用标准的管理体系（如 ITIL/ISO 20000 的 ITSM 体系）对企业的信息系统进行监控和管理，并就企业级管理系统 IT 运维工作的流程与规范进行部署和实施，分别发布了一系列的指导意见、工作计划、流程规范、职责制度、操作指南等文件，从总体信息系统运维工作管理边界上保障了电网企业级管理信息系统运维体系的发展方向的正确性。

同时，在运维管理框架方面，按照国家发改委2014年14号令《电力监控系统安全防护规定》和公司信息安全防护体系，将管理信息大区分为业务域、局域网互联域、安全服务域、用户接入域、综合数据网接入子域、互联网接入子域、专线接入子域7个域，每个域自顶向下分为管理层、应用层、平台层、网络层、物理层5个层次，分别对各子域各业务层进行风险分析。在对各子域各业务层分析过程中，以电网公司总部发布的信息安全合规库为参考依据，从管理和技术两方面入手，在人员安全管理、安全运维管理、系统建设管理、物理安全、网络安全、主机安全、应用安全、数据安全等领域，通过“7—5—10”的立体精细化架构划分，较好地对当前电网公司信息系统进行了全方位管控。

在运维管理设备与工具方面，公司通过统一采购，在各大关键业务网段、业务系统应用以及核心域等，分别部署实施了安全防护与运维支撑管理产品（IPS/IDS防火墙、漏洞扫描系统、安全审计管理SOC、虚拟桌面管理、支撑管理子系统、ITSM管理平台等），将信息化系统融入各项运维工作中，以全方位的信息化手段为当前公司各业务部门的信息安全与运维支撑提供强力支撑。

在运维管理工作方面，深入落实电网“十三五”信息化规划，坚持“自主开发、自主产权、自主运维”的建设思路，坚持“管理创新、服务创新、技术创新”的创新模式。由工业和信息化部统筹管理各项运维支撑服务及工作，信息中心担当执行单位，实现“统一计划、统一分工、统一执行”的高效工作方式，并通过第三方专业运维服务采购方式，对日益增加的运维压力进行支援。

在运维工作人才方面，从人才筛选开始，以高要求、高标准的原则开展新员工的招聘工作，而对于内部人员，通过对内部培训计划、先进学习（包括先进单位参观学习、先进模式研究学习、先进技术培训学习、先进人才交流学习等）等方式，统一日常运维工作中的理念与工作方式，定期组织开展相关竞赛提升全员运维水平。

在运维知识共享方面，在电网公司多年的信息系统运维服务工作过程中，累积了丰富的运维经验、技术及成果。近年来，公司逐步推进运维知识的转化与共享工作，通过开展各类相关活动、综合管理平台上的共享管理功能、制定激励制度等方式，将以往成功经验与成果融入新时期下的运维服务工作中，进一步加强对公司企业级信息系统的运维支撑能力。

1.1.2.2 当前电网企业级管理信息系统运维工作不足

目前，我国在电网企业管理信息系统方面投入了大量的人力、财力、物力，技术水平的先进性逐步追上西方发达国家的步伐，但在信息系统的运维工作方面依旧存在较大的差距。究其原因，可总括地分为机制与技术两部分，如图1－2所示。

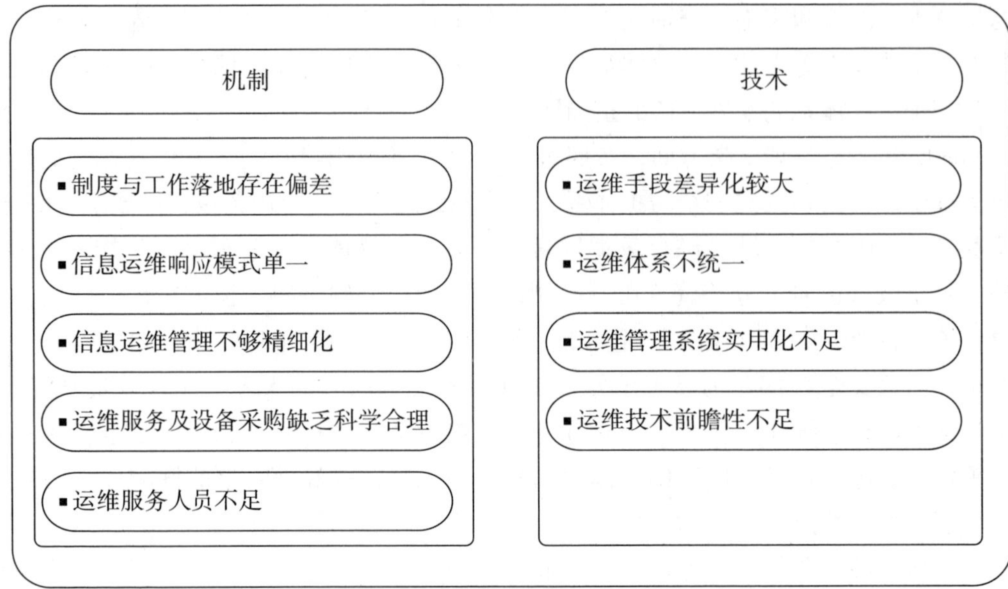

图 1－2　当前电网企业级管理信息系统运维工作不足

（1）机制方面

1）制度与工作落地存在偏差。虽然电网公司在各项信息系统运维工作均有对应的管理制度、标准规范等，并形成一套信息安全运维管理体系，但这些管理体系仅仅提供流程管理方面的要求，即面向日常运维的突发事件管理、问题管理、变更管理、配置管理等运维流程管理框架，从严格意义上来讲，这些管理体系只提供了规范、操作指南，但实际信息运维工作中，制度落地不足，管控措施未发挥有效作用，信息运维工作效果大打折扣。例如：无论 ITSM 流程多么完善、制度多么严格，一旦进入到实质性的实施阶段（如变更实施），则需要相关运维人员按照预定的方案对 IT 资源进行各种操作，由于这些操作缺乏监控、审计和足够的自动化，必然存在较大的风险，尤其是在部分运维工作需要由外包人员来完成的情形下，风险更令人担忧。另外，在实际中如遇到突发事件、问题等需要在流程阶段进行操作的状况，依然需要依赖手工的方式予以完成，例如某个新应用上线，在协同实施过程，系统应用或同步部署的中间件、数据库等，由于技术版本与技术框架的不一致，在实际工作中往往需要大量的人工管理来对协同系统（如防火墙、监控平台）进行该有的配置管理，手工形式的运维管理工作会带来各种安全风险，甚至于威胁着业务系统的正常运行。

2）信息运维响应模式单一。信息运维工作是一项等同于信息化建设的复杂工程，面对这种工作体量巨大的、操作精准度要求较高的、系统支撑服务差异化较大的工作，单靠传统的故障“来电响应式”或“预防告警巡查”的 IT 运维模式存在着维护成本高、响应被动的问题，其局限性显露无余。而当前的补充措施依旧需要人员轮班值守等形式来管控电力行业基础业务系统及 IT 系统，以保证电力系统 7×24 小时全年无休地为人民提供服务，给基层信息运维工作人员带来负担。

3）信息运维管理不够精细化。正所谓“三分建设，七分管理”，在大大小小的企业级系统上线运行时候，来自业务部门的需求、系统运行问题、内部信息管理问题众多，而部门内部人员对于各类建设系统的掌握程度存在差异，管理系统数量及复杂度也不均衡，但内部的运维管理内容相对独立，部分运维人员个人的工作压力较大，缺少服务协调支撑的灵活性。

4）运维服务及设备采购缺乏科学合理。电网公司近年加快了 IT 运维管理的建设，选用各类技术先进的管理软件或设备来辅助支撑日常工作的开展，然而，单项的服务软件往往因为只能做到“头痛治头、脚痛治脚”，与其他协同采购的系统通信协同不畅，导致管理上的分割，无法从整体上提高电网信息系统网络中各资产间运行的合作协同性、安全性和资源共享性，从而无法发挥信息化建设的最大效益。

5）运维服务人员不足。从网、省、市（区）三级的公司信息系统运行维护专职人员数量分布及服务能力来看，普遍存在人手不足、运行维护技术水平相差较大、基层单位运维经验欠缺等问题。

（2）技术方面

1）运维手段差异化较大。企业级管理信息系统的上线，在一定程度上解决了该方面的差异，但由于电网信息系统运作多年，而当前仍处于双轨运行阶段，面对由不同技术体系建设而成的信息系统，没有形成企业级具有规模的新型运维体系及技术架构，信息新技术的跟踪和研究工作开展程度不足。大部分基层单位信息系统运维工作的技术支持手段依旧落后，一旦发生突发事件或是安全风险，最终还是回归到总部信息中心甚至信息部来解决处理，不能满足大集中信息系统安全运维的要求。

2）运维体系不统一。纵观各网省电网公司的运维水平，差异化依旧较大，没有形成统一高效的运维防护手段，各地依旧自行探索建设，应急联动措施存在着威胁电网公司一体化平台和业务应用安全运行的隐患。

3）运维管理系统实用化不足。所谓运维管理系统实用化，关键是要考虑当前电网公司信息运维工作中的功能范围、技术标准和人性化设计这三方面。而现实是，当前电网公司使用的运维管理系统仍旧功能单一、结构简单，导致该系统只能完成简单的工作。标准参差不齐，每个供应商开发使用的管理信息系统无法形成统一标准，给企业信息运维管理造成了困扰。人性化设计还不完善，这也是目前电网公司信息系统运维管理工作的一个难点。

4）运维技术前瞻性不足。该问题是随着“大、智、云、物、移”时代的到来而出现的，一些新的应用服务、新的技术体系往往是在业务的需求下而出现，但对于自主运维及运维创新方面的相关技术研究却鲜有见闻，大多运维情况均属于“事中管控”。随着电网公司各大业务部门对信息化的依赖程度不断提高，仅靠现有的运维技术手段显然并不足以保证企业的各个系统全方位运行需求，在“十三五”期间，需要在保障业务系统的正常运作前提下，开展具有先进性、前瞻性的运维技术研究，将运维服务“往前挪移”，做到事前防控，把潜在隐患及时排除，使公司避免损失。

1.2 精益化管理思路

1.2.1 运维方面

随着电网企业的信息化建设不断深化完善，各类大集中式的企业级信息系统建设完成，在“十三五”期间，将对信息运维管理提出更高要求与标准。为了在全新的形势下做好信息系统运维管理工作，保证信息系统正常、可靠、高效、安全地运行，为用户和业务部门提供优质服务，在保障原有的资源与建设成果高可用的基础上，需要改变现有系统运维管理模式与流程，融入精益化管理理念，综合考虑机制标准、服务流程、运维团队三方面因素。

基于IT基础架构库（Information Technology Infrastructure Library，ITIL）实践以及ISO 20000、ISO 27001等国际标准，借鉴电网企业或兄弟单位的成功运维经验，如国家电网公司信息通信分公司建立的统一坚强运维系等，结合新科技浪潮下，电网公司信息系统运维管理工作面临新的挑战的情况，还需重视“人”这个主导因素，因为从管理到落地，贯穿全过程的载体还是运维成员（包括领导小组与基层班组成员）。综合上述各要点，本文设计电网企业级管理信息系统运维精益化管理思路，打造一个信息运维管理闭环，实现运维管理工作的多维度、多方式、精益化。

总体运维精益化管理思路架构如图1－3所示。

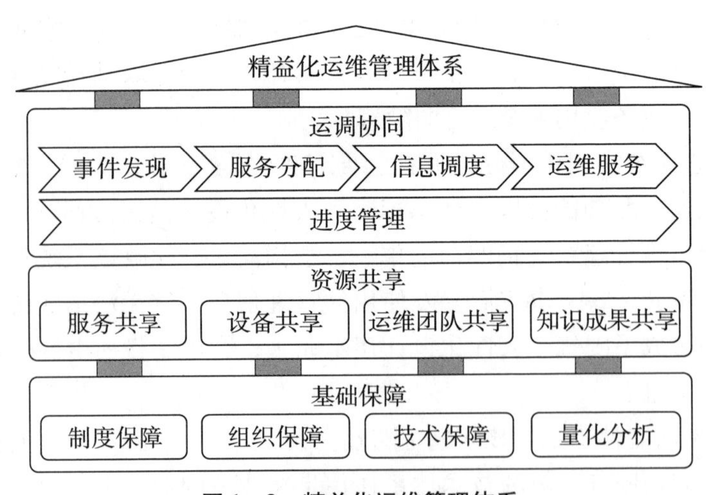

图1－3 精益化运维管理体系

当前，在电网公司企业级信息系统运维需求以及信息系统运维领导小组明确的前提下，电网企业级管理信息系统精益化运维管理需要从基础保障、资源共享、运调协同三大方向进行全盘考虑。

1.2.1.1 **运调协同**

企业级信息系统运维管理是一项覆盖范围大、工作量大、复杂度高、协同要求高的“两大两高”工作，要实现精益化管理，首先必须要从信息运维日常工作流程进行拆解重构，以信息运维服务中心为中枢提供统一、高效、精准的服务。概括地简化为五个环节：事件发现、服务分配、信息调度、运维服务以及进度管理。其中，事件发现，需要做到以信息系统的运维与检修为基线，通过信息化手段，从运维事件发生的那一刻开始，不仅需要现场用户根据情况或告警情况进行报送，还要求运维中心人员能根据过往事件经验，结合当值时间、系统过往运行状况记录或现场的预警情况及时发现潜在险情，主动联系现场，对于复杂度低的事件，应及时提供高效解决建议，以“双向同步”的模式规避信息系统风险；服务分配，要基于现有的业务架构、系统架构、管理架构，结合运维班组成员所在区域与技能水平进行合理的任务分配，避免出现运维人员工作负荷分配不均、负担过重的情况发生；信息调度，该节点作为运维服务全过程中的核心点，负责现场情况、系统属性、运行分析、险情分析、人员协同等内容，确保运维工作的高效开展；运维服务，这是实际工作中实施落地的一环，需要实施人员具备专业的技能、高度的安全运维意识，以及对电网公司在运的系统、设备、网络等情况熟悉；进度管理，以 ITPMP（信息系统项目管理）的信息化项目管理体系为框架，对运维管理工作中每个流程节点进行统一监督、统一管理，并将成果进行归档与共享，与事件发现形成闭环，如图 1－4 所示。

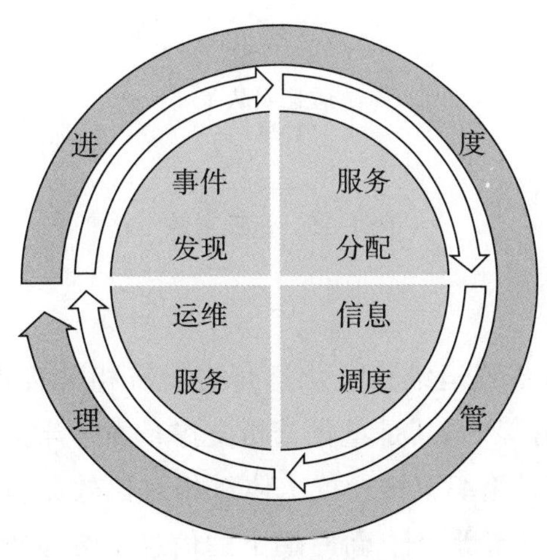

图 1－4 运调协同

1.2.1.2 **资源共享**

电网企业级管理信息系统运维精益化管理的主线就是对运维管理中各项资源的管理，而精益化则是实现资源共享原则。根据现有信息化运维管理工作中涉及的资源情况，可简单归结为四大类：服务资源、设备资源、知识成果资源、运维团队资源。

其中，服务共享是对运维服务进行统一集中的管理，有利于对运维服务进行有效的追踪和进度管控；设备共享，是根据信息系统的运行与检修两条业务主线所涉及的相关设备进行共享开放，由于设备资源的分布具有明显的区域性，因此，运调协同需要从网、省、市（区）三级网络中各信息化设备进行集中管理和信息共享，有利于运维服务的合理调度；运维团队资源共享与设备资源具有同样的区域分布属性，因此需要建立运维服务资源池（包括对自主运维团队按区域和专业两个维度来组建），有利于提升整体运维团队的专业性，加强运维团队的精细化管理，以便更有利于整合全网、省、市（区）运维技术资源，及时、高效地解决区域性的运维管理问题；知识成果资源共享是在全网、省、市（区）范围内收集、整理和传递信息化运维管理知识和经验，有效支持全区域运维技术人员快速解决信息化运行问题，降低运维成本，同时，通过最佳运维实践的推广，提高公司运维团队的技术创新，形成自己的核心技术，支撑公司业务战略的实现，如图 1－5 所示。

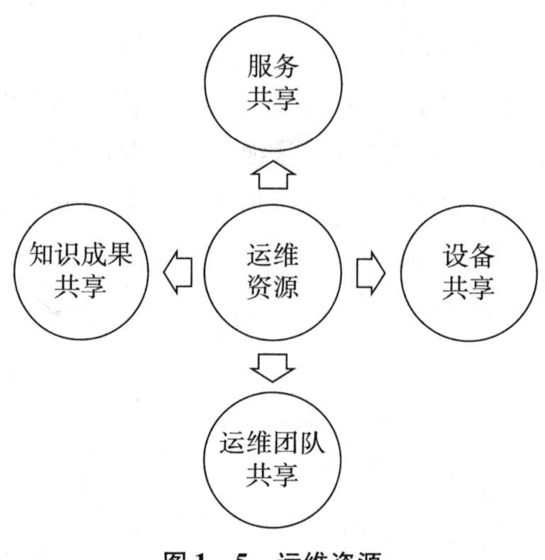

图 1－5　运维资源

1.2.1.3　基础保障

电网企业级管理信息系统运维精益化运营需要有相关管理制度支持、组织牵头、技术保障以及量化分析支撑。尤其是量化分析支撑，由于当前电网企业的信息化运维管理工作中，相关的制度、组织架构、技术体系相对比较完善，但在量化分析时则缺乏分析指标与标准，因此在新形势、新时期下的信息系统运维精益化管理中，需将量化分析独立开来，并给予足够的重视。

信息化运维管理要做到精益化，首先，需要有相关管理制度支持，尤其是运调协同管理中的职责分工、业务流程、标准规范等都需要制度或业务指导书来支撑，并要确保在各类新的企业级信息系统建成落地过程中同步进行相关制度、作业指导书等的修编与完善工作，保持制度与系统落地的步调一致。同时，还要即时优化运维组织结构，细分运维方向，明确运维工作职责。通过组织梳理信息系统运维流程规范、个人岗位职责，将电网公司流程规范细化落地，理顺工作流程节点，明确岗位职责，通过业务方向的划分，设置专业的团队开展运维工作。其次，技术保障作为精益化运维管理落地的主要手段，其自身必须保证具有前瞻性与合理性，用科技推动运维管理改革。最后，量化分析单独作为保障基础是由于当前电网公司对于信息运维管理方面，尤其是安全防护工作中，关于风险级别、运行状态、能效分析等，仅能进行定性分析，无法实现定量分析，提供更加准确的数据支撑，然而，随着近年来电网公司的运维综合监管系统、综合网管系统等信息通信支撑系统的建成，对信息系统运行、应用等数据实现了实时监测及记录，数据呈现出数量大、速度快、类型多等特点，已具备大数据分析和挖掘的条件，并能进行信息系统运行、检修、消缺的定量分析，从复杂的系统运行数据集合中发现新的关联规则，为信息系统运行和应用水平的提升提供可量化的数据支撑。

1.2.2 应用方面

当前，电力企业内部所有信息系统都是部署在 Internet（互联网）/Intranet（内联网）上，现代网络技术和信息技术的不断发展，给电力企业信息管理系统带来显著的飞跃，相应地提高了信息管理系统的安全性、科学性、精益化和智能化，这就意味着电网企业级管理信息系统运维管理精益化管理在应用方面具有以下属性。

第一，应用服务集约化。电网企业级管理信息系统建设从原来的各省、地市自行筹建而转变为如今“大集中”模式，其中，以企业级管理信息系统为代表工程，极大地减少了重复建设的成本，同时还能实现“一级部署、多级应用”的高效运作架构，最大限度地利用已有信息化资源的同时，能将各级单位的职责功能进行合理区分。

第二，开放性。随着国家“互联网战略”的推行，作为关系到国计民生、面向社会的电力企业，其企业级信息管理系统也需拥有互联网的共同属性：开放性。一方面，消除“数据孤岛”现象，实现系统底层数据的协同联动，另一方面通过大数据与云计算等手段，为管理决策提供更加精准的辅助支持。

第三，共享性。利用 Intranet 的技术，可将电力企业各部门间的信息管理系统进行连接，实现企业信息的共享，及时地获取和更新信息，把信息告知各部门，促进各部门的通力合作，从而提高电力企业整体经济效益。

基于上述三方面属性，在构建电网企业级管理信息系统运维精益管理体系中，需从两个应用方面进行建设：①企业级一体化运维管理平台拓展。当前电网公司已引入集中式运维管理平台，上连各大业务系统，如营销系统、生产管理系统、客服呼叫系统等，下连各类安全防护设备、系统，如 IPS（入侵防御系统）/IDS（入侵检测系统）、设备监控、机房监控等，为企业信息系统的正常运行保驾护航。作为综合性的平台，其本身就要求具备高拓展性，而当前因各厂商开发技术标准不统一、部分业务部门与信息部门之间协调沟通仍旧存在鸿沟，而无法做到全面的开放与拓展，导致信息运维团队“心有余而力不足”的困扰，因此，要全面实现运维服务的精益化管理，必须优先打破业务部门与信息部门的壁垒，提高各部门对信息化建设与信息化运维的认知度，以建设带动业务，以运维服务管理，基于现有的平台、设备、队伍等资源进一步拓展平台的综合服务能力。②立足需求，创新应用。在电网企业信息运维管理体系当中，数量最大的是基层运维人员，其作为电网公司信息运维管理工作的最终执行端，承担着操作需求较强的任务，由于当前应用体系的不完善或推广力度不足等因素，依旧存在部分信息运维管理工作中需由大量人工干预的流程与工作内容，因此，在优化流程的同时，还可以借鉴“厚云薄端，集约管控”思想，经由运维综合平台进行对应的个性化应用端开发，满足不同情况下的运维工作，实现集中管控，节约资源的同时，还能真正解决每个运维人员的切身问题，创造出更具实用化意义的应用工具，持续地完善信息系统运维综合平台，并有效预防企业信息系统运维工作因存在大量的人工操作而衍生出来的潜在风险。

1.3 电网企业级管理信息系统运维体系理论及管理模式

1.3.1 电网企业级管理信息系统运维体系理论

历年来，电网企业信息化建设的规模不断扩大，来自于业务部门的需求与精益化管理要求日益增加，一方面不断投资、逐步构建起包括各种设施、设备、软件及网络在内的基础架构，另一方面也开始不断实施并部署各类核心业务系统，通过信息化建设，逐渐实现企业自我的战略决策系统化、管理现代化、作业自动化等。按照信息系统的“规划、建设、运维管理、持续改进”的信息系统生命周期模型理论，电网企业级管理信息系统在经过集中建设和投资后，其发展重心已逐渐从基础设施建设和应用升级换代转向信息运维服务管理过度。

信息系统的运维工作作为电网企业信息化的主要组成部分，肩负着保障信息系统安全、可靠运行，确保信息系统在企业生产经营发挥重要作用。而伴随如同电网公司总部的企业级管理信息系统这类大型企业级信息管理系统的上线，企业级信息系统变得高度集约化和精细化，管理的难度和复杂度不断加大，如何建设“安全稳定、架构合理、功能完备、标准规范、管理精益”的企业级信息系统运维体系，已成为国内电网企业信息系统现阶段及在“十三五”期间的突出问题。

1.3.1.1 ITIL 3.0 标准简介

ITIL（Information Technology Infrastructure Library，信息技术基础设施库）是 IT 服务管理（ITSM）的国际标准，已被业界广泛地接受和应用。它提供了 IT 服务管理的知识框架体系，主要是用于 IT 服务运营阶段（即运行维护阶段）。ITIL 本意为展现 IT 的价值，过去的 IT 管理组织把注意力大多放在 IT 系统的管理。而今，成功的企业逐渐将焦点放在 IT 服务的管理。由于 ITIL 着眼于服务管理，因此已成为企业从系统管理升级至服务管理不可缺少的手段。而新一代的 ITIL 3.0 更加强调 IT 服务与企业业务目标的一致性，强调服务的生命周期管理，其中包括战略阶段（Service Strategy）、设计阶段（Service Design）、转换阶段（Service Transition）、运营阶段（Service Operation）、改进阶段（Service Improvement），使信息运维人员从“以 IT 技术为中心”向“以客户和服务为中心”的新理念转变，这对电网企业信息运维服务的发展是有指导意义的。

1.3.1.2 基于 ITIL 3.0 的运维管理体系

ITIL3.0 包括 6 个模块，即业务管理、服务管理、ICT 基础架构管理、IT 服务管理规划与实施、应用管理和安全管理。其中，服务管理是其最核心的模块，这个模块一共包括了 10 个流程和 1 项职能，这些流程和职能又被归结为两大流程组，即“服务支持”流程组和“服务提供”流程组。“服务支持”流程组归纳了与 IT 管理相关的一项管理职能及 5 个运营级流程，即事故管理、问题管理、配置管理、变更管理和发布管理；“服务提供”流程组归纳了与 IT 管理相关的 5 个战术级流程，即服务级别管理、IT 服务财务管理、能力管理、IT 服务持续性管理和可用性管理，如图 1－6 所示。

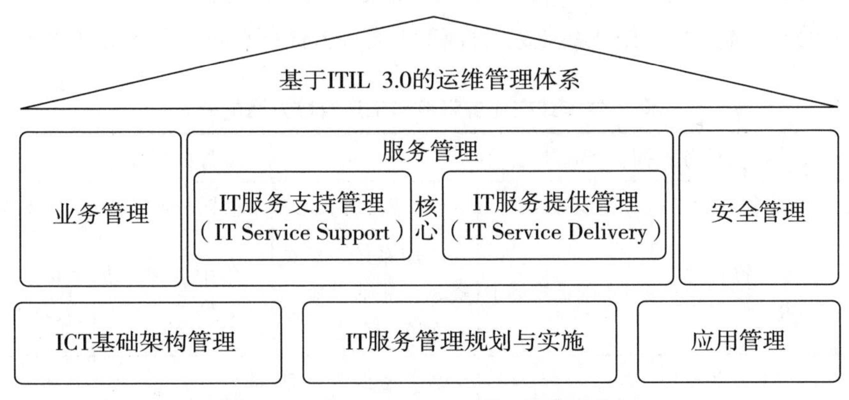

图 1－6 基于 ITIL 3.0 的运维管理体系

其中，ITIL 3.0 的服务管理分为两大部分：

一是 IT 服务支持管理（IT Service Support），它是基础性的管理流程，可以看作 ITIL 日常操作（运营）层面的部署，涵盖了功能和操作过程，目的是让使用者可以顺利得到相关的 IT 服务。IT 服务支持管理流程的实践，是解决目前我们 IT 运维模式面临的问题中最需要关心的问题。

二是 IT 服务提供管理（IT Service Delivery），它属于提高性的管理流程，围绕着 IT 策略过程，更多是体现 ITIL 在企业运营战术层面的 IT 部署。

1.3.1.3 ITIL 3.0 对电网企业的意义

由 ITIL 3.0 自身的定义可直观地看出，其对电网企业级管理信息系统运维管理工作具有多方面的意义，总括来说有以下几点。

（1）作为 IT 服务管理的实践，有助于提高电网企业信息系统运维的专业性。

（2）与电力企业业务相结合，形成的最佳实践，为电网企业信息系统提供一套可持续的优化电网 IT 基础架构，其中包括对建成的企业级信息系统提供更好的运维服务，为业务部门提供与需求一致的基础信息服务。

（3）帮助电网企业级管理信息系统运维体系实现人、技术和流程的统一。

（4）显著减少运维成本，降低运维风向，提高运维效率。

（5）提高用户满意度，迅速满足业务部门的需求。

（6）模块化实施形势能够帮助信息系统运维体系明确改进和发展方向。

1.3.2 电网企业级管理信息系统运维管理模式

电网企业信息化发展在经历“大建设、大开发”时期之后，将进入“大运维”时期，而“大运维”的管理模式将体现为“大集中”。下面章节将就电网企业级管理信息系统的运维模式进行阐述。

1.3.2.1 企业级信息系统运维大集中模式

典型系统集中模式分为四类，分别是：完全集中模式、前置集中模式、区域集中模式和物理集中模式。不同集中模式在业务管控和 IT 管控方面存在较大差异。如表 1－1 所示。

表 1－1 不同集中模式在业务管控和工厂管控方面的差异

维度	业务管控程度		IT 管控程度		
考虑因素	业务方面	管理方面	IT 管控方面	基础设施方面	技术应用方面
完全集中	业务操作完全一致	实现管控集中	应用系统、数据资源、基础设施三方面统一管理	集中部署，统一运维	接口对接数量较少，对接管理容易
前置集中	基本业务操作一致，但存在个性化业务应用	实现管控集中	数据资源统一管理、系统程序统一管理	分散部署、分散运维	接口对接数量较多，对接管理相对复杂
区域集中	业务操作实现区域一致	实现区域业务管控集中	应用系统、数据资源、基础设施三方面实现区域管理	区域部署区域运维	接口对接数量较多，对接管理相对复杂
物理集中	业务分散处理	分散管理	数据资源集中管理、基础设施统一部署	集中部署，统一运维	接口对接数量较多，对接管理相对复杂

1.3.2.2 系统大集中下的 IT 运维模式

随着电网企业的发展，企业信息系统的集约化、精益化管理的需求日渐突出，因此应用系统也逐渐趋向于完全集中模式。当电网企业的应用系统逐步从区域集中向完全集中过渡时，IT 运维模式将呈现出以下三种关系维度，即总部运维和下级单位运维关系、IT 部门运维和业务部门运维关系、自主运维和外包运维关系、不同维度有不同的运维模式类型，如图 1－7 所示。

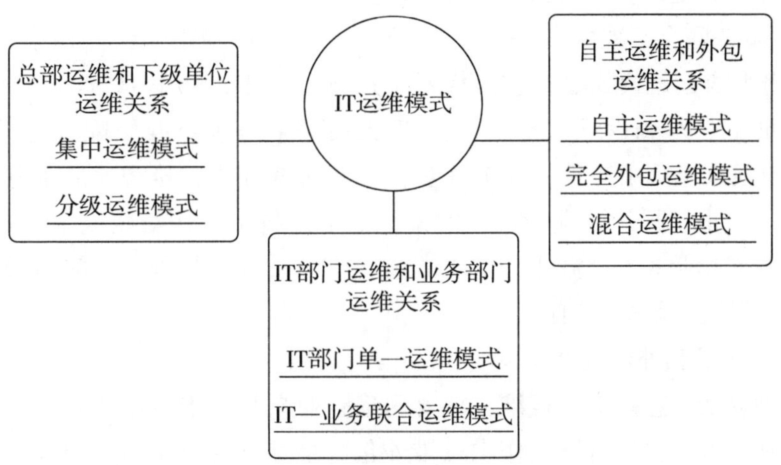

图 1－7 系统大集中下的 IT 运维模式

（1）总部运维和下级单位运维关系

1）集中运维模式

集中运维模式是指在应用系统实现“大集中”（如电网企业级管理信息系统）以后，由总部的运维单位完全负责系统的运维工作，下级单位不设置运维团队，或者下级运维团队只负责网络、用户终端的运维，不负责“大集中”系统的运维。

集中运维模式的特点在于运维资源的集中和共享，能够减少事件处理环节，进而缩短事件响应时间；通过统一集中管理，加强运行管理的可控性，能够降低安全风险，提高管理效率和管理质量；也有利于上级单位对基层部门的系统应用情况的统一监控、集中管理。同时，集中运维模式也存在一些问题，如运维人员和系统最终用户相对独立，对下级单位特色业务和改进需求情况掌握不充分，往往导致系统变更效率较低。

2）分级运维模式

分级运维模式是在应用系统“大集中”的前提下，根据实际需要系统的运维级别分成若干层级，如“总公司—省公司—地市单位”三级模式、“省—地”两级模式等，不同层级的运维单位在集中系统的运维工作中承担不同的职责。

（2）IT（信息技术）部门运维和业务部门运维关系

1）IT 部门单一运维模式

IT 部门运维模式是指信息系统的运维工作全部由企业的 IT 部门来承担，业务部门只作为需求的提出者和系统的使用者。IT 部门运维模式的特点是，运维过程中能够快速定位系统故障发生的原因，如应用软件、数据库、操作系统、服务器故障等，能够及时解决系统故障，提高系统可靠性。但是由于 IT 部门的运维人员主要是技术人员，在理解用户需求和处理业务问题时所需时间较长。

2）IT—业务联合运维模式

IT—业务联合运维模式是指在应用系统运维过程中，除了 IT 部门运维人员以外，部分业务人员也参与到运维工作中，由 IT 人员和业务人员共同配合完成运维工作。IT—业务联合运维模式中往往由业务人员担任和最终用户直接沟通的角色，他们能够深刻把握用户需求，提供快速响应。但是，如果是技术架构新建或不太成熟的系统，软硬件故障较多，业务人员需要经常将故障转交给技术人员处理，就会增加故障处理的环节，延长了问题解决的时间。

（3）自主运维和外包运维关系

对于各种复杂信息系统的运维，需要明确企业自身运维力量和外部运维服务提供商之间的关系，可以根据运维工作中运维外包的情况分为自主运维模式、外包运维模式和混合运维模式。

1）自主运维模式

自主运维模式是指企业自行负责对拥有的所有 IT 资源的运维工作。自主运维模式中运维人员容易管控，可根据企业自身需要进行能力培训，完成企业所需的各项相应工作。其缺点在于人员数量有限，对于并行的运维工作无法同时提供支撑，同时，由于运维相关各专业知识培养时间较长，无法满足企业运维工作的要求。

2）完全外包运维模式

完全外包运维模式是指企业通过与其他单位签署运维外包协议，将所拥有的全部 IT 资源的运维工作外包给其他单位，即外包单位为企业各单位提供 IT 运维服务。完全外包运维模式的优势在于充分利用外部经验，能够快速提供企业所有 IT 资源的运维能力；同时，运维人数扩充较为容易，易于应对大规模的运维需求。但是，完全外包运维模式也存在外部人员管控难度大、企业信息泄露风险高的问题。

3）混合运维模式

混合运维模式是指企业对所拥有的一部分 IT 资源自行运维；同时，通过与其他单位签署运维外包协议，将所拥有的另一部分 IT 资源的运维工作外包给其他单位。企业通过混合运维模式能够充分发挥自主运维和外包运维的优势。但是，由于存在两种运维人员，也增加了运维工作的复杂度，延长了运维流程；同时，也需要充分考虑内外部运维人员的职责划分和人员比例，在合理的运维成本下，既保证运维工作的顺利完成，又确保企业自有运维人员能够得到充分锻炼和提升。

1.3.2.3 电网企业级管理信息系统运维模式选型建议

首先，针对电网企业当前信息化进程与建设成果，电网企业级管理信息系统运维模式的选择需要根据自身企业的发展战略、管控模式、业务拓展的特点进行有针对性的评估，综合考虑到业务因素、人员因素、技术因素、安全因素、财务因素等多方面的因素，通过定性分析与定量分析相结合，在系统大集中的环境下，面对总部与下级单位关系上，选取“集中式运维”，实现资源利用最大化，提高投资经济效益与节省运维成本，为基层运维人员减负；其次，在面对业务部门的需求与IT部门的响应时，适宜选用“IT—业务联合运维”，既可快速响应业务部门的需求，也能提升IT人员的业务知识水平；最后，在自主运维与外包运维方面，建议选取“混合运维模式”，以电网企业作为业主管理方，统筹安排各项信息系统运维资源，提高自主性，同时还能借助第三方专业运维服务辅助搭建整体运维管理体系的坚实基础。

1.4 电网企业级管理信息系统运维体系的实践

近年来，为了进一步提升电网企业级管理信息系统运维工作的效率，从根本上改变以往“被动式运维”的状态，电网公司提出了“以用户体验为中心”和“主动服务”的新理念，通过搭建面向用户体验的一体化信息运维支撑平台，培养与建设技术过硬、层次分明、结构合理的信息运维团队，发展团队运维服务管理能力、应急处置能力、创新创效能力，健全体系化的规章制度，提升服务质量和服务感知，建立规范标准的运维服务管理流程，构建了基于用户体验的“主动式”信息运维管理体系，探索出一条行之有效的信息运维管理新模式，效果显著，具有很高的借鉴与推广价值。

1.4.1 电网公司总部运维指标情况

电网公司信息化按照“优化、提升、保障”的工作思路，围绕五大类、10小项重点任务开展工作，大力推进企业管理信息系统实用化和数据质量治理专项行动，进一步加大信息安全、运维及队伍建设等工作力度；同时，公司还依托自身多年来累积的数据优势、客户优势，打造电力综合服务平台，尝试在电子商务、电动汽车运营、电力市场交易、智能用电、国际化投资运营等领域进行多元化拓展；同时，在各大业务条线的管理体系上，以企业级管理信息系统的全面建设落地为标志，进一步加强“业务与信息系统”的联动性，保证了二者的协同性；同时，在自主创新方面，在严谨遵循南方电网的安全基线要求以及企业EA总体架构上，尝试融进“大、智、云、物、移”的新技术体系，提升可持续发展能力，将业务流程及信息系统运维过程的节点打通，保障了各项工作有序推进，进展顺利。

1.4.2 电网公司运维体系工作效果

电网公司紧跟电网公司总部企业级应用实用化推进步伐，公司信息化水平进一步提升，结合公司战略的总体要求、信息运维服务的质量需求，以及电网公司信息运维管理现状，在一体化信息运维管理创新方面也进行了相关探索与尝试，并取得了不少成绩。

（1）运维模式工作效果

运维模式工作开展后，电网公司以信息运维服务体系工作为依托，结合自身实际，通过抓实多项信息运行调度业务，切实提高了信息安全保障能力，进一步确保了信息系统安全稳定和畅通运行。

1）初步建立了适应企业级信息系统集中运行的 IT 运维服务体系

第一，全天运行值班，建立全日制运行调度模式。总部实行全体值班与“运检服”一体化管理，初步构筑出一个规范有序、信息畅通的调度平台，明确信息运行调度及运行方式的职责，全面提升了公司运维水平。

第二，加强队伍建设和人员外包管理，开展岗位胜任力评估。根据岗位能力要求，对运维服务人员开展评估，发布评估报告。梳理运维服务外包界面，提升自主运维能力，并在试点供电局开展自主运维试点工作，远程解决率比 2014 年提升 40%。

第三，严抓运维知识积累，推进自主运维能力。将知识管理纳入公司信息化水平评价指标。运维人员每人每月要在 IT 服务管理系统知识库模块录入知识内容，按照事件分类，录入知识业务覆盖终端、应用系统、运维支撑系统、基础设施等。年底在全区范围内开展优秀知识评选。公司从各单位抽选信息人员组建运维知识评审专家组，根据规范性、完整性、专业性、实用性指标通过初审、专业评审对知识内容评分，最终评选出优秀知识点。知识的积累作为各单位面对企业级信息系统运维的技术支撑之一，避免了运维的重复工作，有力推动自主运维能力的提升。

2）建立信息运维调度机制

一方面明确运调团队职责。组织多岗位跟班学习，召开多次现场工作会，培养运行方式人员对 IT 设备资源使用状况分析、预测、复杂变更方案编制、告警信息处置的能力。通过网络综合无剧本演练，提升调度人员在协调、指挥、在紧急情况下根据应急预案开展业务恢复的能力，通过企信，建立调度人员工作群及信息调度服务号，及时沟通，通过 IT 服务管理系统建立任务上传下达渠道。建立各级信息运维团队与中调、地调之间的协同机制，减少综合数据网检修对信息网络造成的影响。

另一方面通过 IT 服务管理系统开展作业计划管理，及时检查作业计划完成情况。在运行月例会上公布作业计划与检查，并公布各单位作业计划完成情况，促进各单位相互学习提高，提升作业计划管理水平。通过 IT 服务管理系统及 IT 监控系统，综合获取作业计划、设备状态、人员安排等信息，辅助运行方式人员进行复杂变更方案编制、

IT设备资源的统筹管理与分配，保障企业级信息系统按时上线及安全稳定运行。在IT服务管理系统中，开展运维调度指挥，调度人员负责对系统投退运、复杂变更、故障处理、应急演练和应急抢修等业务事项进行协调跟踪及指挥，开展事件管理、缺陷管理、请求管理、变更管理、发布管理、应急管理及网省间调度指挥协同。

3）加强运行监测与分析

通过IT运行集中监控系统及调度值班监控系统，安排调度人员全天现场值班，监测分析运行指标，识别潜在问题并进行预警。在IT服务管理系统中做值班日志、告警信息以及所发现的故障、异常。IT监控系统发现告警、异常或故障情况，经调度人员确认后，在IT服务管理系统中直接生成工单。开展调度值班工作以来，关键应用系统故障处理时长有效降低。

第一，运行监测与分析，7×24小时保平安。按照公司信息运维服务体系推进工作要求，全面开展“运行监测与分析”业务，实行7×24小时调度值班工作机制，多次在第一时间发现重大运行隐患，并组织将其消灭在萌芽状态，保证了企业信息系统的稳定运行。

第二，运维调度指挥，统一协调化险情。信息调度指挥人员严格执行公司“运维调度指挥”相关规定，应对各类突发事件时，沉着应对，统一协调，多次成功化解险情。

第三，运维信息报送，沟通用户早知道。信息专业的工作特点就像空气，用户每天呼吸并无特别的感觉，但当信息系统出现故障，用户必然会感到工作的不便，为保证用户在“呼吸”过程中保持心情顺畅，须加大运维信息沟通力度，保证用户愉快地“吸氧”。

信息运行调度业务实施以来，信息中心通过抓源头确保设备零缺陷投运、抓风险管控确保化事件于萌芽、抓员工能力确保提升系统驾驭水平，形成了一套行之有效的信息运调特色业务，在南方电网信息运行调度工作中走在了前列。今后，信息中心将牢记“创先是更高标准的日常工作”这一要求，参照生产领域好的经验与做法，进一步完善、细化信息运维与服务工作，为公司各项业务顺利开展提供安全、可靠的信息化保障。

（2）外包管理工作效果

外包管理工作开展后，电网公司根据外包指导意见制订外委管理自查及整改表，对运行调度、服务、应用维护、平台维护等多项工作外委现状进行自查，发现若干项核心业务不符合外包工作要求，并及时完成整改，有效规范外包范围。

通过根据网公司外包指导意见，重新对外协驻场人员进行了登记，并重新签订了保密协议，规范了外包人员从准入到退出的管理机制，制定了外协驻场人员驻场工作行为管理规范并开展入场考核培训，使驻场人员入场后行为规范符合安全管理要求，退出人员的工作能顺利交接，运维知识得到有效传递，确保了各运维系统稳定运行。通过开展季度外协驻场人员考核，对驻场人员行为及工作状态进行管控，并纳入合同中进行考核扣分，有效提高了外协驻场人员的工作状态，使运维行为更加规范，工作效率得到有效提高。

（3）队伍建设工作效果

信息中心根据“公司信息运维服务体系实施推进行动方案”要求，对运维服务体系中规定的运维服务工作角色组织开展了一次岗位胜任能力评价。中心对各岗位人员进行能力评价调查，由运维人员对自己各个维度的岗位胜任能力进行自我评价，汇总形成信息运维人员胜任力情况调查统计表，同时针对各岗位人员 IT 资质进行普查，形成 IT 资质调查统计表。

通过对信息运维人员胜任力情况调查统计表与 IT 资质调查统计表进行现状分析，找出了各岗位胜任能力差距的原因，一是在思想意识和工作作风方面存在较大差距，二是技术水平差距明显。

通过本次岗位胜任能力评价活动，制定了电网公司信息中心运维人员岗位胜任能力应对措施，提出了以创先工作室及技术专家辅导为载体，共同提升团队的整体能力水平的要求，同时针对各个岗位的每个人制订了单独的提升计划。

（4）服务品牌工作效果

服务品牌工作开展后，与公司各部门签订服务承诺，根据服务承诺书内容，加大对服务响应和处理的监督力度，响应超时率和按时解决率均得到很好控制。同时，针对服务承诺书的巡检要求，制定《计算机终端及外设定期巡检服务单》和《计算机终端及外设定期巡检作业卡》，开展 VIP 用户巡检和普通用户巡检。通过巡检帮助用户解决常见问题，提早发现问题，消除客户桌面终端存在的隐患，优化电脑运行速度，增强客户对 IT 服务的认可。

服务品牌工作开展后，多次召开服务流程协调会，制定省地联动事件处理机制，选择试点单位试运行。根据试运行情况，修订完善实施过程中存在问题，各单位分批接入信息服务，截至 8 月底，完成全部单位接入，执行省地联动事件处理，并发布《信息服务作业指导书》，积极应对话务增长，灵活调增话务人员，加强培训，提升各级信息人员协同服务能力。

（5）建转运工作效果

建转运工作开展后，运维团队积极参与建转运工作。为确保运维材料的可用性和系统上线的稳定性，运维团队向建设管控组提出在企业级信息系统全面上线前完成一次应急演练。在应急演练中，运维团队亲自参与，设计应急演练方案，根据项目组提供的运维材料亲自进行操作，确保运维材料的可用性，向项目组提出具体的整改要求，限期整改。并在应急演练的过程中核实企业级信息系统软硬件平台基础配置的正确性，发现了财务系统、4A 平台（统一安全管理平台）、人力资源系统等系统存在基础配置问题。

根据“出厂安评、入网复评、不定期复审”三大安全管控策略，运维团队对企业级信息系统开展入网安评和等保测评两大阶段性测评，对于不满足合规库要求但短时间无法整改的部分，在和项目组充分协商后，由项目组提出整改计划，限期整改，并完成系统等保定级备案。

（6）系统推广工作效果

电网公司组织开展了IT服务管理系统实操培训，采用边培训边操作的方式，直接在正式环境按照实际工作要求和流程进行实际操作。

信息部对系统培训和应用提出了具体要求。各单位用户按照实际业务操作权限，以实际业务案例数据为基础，全面掌握了新旧业务流程区别，系统验证了权限分配情况及时调整完善。

培训人员熟悉了业务操作流程和业务要求的同时，也发现系统存在的细节问题，不断优化改进，为系统单轨运行做好准备。新IT服务管理系统增加了信息调度和方式对重点变更、资源调整、系统监控等方面，为业务流程变化提供了信息化支持。

1.5 信息系统精益化管理思路

1.5.1 信息系统应用管理精益化内涵

精益化管理（又叫精益管理）来源于精益生产，其中“精”表示精良、精确、精美；“益”表示利益、效益等。精益管理是精益生产的总结和提升，精益生产拓展延伸到各管理业务，就形成了普遍使用的精益管理理论。精益管理就是要通过不断地实现“精”，从而实现“益”的管理活动，“精”就是少的资源投入，如资金、设备、材料、人力、时间和空间，尤其是不可再生的高质量资源。“益”就是多产出效益，实现企业升级的目标，满足顾客的要求。

精益基本业务体系是精益管理模式的核心子系统。对于信息系统应用管理而言，这些活动包括系统监控、巡检维护、运维保障、性能提升，各项活动又包含若干活动，如性能提升主要包括终端、网络、主机、软件平台、系统代码等多个方面的优化工作。

1.5.2 信息系统应用管理精益化管理思路

1.5.2.1 多角度分层次开展运行监控

分层次，从采集层、平台层、网络层、应用层、展示层多角度实现系统运行状态的监控，可视化展现端到端的系统运行指标和运维活动指标。

1.5.2.2 特巡特维保障系统运维

借鉴安全生产部门的成功经验，针对企业级信息系统开展特巡特维工作，及时排查影响系统运行的隐患和缺陷。比如在保供电期间、节假日或者版本升级后开展特巡特维工作。严格执行《信息安全合规库》，对排查出来的中等及以上风险，限期完成整改。通过全面辨识系统运行中可能存在的各类风险，制定了管控措施，并将措施纳入到日常巡视、维护计划，重点解决长期存在或经常出现的问题。

1.5.2.3 集约式整合 IT 资源

开展 IT 资产清查，建立 IT 资产目录，制订 IT 资源池优化措施，实现 IT 资源池统一管理、资源共享和动态调度；制订 IT 设备采购指引，规范 IT 设备采购及配置标准；制订 IT 资产移交管理办法及流程，规范非信息项目采购的 IT 资产移交信息专业运维。

针对数据生命周期的不同阶段，建立针对性的技术手段和管控措施。制订运营管理体系，构建数据中心从数据支撑角色向数据运营角色转变的组织、制度和流程。研究制订数据中心实现数据共享、服务提供、分析工具使用和应用开发的标准流程、技术规范和管理制度，研究探索高效的数据运营模式。

建设电网企业 IT 资源池智能优化配置分析平台，应用云计算技术实现 IT 资源池动态优化配置。统一开展数据分析，统一提供数据、计算、存储等资源服务，实现资源利用最大化。统一规划和建设电网企业数据中心，依托原有数据资源，引进大数据技术，实现数据统一管理、集中存放。

1.5.2.4 软硬兼施全方位优化提升系统性能

“软硬兼施”、全方位优化，着重从软件系统、软件平台根源查找问题，再从硬件架构和硬件瓶颈方面分析存在的问题辅以提升性能。

软件优化包括软件系统优化和软件平台优化，系统优化可以从算法实现和软件架构方面着手，平台优化可以从中间件平台、数据库平台、主机配置优化方面着手。硬件优化包括终端、网络、主机、负载均衡器等硬件性能方面着手。

1.6 小结

电网业务关系到千家万户，随着我国社会经济的快速发展和人们生活水平的不断提高，在国家的大力支持下，电网信息化建设和投资规模不断扩大，电力企业与用户之间、各电力企业之间、电力企业各部门之间的信息沟通日益频繁，随之对企业级的管理信息系统建设与对应的运维体系提出更高的要求，传统电网企业级管理信息系统运维工作问题逐渐暴露出来：各部门之间的通力合作不畅；运维手段单一；运维人员压力不均；电力企业级管理信息系统的大集中建设的不断发展，信息内容不断增多且复杂等。为此，电网企业亟须在运维体系及实践方面进行改革与创新，参考国际领先模式，结合自身信息系统运维现状，联动业务部门的需求以及应用先进技术手段，探索出一条最为合适的电网企业级管理信息系统运维道路，为电网公司的正常运作保驾护航，也为后续工作的顺利开展总结经验。

2 电网企业级管理信息系统建运一体化

2.1 引论

2.1.1 国内外现状

2.1.1.1 国外现状

甲骨文公司，全称甲骨文股份有限公司（甲骨文软件系统有限公司），是全球最大的企业级软件公司，总部位于美国加利福尼亚州的红木滩。2013 年，甲骨文已超越 IBM，成为继 Microsoft（微软）后全球第二大软件公司。

作为如此大型的全球化 IT 软件公司，其主营的产品线涉及全球各行各业，随着业务量的增长，Oracle 作为最大的综合 IT 信息运维管理服务解决方案供应方，其公司内部也早于其他行业面临着 IT 结构复杂、整体性能难以保证、整体可用性难以保证、运维管理复杂这四大世界级信息系统运维管理难题。因此，其早于 2000 年前，已经启动了数据中心运维管理一体化的建设探讨，结合 ITIL V3.0 与 ISO 20000：2011 标准体系，通过架构整合和简化、提升运营管理能力来解决面临的 IT 运营问题与挑战。并衍生出与 Oracle 12g 对应的云管理 2.0 等一系列解决方案，通过业务驱动的端到端一体化管理实现全面掌控 IT，从规划、预配、构建、测试、部署、见识、管理、计费、优化等环节形成闭环的完整的生命周期管理，并结合自身的数据库、中间件及服务器等在运行产品，以简约化的集成式一体化管理进行软硬件的双层管理，同时，也与业务驱动的 IT 管理兼顾，实现了自助式 IT 管控一体化方式，实现内部信息系统的简单、自动化流程。最终，让 Oracle 在拓展海外市场，如中国、印度、俄罗斯等的战略部署下，提供强大的 IT 运维管理建设保障，降低企业 IT 支撑成本（资本性支出 CAPEX 与管理支出 OPEX），以领先的专业形象立足于全球，让业务不断提升的同时也带领着全球 IT 运维管理建设进入新的阶段。

2.1.1.2 国内现状

（1）哈尔滨电业局

哈尔滨电业局始建于 1946 年，担负着哈尔滨市及 6 个地区的供电任务，供电面积 3.7 万平方千米，用电户数 137.79 万户，哈尔滨是国家电网建设与改造 31 个重点城市之一。随着电力信息化建设的不断扩展，相应的业务系统（如 OA、CRM、ERP 等）越来越复杂，IT 网络与系统性能的好坏对保证业务系统可靠运行的作用也越来越大。电力行业的计算机网络中运行着的应用系统，包括电力生产设备监控系统、数据采集系统、视频应用系统等一旦出现故障，将极大地影响电力行业的正常工作，其损失都将相当巨大。而面对复杂的 IT 网络与系统环境，“兵来将挡，水来土掩”的“传统被动式”的 IT 系统运维根本不能适应目前的要求。IT 基础管理稳定是业务正常运营的保证，全局电力系统的网络稳定更是基本条件。在对 IT 基础设施评定过程中，哈尔滨电业局领导充分认识到这一点。哈尔滨电业局先后在全省乃至全国多家同行企业调研，在这个过程中认识到搭建一套企业级信息管理系统运建一体化的综合管理平台才能解决当前困境，因此在 2009 年开始有意识地引进了 BTNM 解决方案，哈尔滨电业局借助北塔 BTNM 运维管理系统，构建了层次结构清晰和规范化的综合网络管理平台，同时，也大大减轻 IT 运维人员日常的重复性劳动和工作压力，提高了工作效率，为哈尔滨电业局提出的建设“一强三优”现代供电企业的目标提供了有力保障。

（2）第十届 IDC 产业会议

2016 年 1 月 7 日，在国家会议中心集结 IBM、华为各大 IT 运维解决方案的行业资深专家共同研讨如何在新时期打造出 IT 运维管理建设一体化管理体系。在移动互联、云技术、大数据等新技术的驱动下，在移动互联快速发展的新形势下，创新层出不穷，新产品、新应用大量投产，企事业单位业务经营范围不断外延，服务渠道不断拓展，客户服务需求日趋多样化、个性化，信息系统业务交易量和运行服务需求大幅增长，对企事业单位的整体运行服务能力和服务效率带来了新的挑战。运行服务安全性、可靠性和实时性的外在诉求，最终将内化为转变 IT 运维管理的必然要求。唯有建立一套职责明确、流程统一、管理高效的一体化、规范化、层次化的 IT 运维一体化管理体系，不断夯实运维管理基础，优化运维管理架构，健全运维制度规范，完善运维管理流程，才能有效防范系统运行风险，减少业务中断时间，显著提高业务服务质量和效率，不断提升客户服务的满意度，进而提高企事业单位的品牌价值和社会美誉度。

（3）江苏国税

国家税务总局曾印发《税务管理信息系统运行维护体系管理办法（试行）2005 年》的通知，规划了税务应用系统以省级集中模式运行，确立了税务信息化运维体系的“一体化建设原则”，要求从运维规划、实施、管控各层面由总局进行统一规范和管理，各省局在总局统一规划下进行本省运维体系的建设。江苏省国税密切关注国家税务总局对信息系统运行维护体系管理办法的要求，并在实际工作中进行体系构建和运维筹划部署。

前几年，随着系统的日渐繁杂和信息化的深入应用，江苏国税的运维工作开始面临很大挑战：集中运行维护体系建设相对缓慢，系统监控和配置工具比较零散，采集来的监控数据格式迥异，无法进行统一的分析和处理，很难实现对应用系统状况进行整体全面的监控，亟待整合；在运维管理上，缺乏一套符合 ITIL 标准的运维工作流程和支撑工具，突出表现是整体运维水平较低，处理事务流程烦琐。而随着税收征管改革工作的不断深化，需要创新应用大量新技术，对信息技术队伍提出了更高的要求。为保障江苏国税对国家税务总局的运维管理响应要求，建立高效的运维管理机制，江苏省国税引进北京广通信达软件股份有限公司的运维平台，以苏州为试验点建设运维管理项目，项目遵循“省、市、区县三级运维一体化”的建设目标，以国际公认的ITIL先进理论为基础，建立高效直接的运维管理标准；同时，建立统一监控数据采集和分析，形成以应用系统监控为主线的监控、分析、处理机制，通过综合监控管理系统对业务核心数据进行分析和实时监控，并实现丰富、科学、美观的展示；最后结合广通软件产品的特点，形成以ITIL流程管理子系统、资产配置子系统、网络监控子系统、系统监控子系统为一体的集中管控体系，实现“运维流程规范化、监控信息可视化、配置信息统一维护”的高效管理目标。

建设契合税收管理信息化建设中“一个平台，两级处理，三个覆盖，四个系统”的主要内容，以健全运维制度，规范运维流程为指导思想，提高了运维质量和效率，对税收信息系统运行保障能力得到加强，为江苏国税的税收信息现代化建设添砖加瓦。项目于2014年年底建立，历时6个多月，在“十二五”规划的收官之年完成。

（4）中国银行

随着经济全球化特别是金融全球化进程的不断加快，金融业迎来了最好的全球化发展机遇期，而大型商业银行作为金融业全球化的先锋和主力，直接承担、实施并受益于金融的全球化。中国银行作为中国唯一连续经营百年的金融企业，是新兴市场经济体中唯一连续3年入选全球系统重要性银行的金融机构，截至2015年年底，已拥有海外机构426家，覆盖中国香港、中国澳门、中国台湾及46个国家和地区，是海外分支机构最多、海外经营历史最悠久、国际化和多元化程度最高的中资银行。

自1992年5月成立以来，一直致力于服务并支持中国银行的全球化发展，并于2002年成立中国银行亚太信息中心，组建了一支专门负责海外IT建设的技术队伍，为实现区域集中组织开发了BOC2000标准版，打造出一套信息系统运维管理建设一体化的综合管理体系，并逐步在悉尼、东京等亚太片区推广，按照中国银行海外IT建设规划，欧非批次于2014年10月26日完成了欧非13家分行的顺利投产。目前，美洲批次正在开展演练验证工作并计划在2016年完成投产。通过海外信息系统整合转型项目，全面提升了中国银行全球一体化服务能力，实现了海外核心银行系统“以客户为中心”的服务模式转型，完成了海外机构系统版本统一、数据逻辑集中，实现了海外IT建设的跨越式发展，建立了全球一体化处理机制，实现了客户信息的集中管理和统一的客户体验，确保海外机构快速延伸，加强了海内外互联互通，支持了人民币国际化服务要求，搭建了全新的风险额度统一管理框架。

（5）广州地铁

广州地铁信息化紧随公司的成长而逐步发展，从当初简单应用，到如今全面信息化；从1名专职员到现在的50人专业团队；从二级部门下设的一个小职能，提升到现在集团一级部门，信息化在广州地铁被提升到全新的高度，被赋予更重的使命。在公司发展、业务发展的驱动下，信息化以“提应用、促发展”为宗旨开展信息化建设；通过先进的信息技术，为企业经营管理、变革与创新提供重要工具。从2001年开始，至2004年完成公司的第一个五年IT规划开始，广州地铁对于信息化的投入与建设运营从未停止过步伐，并且越走越快，在进入广州地铁的“十三五”期间，广州地铁总公司明确地指出建立全面、多角度的IT建设项目管理体系，实现对项目建设过程的进度、质量、目标偏移、风险的管控。广州地铁IT项目管理体系确保项目高效、有序建设，进一步提升企业信息化覆盖的广度与深度，强化团队运维管理建设能力，进一步提升信息化规划涉及能力，保障运维管理建设体系的科学性、合理性，重点关注数据管理、技术管控能力和运维服务能力三者的有机结合，为“十三五”期间广州市地铁运营保驾护航。

2.1.2 电网企业信息系统建运管理模式

“十二五”期间，公司按照战略导向、业务驱动原则，以国内领先、国际先进为目标，以三个融合为内涵，以三个转变为导向，以四个提升为手段，坚持SOA（全向服务的体系结构）技术路线，全面支撑公司战略发展。“十二五”末期基本建成一体化、现代化、智能化的企业级信息平台，信息化水平达到央企A级上游水平，实现国内领先的规划目标。随着“6+1”企业级管理信息系统的全面推广上线，从“大建设”转向“深化优化+大运维”，如何保障企业级信息系统的稳定运行成了公司“十三五”亟待解决的问题。

基于目前信息化建设和运维工作职责界面的划分，信息系统“建转运”工作存在一些弊端，比如系统建设和系统运维之间存在断层，系统上线试运行期间衔接力度较弱，运维团队对应用功能、系统架构和关键技术掌握不足，建设阶段没有充分考虑系统安全运行相关技术要求，达不到移交要求，等等。为了解决信息化建设和运维方面存在的问题，实现建设团队和运维团队的高度融合，提升集约化管理水平，优化资源与配置，公司提出适度超前的“建运一体化”工作机制，为实现企业级管理信息系统稳定运行提供强有力的制度保障。

2.2 建运一体化组织架构组成

建运一体化组织架构主要在公司信息中心设立，通过设立客户服务组、运行调度组、应用组、平台组、网络组来保障企业级信息系统快速建设和稳定运行，组织架构如图2－1所示。

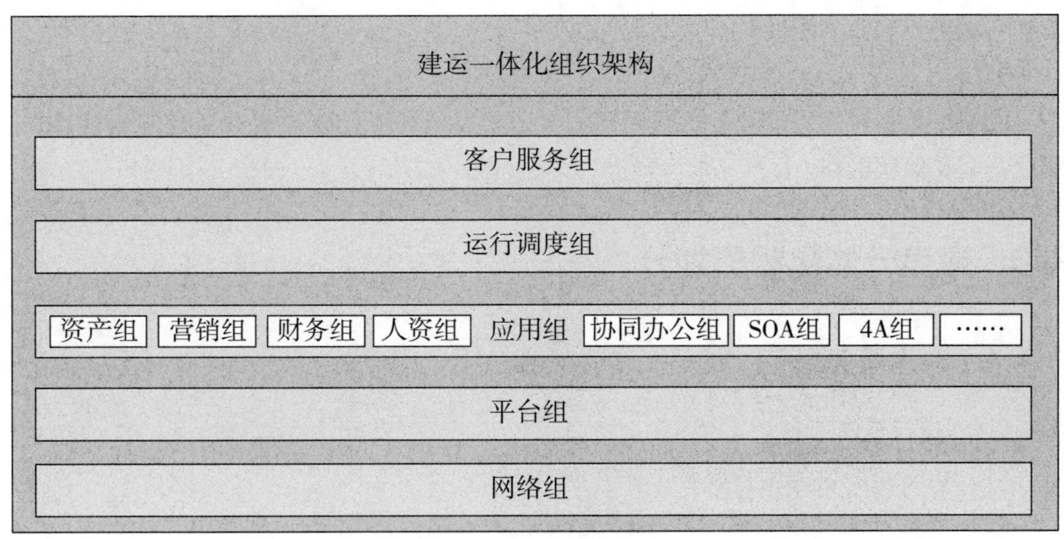

图 2－1　建运一体化组织架构

2.2.1　客户服务组

客户服务组包括一线客服人员和二线桌面运维人员。

一线客服人员负责对用户提供业务咨询，受理故障报修、服务请求，对事件进行登记、分配、跟踪、督办、回访。

二线桌面运维人员负责信息终端设备硬件、桌面软件、桌面网络的现场维护和业务系统用户端技术支持工作。

2.2.2　运行调度组

运行调度组包括运行方式人员和调度人员。

运行方式人员负责信息系统运行方式的统一规划，对信息运维资源的统筹管理与统一分配，并对运行方式有较大影响的运维操作方案的统一管理，包括方式安排业务事项。

调度人员负责对信息运维作业的计划安排，对信息系统、IT 设备实施运行状态及运维作业的监控、组织、指挥和协调，包括作业计划管理、运行监控与分析、运维调度指挥业务事项。

2.2.3　应用组

应用组负责对应用系统软件及所依赖的中间件及数据库套装软件的运行维护、信息安全及保密工作，以应用系统为单位设立。

2.2.4　平台组

平台组负责对服务器（含操作系统）、虚拟平台、磁盘阵列、磁带库等软硬件平台的运行维护、信息安全及保密工作。

2.2.5 网络组

网络组负责对网络设备、负载均衡、机房动力及环境设施等硬件平台的运行维护、信息安全及保密工作。

2.3 建运一体化职责划分

2.3.1 客户服务组

2.3.1.1 运行调度

（1）负责组织协调用户服务工作开展。

（2）负责派发服务工单，并跟踪反馈用户问题处理结果，开展用户服务满意度回访。

（3）负责受理4A平台管理员账号处理和权限变更服务请求，并派发服务工单。

（4）负责审查系统运行维护公告草稿，发布系统运行维护类公告。

2.3.1.2 例行操作

（1）负责牵头保障客户服务满意度工作。

（2）负责科学组织与管理客户服务团队，持续提升团队服务意识、学习意识、专业意识、主动意识、安全意识及团队意识。

（3）负责制定用户终端设备巡检工作计划并执行相关工作。

（4）负责定期维护用户信息。

（5）负责定期接受系统维护培训（含系统功能介绍、更新功能介绍、影响用户的系统缺陷清单、分类用户权限、账号申请流程、密码变更管理流程等培训）。

（6）负责定期维护用户服务工具。

（7）负责终端运维服务知识库维护。

（8）通过ITSM，负责对运维服务工作开展质检，保证运维服务质量，质检工作包括但不限于“1000号”统一入口、工单全生命周期质检。

（9）负责牵头组织编制系统服务目录、服务级别协议。

（10）负责监督各应用小组与业务部门商定的具体服务级别及指标执行情况，组织开展IT服务满意度调查，统一出具服务报告。

（11）负责对系统开发商人员开展现场服务行为规范培训，系统开发商人员通过服务台和远程工具提供技术支持，原则上不得单独到用户现场开展服务。

（12）归口管理终端（包括移动终端）兼容性配置，要求应用小组按照终端管理业务指导书执行。

（13）负责对系统运维服务商人员等进行监督、考核及评价。

2.3.1.3 响应支持

（1）负责接听“1000 号”信息服务热线。

（2）负责维护用户终端设备。

（3）负责受理用户服务请求，处理用户咨询类和用户终端类事件。

（4）负责重要时期的用户服务保障。

2.3.1.4 项目管理

负责客户服务类项目管理（立项、招标及验收等），项目范围主要包括终端设备维护、一线综合座席及二线人员运维服务。

2.3.2 运行调度组

2.3.2.1 运行方式管理

（1）负责编制本单位信息系统及 IT 设备各类资源统计规则和管理要求，负责汇总统计各类资源统计数据，编制各类资源统计数据报表，协调组织本单位信息系统及 IT 设备资源管理工作开展。

（2）负责在建在运信息系统状态统计与分析。

（3）负责信息系统和 IT 设备资源使用状况分析、预测工作，编制资源增长扩容计划方案。

（4）负责组织编制复杂变更的变更方案，如系统投运、退运、迁移或者其他涉及多个专业的复杂变更。

（5）负责组织变更委员会审批复杂变更的变更方案。

（6）负责对本单位信息系统及 IT 设备的相关资源申请进行统筹安排，组织制订方式方案。

（7）组织开展运维业务管理、资源管理和运行安全性、运行稳定性分析工作，组织开展运维工作的安全管理、风险管理。

2.3.2.2 调度管理

（1）负责编制、审核、发布本单位作业计划。

（2）负责协调、指挥三线人员处理事件、问题、变更及发布等运维工作。

（3）负责跟踪及协调处理各类故障，在紧急情况时组织协调运维队伍执行应急预案。

（4）负责运维过程中网省地间的任务上传下达。

（5）组织运维人员参与应急预案编制，指挥运维人员参与应急演练。

（6）负责本单位信息系统及 IT 设备运行状态监测，跟踪与督促各运维班组及时处理告警信息。

（7）负责组织协调各运维业务流程中的风险管理工作。

2.3.3 应用组

2.3.3.1 运行调度

（1）负责定义应用系统（本体）运行方式，编制年度、月度及周运行方式计划。

（2）负责提交作业计划至运行调度组，并根据审批通过的作业计划开展相关作业。

（3）负责涉及应用系统及其软硬件平台作业调度。

（4）负责涉及应用系统及其软硬件平台故障抢修调度。

（5）负责主动报送影响两个或两个以上应用系统的作业或故障至运行调度组。

2.3.3.2 例行操作

（1）负责牵头保障应用系统的安全稳定运行（含保密）。

（2）负责科学组织与管理应用运维团队，持续提升团队的自主运维能力以及服务意识、学习意识、专业意识、主动意识、安全意识及团队意识。

（3）负责制订应用系统及其软硬件巡检方案（含自动化监控），执行应用系统个性化巡检，持续优化巡检方案。

（4）负责应用系统账号及权限维护，负责应用系统所属服务器操作系统运维账号维护（超级管理员账号除外），负责应用系统所属中间件、数据库账号维护。

（5）负责应用系统及其软硬件系统架构、核心技术、关联关系等配置管理，相关运维文档信息维护。

（6）负责对运行数据的收集和处理（含数据更新、统计分析、报表生成、与外界数据定期交互）。

（7）负责定期对应用系统作运行风险分析和评估，制订优化提升方案并实施。

（8）负责制订备份方案并持续优化备份工作。

（9）负责建立健全应急预案（含现场处置方案），按计划开展定期应急演练。

（10）负责制订并执行应用系统定期作业，如重启、日志清理、异常进程终止等。

（11）负责应用系统运维知识库维护。

（12）负责运维情况记录（含有关工作数量和质量信息、应用系统维护和变更信息、应用系统故障信息），所有运维服务工作必须在 ITSM 中闭环管理。

（13）与业务部门商定具体服务级别相关内容及指标。

（14）负责对系统开发商进行监督、考核及评价。

2.3.3.3 响应支持

（1）负责接受客户服务组调度，响应及处置用户诉求（涉及数据导出类，业务咨询答疑除外）。

（2）配合平台组、网络组开展运行环境的缺陷修复、性能提升、安全漏洞整改等。

（3）负责应用系统故障抢修。

（4）负责应用系统类信息安全事件响应处置，并配合调查。

（5）负责应用系统（含部署在中间的应用程序、数据库表及存储过程等）缺陷分析、修复方案编制、开发及测试。

（6）负责应用系统安全漏洞整改方案编制、开发及测试。

（7）负责重要时期业务保障。

（8）负责中间件、数据库补丁升级。

（9）负责应用系统变更、发布。

2.3.3.4 系统优化

（1）负责应用系统（含部署在中间的应用程序，数据库表及存储过程等）优化提升方案编制及实行。

（2）负责系统优化的代码开发及测试（含终端兼容性测试），配合开展运行环境的优化提升。

（3）负责应用系统运维情况的自查和自评。

2.3.3.5 项目管理

负责应用系统类运维项目的项目管理（立项、招标及验收等），项目范围主要包括应用系统运维工作及一线专业坐席服务。

2.3.4 平台组

2.3.4.1 运行调度

（1）负责定义平台运行方式，编制年度、月度及周运行方式计划。

（2）负责提交作业计划至运行调度组，并根据审批通过的作业计划开展相关作业。

（3）负责主动报送平台故障至应用组，配合应用组开展故障抢修。

2.3.4.2 例行操作

（1）负责牵头保障平台安全稳定运行（含保密）。

（2）负责科学组织与管理平台运维团队，持续提升团队的自主运维能力以及服务意识、学习意识、专业意识、主动意识、安全意识及团队意识。

（3）负责制订平台（除应用系统要求外部分）巡检方案，执行巡检，持续优化巡检方案。

（4）负责根据巡检方案开展监控实施，包括部署采集点、配置阈值、告警通知策略等工作，并完成相关测试。

（5）负责平台相关配置项信息维护。

（6）负责对运行数据的收集和处理（含数据更新、统计分析、报表生成、与外界数据定期交互）。

（7）负责定期对平台作运行风险分析和评估，制订优化提升方案并实施。

（8）负责制订备份方案并持续优化备份工作。

（9）负责建立健全应急预案（含现场处置方案），按计划开展定期应急演练。

（10）负责运维知识库维护。

（11）负责运维情况记录（含有关工作数量和质量信息、维护和变更信息、应用系统故障信息），所有运维服务工作必须在 ITSM 中闭环管理。

（12）负责对硬件原厂商、集成商及平台运维服务商人员等进行监督、考核及评价。

2.3.4.3 响应支持

（1）负责缺陷分析、修复方案编制、开发及测试。

（2）负责安全漏洞整改方案编制、开发及测试。

（3）负责故障抢修组织。

（4）负责重要时期业务保障。

（5）负责操作系统、微码等补丁更新。

（6）配合应用组开展运行环境的缺陷修复、性能提升、安全漏洞整改等。

2.3.4.4 系统优化

负责优化提升方案编制，操作系统系统优化的代码开发及测试，配合开展运行环境的优化提升。

2.3.4.5 项目管理

负责平台类运维项目的项目管理（立项、招标及验收等），项目范围主要包括硬件（含操作系统）设备运维。

2.3.5 网络组

2.3.5.1 运行调度

（1）负责定义网络运行方式，编制年度、月度及周运行方式计划。

（2）负责提交作业计划至运行调度组，并根据审批通过的作业计划开展相关作业。

（3）负责主动报送网络故障至应用组，配合应用组开展故障抢修。

2.3.5.2 例行操作

（1）负责牵头保障网络安全稳定运行（含保密）。

（2）负责科学组织与管理网络运维团队，持续提升团队的自主运维能力以及服务意识、学习意识、专业意识、主动意识、安全意识及团队意识。

（3）负责制订网络（除应用系统要求外部分）巡检方案，执行巡检，持续优化巡检方案。

（4）负责根据巡检方案开展监控实施，包括部署采集点、配置阈值、告警通知策略等工作，并完成相关测试。

（5）负责网络相关配置项信息维护。

（6）负责对运行数据的收集和处理（含数据更新、统计分析、报表生成、与外界数据定期交互）。

（7）负责定期对网络作运行风险分析和评估，制定优化提升方案并实施。

（8）负责制订备份方案并持续优化备份工作。

（9）负责建立健全应急预案（含现场处置方案），按计划开展定期应急演练。

（10）负责运维知识库维护。

（11）负责运维情况记录（含有关工作数量和质量信息、维护和变更信息、应用系统故障信息），所有运维服务工作必须在ITSM中闭环管理。

（12）负责对网络运维服务商人员等进行监督、考核及评价。

2.3.5.3 响应支持

（1）负责缺陷分析、修复方案编制、开发及测试。

（2）负责安全漏洞整改方案编制、开发及测试。

（3）负责故障抢修组织。

（4）负责重要时期业务保障。

（5）配合应用组开展运行环境的缺陷修复、性能提升、安全漏洞整改等。

2.3.5.4 系统优化

负责优化提升方案编制，配合开展运行环境的优化提升。

2.3.5.5 项目管理

负责网络类建设和运维项目的项目管理（立项、招标及验收等）。

2.4 建运一体化具体工作内容及要求

2.4.1 运行调度

运行调度包含运行方式管理和调度管理，具体工作内容如下：

（1）运行方式指特定范围的信息系统构成状况和运行状态，包括基础设施、中间件、数据库、技术平台、应用系统等软硬件的属性、配置、数据以及相互之间的物理和逻辑关联关系和控制策略等。

（2）各组需根据系统的业务特性，定义应用系统（本体）运行方式，运行方式覆盖业务低估、高峰、系统部分设备故障等不同场景。

2.4.2 作业计划

作业计划主要工作内容及要求如下：

（1）涉及改变运行方式的作业需填报作业计划。作业计划包含年度作业计划、月度作业计划及周作业计划；各运维组应根据信息系统安全运行风险、各类缺陷、各类投退运要求，根据运行调度组要求编制提交各类作业计划。

（2）各组依据运行调度组发布的作业计划，在规定时间内执行作业计划内容，未经批准，作业计划不得更改，并及时将执行的结果反馈至本单位作业计划管理员。

（3）对未列入作业计划但必须在特定时间执行，否则将影响信息系统正常运行的维护应纳入临时作业计划。

（4）影响应用系统可用性的作业计划在征求相关业务管理部门的同意后再编制执行。

2.4.3 调度协调

调度协调主要工作内容及要求如下：

（1）执行复杂变更过程中，需由各组根据变更实施方案，调度协调各专业人员执行变更。

（2）在故障抢修过程中，各组承担跟踪故障处理情况、协调内外部资源、故障处置报告等工作。

（3）具体要求见公司信息运行调度业务指导意见。

2.4.4 例行操作

例行操作主要工作内容及要求如下：

（1）各组需根据统一的运行图模板，编制业务逻辑运行图和物理逻辑运行图，牵头制订系统本体及所属软硬件平台的巡检方案。巡检方案包括人工巡检和自动化（监控系统）巡检内容、巡检计划（含特殊运行保障巡检）、监控指标和阈值、触发条件、巡检作业指导书、巡检记录等内容。

（2）根据巡检方案，平台组组织在IT集中运行监控系统中完成监控配置，执行巡检工作，并编制巡检记录，对发现问题应通过缺陷管理流程闭环跟踪处置，巡检结果应定期上报运行调度组。

（3）故障处置、系统变更或发布后，各组需及时优化巡检方案。

（4）巡检方案、巡检记录、缺陷等信息统一录入ITSM系统。

（5）各组对于所管辖的各类账号及权限，需定期开展静默账号清理、过期密码修改等工作。

（6）各组针对所管辖的对象，需严格根据公司IT服务管理办法相关要求，维护保障配置项的完整性、一致性、准确性，并定期开展配置项数据质量自查整改。

（7）应用组需编制应用系统的运行分析方案，按月开展应用系统运行分析，并编制运行分析报告，提出系统优化提升建议，按月上报至运行调度组。

（8）运行分析内容包括基础状态运行曲线、容量分析、缺陷分析，运行分析发现问题，需通过缺陷管理经ITSM系统闭环管控。

（9）针对不同的运维对象，各组需开展常态化的运维服务安全知识库的编制、汇总工作。知识库范围至少包含运维服务案例、使用说明、操作手册、功能介绍、流程介绍、技术介绍和名词解释等内容。

（10）各组需与各应用系统建设同步掌握并维护各应用系统系统架构、核心技术、系统风险点，并形成结构化文档。

2.4.5 响应支持

响应支持主要工作内容及要求如下：

（1）应用组安全负责人需根据公司信息安全事件管理办法相关要求，组织编制应用系统应急预案（含现场处置方案），编制并执行应急演练计划。

（2）应急演练计划需由运行调度组统筹、平衡及发布，方可执行。

（3）年度应急演练内容需至少包括：高可用演练（操作系统集群切换演练、数据库集群切换演练）、数据备份恢复演练（本地恢复、异地恢复）等方面。

（4）应急演练应形成应急演练报告，并持续修编完善应急预案（含现场处置方案）。

（5）发生信息安全事件，参考公司相关安全管理办法处理时限要求进行处理。

（6）信息安全事件处置完毕后，应对应急预案进行有效性评估，并优化完善，并配合信息安全管控组完成信息安全事件完成事件调查。

（7）各组对所属运维对象故障应及时组织抢修，应用组故障抢修时限要求需遵循与各业务部门签订服务级别协议。

（8）影响两个或两个以上应用系统的故障，各组需及时上报运行调度组，由运行调度组统一组织故障抢修。

（9）应用组需配合客户服务组做好故障期间用户解释工作；平台组、网络组需配合应用组开展故障抢修工作。

（10）达到信息安全事件的故障，各组信息安全负责人应主动上报至信息中心安全组。

（11）各组对所属运维对象缺陷应进行分级分类，并通过 ITSM 系统闭环管控。涉及应用系统软件类缺陷的修复，应参照信息化项目建设管理相关技术管控要求，对设计、开发、测试（含联调测试、性能测试及安全测试等）等阶段进行严格管控。

（12）各类缺陷处理需报作业计划。

2.4.6 系统优化

系统优化主要工作内容及要求如下：

（1）涉及应用系统软件修改的系统优化，应参照信息化项目建设管理相关技术管控要求，对设计、开发、测试（含联调测试、性能测试及安全测试）等阶段进行严格管控。

（2）各类系统优化需报作业计划。

2.5 建运一体化工作中的难点实践

建运一体化工作机制在实际落地执行过程中存在最大难点是应用组内部系统建设阶段与运维阶段如何平滑地过渡衔接以及应用组与平台组如何顺利完成平台移交，为了解决以上难点，确保公司企业级应用系统项目建设质量，明确职责，规范行为，做好系统投运、移交组织工作，公司制定了信息系统投运移交管理办法。

投运是指信息系统通过初步验收后，投入生产环境运行的过程，包括新建信息系统的投入运行以及已有信息系统扩建、升级、改造后的投入运行。

移交是指信息系统的运行维护在竣工验收通过后，由建设阶段转为运维阶段进行运行维护的过程，包括应用组内部应用级移交以及应用组与平台组之间平台级移交两部分。

2.5.1 投运管理

2.5.1.1 管理要求

（1）申请投运的信息系统应提交由软件测评资质的机构出具的功能测试、性能测试报告和安全评估报告，并经信息管理部门的审核确认。

（2）系统投运后，应根据公司 IT 资产管理办法的管理要求，开展资产管理工作。

（3）申请投运的信息系统应按照公司信息化产品入网许可管理办法的要求获得入网许可，提交安全评估报告，并经信息管理部门的审核确认。

（4）在系统试运行期间，项目组应按照要求使用系统遵循业务流程上报数据，以测试系统的稳定性和安全性。

（5）根据项目情况，系统试运行期间可采用双轨运行制，试运行期间的系统运维工作由项目组承担，项目组成员应服从一线服务台人员所负责系统运维工作的调度。

2.5.1.2 管理内容

（1）系统通过初步验收后，由项目组准备投运相关文档，并向信息管理部门提交投运申请表。

（2）信息管理部门在收到投运申请后，组织业务部门及 SOA、数据、安全、运维、4A 组等相关人员进行现场与文档的确认审核。

（3）投运申请审核通过后，由信息管理部门组织，项目组配合，根据投运方案开展系统投运实施工作。

（4）信息系统投运初期应密切关注系统的运行状况，加强系统的日常监测，发现存在重大问题，各单位信息部门有权强制关停系统。

（5）系统上线试运行（单轨运行）不少于 3 个月，且项目交付成果完成后，项目组总结系统运行情况，编制系统运行报告，提出竣工验收申请。

2.5.2 移交管理

2.5.2.1 管理要求

（1）移交前项目组须对系统账号权限进行排查清理。

（2）未通过竣工验收的信息系统原则上不得移交。

（3）信息系统移交前，应用组以及平台组按照公司信息系统运行维护管理办法的要求应提前确定系统运维人员，保证移交和运维工作顺利开展。

（4）信息系统移交后，各组应按照公司信息系统运行维护管理办法、公司 IT 服务管理办法、公司安全防护管理办法、公司信息安全事件管理办法、公司信息安全督察管理办法等的相关要求开展系统运维工作。

（5）信息系统移交完成后，根据公司 IT 资产管理办法的管理要求，完成 IT 资产管理工作。

2.5.2.2 管理内容

（1）信息系统移交应满足以下前提条件：通过竣工验收；文档资料齐全、完整、准确、规范。

（2）信息系统移交前，项目经理应填写信息系统应用级移交申请表、信息系统平台级移交申请表，分别提交应用组内部运维人员、平台组审核，应用组内部运维人员、平台组负责对文档进行审查，包括文档的合规性、完整性、关联性等，必要时可要求进行验证，验证中发现的问题可要求进行整改，以有效保障由建设到运行的平稳过渡和有序衔接。

（3）信息系统移交申请表中应明确移交的内容清单，移交文档应与系统现状保持一致，需根据系统试运行阶段系统消缺、测试及整改等工作开展同时进行文档的修改完善，业务管理部门负责核查系统需求文档与设计方案、系统功能的符合情况。

（4）信息系统移交申请通过应用组内部运维人员、平台组审核后，分别提交组长审核，由组长组织召开移交会议，确认无误后，组长完成移交申请的审批，从审批通过日起，系统应用部分运维工作由应用组内部运维人员负责，系统平台部分运维工作由平台组负责。

（5）应用组内部运维人员负责清点项目组提交的应用级移交材料，平台组负责清点项目组提交的平台级移交材料，确保移交内容无误且资料齐全、完整。

2.5.3 流程步骤

2.5.3.1 信息系统投运流程

信息系统投运流程，如图 2－2 所示。

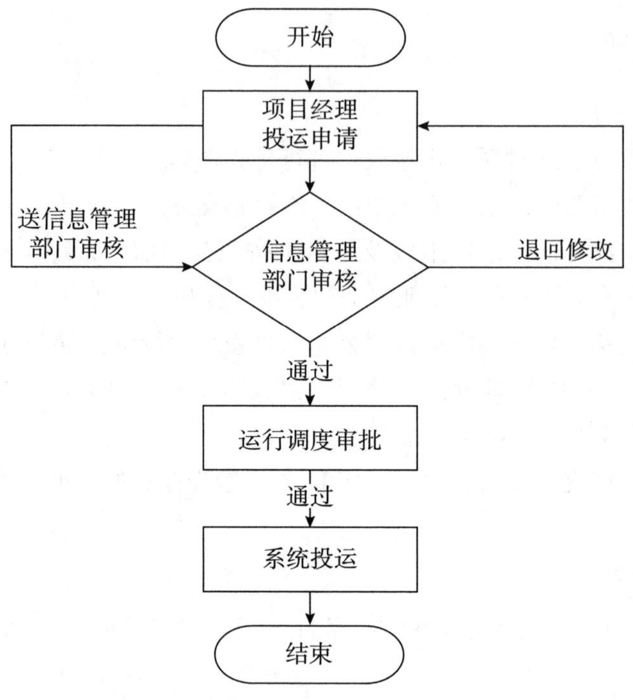

图 2 -2　信息系统投运流程

2.5.3.2　信息系统移交流程

信息系统移交流程，如图 2 -3 所示。

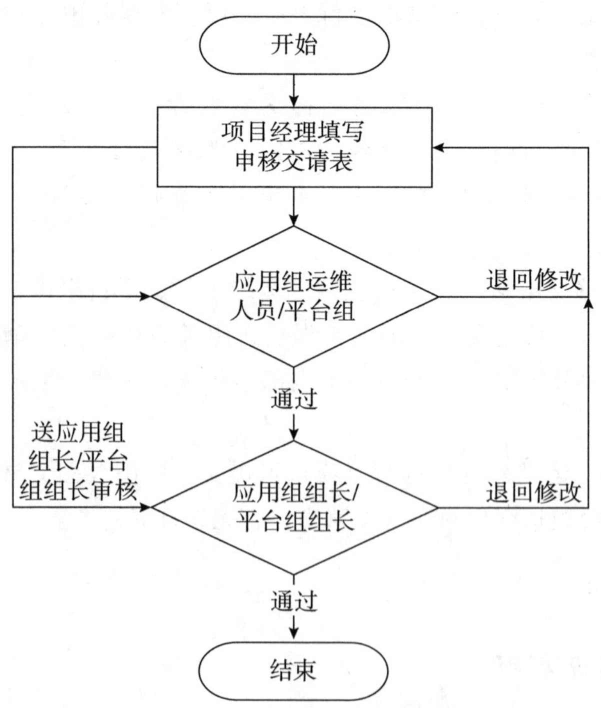

图 2 -3　信息系统移交流程

2.5.4 实际案例

以资产管理系统为例，系统竣工验收后，在应用组内部完成应用级移交，在应用组与平台组之间完成平台级移交。

平台级移交：企业级信息管理系统在项目初验后 1 个月内完成平台级移交。由项目经理提交申请至平台组，平台组根据移交的条件进行审查，平台级移交主要内容包括信息系统的资产列表、系统结构图及设备设施图、入网安评报告、集成规范核查报告等。

应用级移交：企业级信息管理系统在项目竣工验收后 1 个月内完成应用级移交。应用级移交主要内容包括系统作业指导书、应急预案、系统管理员手册等运维资料。

制订各流程环节的工作指引和办结时限如下：

2.5.4.1 平台级移交流程步骤及说明

（1）平台级移交流程

平台级移交流程，如图 2－4 所示。

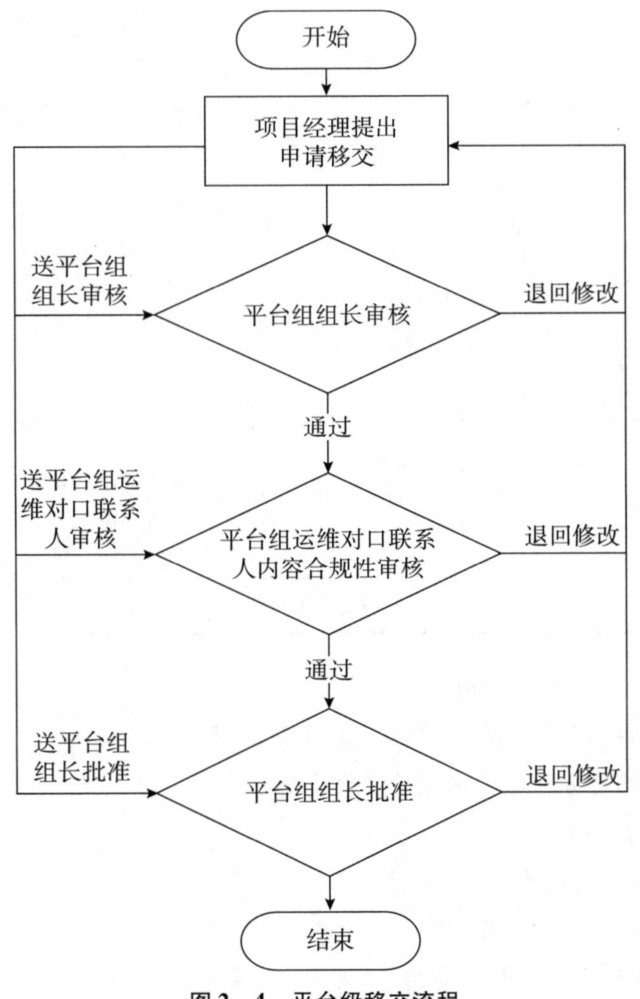

图 2－4 平台级移交流程

（2）平台级移交流程管理说明

平台级移交流程管理说明，如表2－1所示。

表2－1　　平台级移交流程管理说明

编号	流程节点名称	工作指引及重点审核内容	交付物清单	办结时限
1	项目经理提出移交申请	项目经理自查 （1）平台级移交应在入网安评测试通过后7个工作日内提出 （2）项目初验后1个月内完成平台级移交	（1）入网安评报告 （2）入网填写资料表 （3）集成规范核查报告（操作系统、存储） （4）资产列表 （5）系统结构图及设备机柜图	
2	平台组组长审核	文档完整性审核 （1）检查移交内容是否齐全、完整 （2）平台组确定运维对口联系人	无	5个工作日
3	平台组运维对口联系人内容合规性审核	内容合规性审核 （1）安全规范核查 （2）集成规范核查 （3）资产列表核查 （4）系统结构图及设备机柜图核查	（1）入网安评核查结果 （2）集成规范核查结果 （3）资产列表核查结果 （4）系统结构图及设备机柜图核查结果	10个工作日
4	平台组组长批准	对移交申请进行审批： 检查审核意见，对移交申请进行审批	双方签订公司信息中心信息系统移交书并盖章	2个工作日
5	结束			

（3）信息系统平台级移交申请

信息系统平台级移交申请表（模板），如表2－2所示。

2.5.4.2　应用级移交办理流程步骤及管理说明

（1）应用级移交流程

应用级移交流程，如图2－5所示。

（2）应用级移交流程管理说明

应用级移交流程管理说明，如表2－3所示。

表 2 – 2　　信息系统平台级移交申请表（模板）

<table>
<tr><td>申请单位/部门</td><td></td><td>申请时间</td><td></td></tr>
<tr><td>联系人</td><td></td><td>联系电话</td><td></td></tr>
<tr><td>系统名称</td><td></td><td>竣工验收时间</td><td></td></tr>
<tr><td>系统描述</td><td colspan="3"></td></tr>
<tr><td>移交内容清单</td><td colspan="3"></td></tr>
<tr><td>申请单位/部门意见</td><td colspan="3">签字（盖章）：
日期：　年　月　日</td></tr>
<tr><td>平台组审核意见</td><td colspan="3">平台组运维对口联系人：
平台组组长：
签字：
日期：　年　月　日</td></tr>
</table>

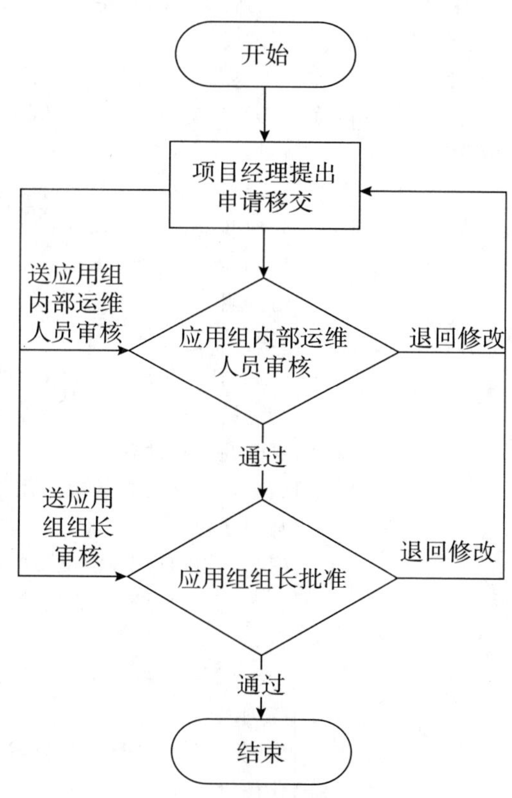

图 2 – 5　应用级移交流程

表 2－3　应用级移交流程管理说明

编号	流程节点名称	工作指引及重点审核内容	交付物清单	办结时限
1	项目经理提出移交申请	项目经理自查整改 应用级移交应在项目通过竣工验收后 7 个工作日内提出，1 个月内完成应用级移交	（1）公司信息中心信息系统移交申请表 （2）公司信息中心信息系统移交书 （3）集成规范核查报告（数据库、中间件） （4）需求文档（业务模型说明书、需求规格说明书等） （5）概要设计、详细设计（含接口说明） （6）实施方案、施工方案（包括系统部署施工方案、接口部署方案、数据清理方案等内容） （7）招标文件、合同 （8）功能测试报告、性能测试报告、系统大版本升级渗透测试报告（系统移交的核查期间若发生重大版本升级，入网安评报告仍可采纳平台移交时提交的版本，同时需另附版本升级渗透测试报告） （9）安全等级保护定级备案材料 （10）试运行报告、验收报告或意见 （11）培训记录 （12）作业指导书（含系统运行正常检验标准、关键运行状态巡检作业项） （13）系统集中运行监控、集中统一备份说明 （14）应急预案 （15）用户手册、管理员手册（含相关管理员账号与密码）、运维手册（含常见问题及应对措施、厂家联系人）、安装配置手册（含系统占用计算机端口与用途） （16）软硬件配置清单及相互关联关系 （17）软件介质（版权、授权书、著作权） （18）系统上线试运行后每月需求、故障列表 （19）系统实用化工作方案、系统实用化评价细则	

续　表

<table>
<tr><th>编号</th><th>流程节点名称</th><th colspan="2">工作指引及重点审核内容</th><th>交付物清单</th><th>办结时限</th></tr>
<tr><td>2</td><td>应用组内部运维人员审核</td><td colspan="2">内容合规性审核
（1）重点检查移交内容是否齐全、完整
（2）文档内容是否合规</td><td>19 项移交材料核查结果</td><td>10 个工作日</td></tr>
<tr><td>3</td><td>应用组组长批准</td><td>对移交申请进行审批</td><td>检查审核意见，对移交申请进行审批</td><td>双方签订电网公司信息中心信息系统移交书并盖章</td><td>2 个工作日</td></tr>
<tr><td>4</td><td>结束</td><td></td><td></td><td></td><td></td></tr>
</table>

（3）信息系统应用级移交申请表

信息系统应用级移交申请表（模板），如表 2－4 所示。

表 2－4　　信息系统应用级移交申请表（模板）

<table>
<tr><td>申请单位/部门</td><td></td><td>申请时间</td><td></td></tr>
<tr><td>联系人</td><td></td><td>联系电话</td><td></td></tr>
<tr><td>系统名称</td><td></td><td>竣工验收时间</td><td></td></tr>
<tr><td>系统描述</td><td colspan="3"></td></tr>
<tr><td>移交内容清单</td><td colspan="3"></td></tr>
<tr><td>申请单位/部门意见</td><td colspan="3">签字（盖章）：
日期：　年　月　日</td></tr>
<tr><td>应用组审核意见</td><td colspan="3">应用组运维人员：
签字：
日期：　年　月　日</td></tr>
</table>

2.6 小结

通过实行建运一体化工作机制，打破了建设团队与运维团队之间存在的壁垒，实现了建设与运维的高度融合，便于集中力量更好地推进信息系统实用化，从关注系统的功能稳定转变为关注系统的易用性、用户体验，从而更好地实现信息系统为用户服务的宗旨。

3　电网企业级管理信息系统平台管理及实践

3.1　引论

信息系统平台管理包括企业运作所需的一系列硬件设备和软件程序管理，它的定义为：为企业特定的信息系统应用程序提供平台的共享技术资源。这些资源可在整个企业或各个部门间实现共享。企业的信息系统平台为服务客户、联系供应商以及管理企业内部流程奠定了基础。同时信息系统平台管理又是一系列覆盖整个企业的服务，涵盖了管理、组织、技术三方面的内容。

信息系统平台历经过去50多年计算机技术的发展，共经历了5个发展阶段，在每个阶段有不同的计算能力、配置与构成。这5个阶段分别为：通用大型主机和小型计算机阶段、个人计算机阶段、客户机/服务器阶段、企业计算阶段、云计算和移动计算阶段。而IT基础设施也同样可划分为5个阶段，即基于独立服务器的IT基础设施、基于小型局域网的IT基础设施、基于大型局域网的IT基础设施、基于复杂网络环境的IT基础设施和基于云计算环境的IT基础设施，如图3－1所示。

随着“十二五”信息化建设告一段落，“十三五”信息化规划开启新的征程，企业信息系统平台正在面临各个发展阶段的变迁，企业计算和存储等资源正不断从传统的独立架构向企业“私有云”或“混合云”转移，新一代的应用程序将服务转移到网络上使用，改变了以往只能在客户端使用服务的模式。

这种服务模式从客户端向服务器端的转变驱动力从需求方面来看，来自于以下两方面的驱动：

一方面是用户的需求。

用户希望以最简单的方式得到服务，不希望手动进行程序的配置等复杂的过程。

另一方面是企业的需求。

从技术角度，云计算技术的发展已达到软件即服务的程序。软件即服务这种模式让应用程序在升级时，不需要修改成千上万个客户端和相应的软/硬件配置，只需要升级数据中心。因此，企业希望将应用程序转移到服务器端。

从管理角度，相对于管理成千上万台服务器和存储，将服务器和存储置于数据中心更易于管理。同时，企业需要从提出精益化管理思路，对现有的管理模式进行优化，提高资源利用率、降低维护成本，持续提升用户体验。

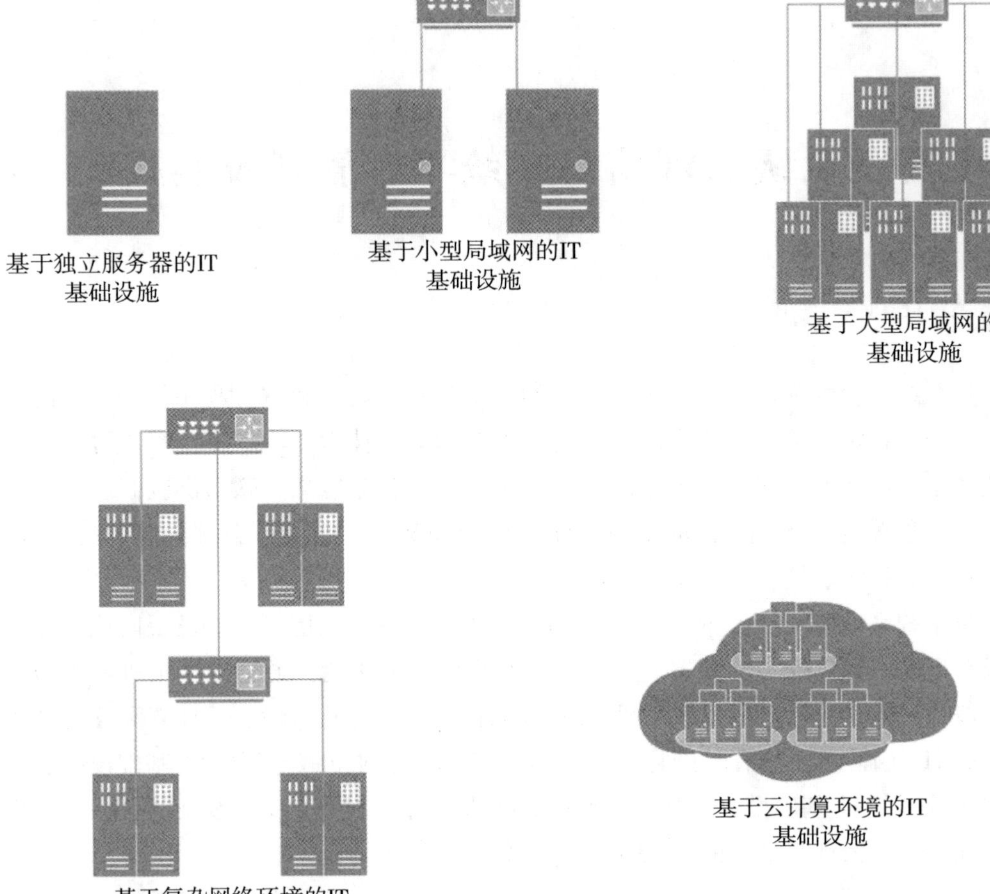

图 3-1 IT 基础设施发展的 5 个阶段

本章将从计算资源管理模式、存储资源管理模式、数据库资源管理模式和灾备中心管理模式 4 个角度，对现状进行分析，然后指出当前的管理模式存在的问题，接着针对存在的问题从集约化、虚拟化、自动化和智能化 4 个方面提出解决的方法，最后进行本章的小结。

3.1.1 平台管理模式国内外现状

“科学技术是第一生产力。”科学技术的发展对当前企业的变革和管理理念的更新起着先导的作用。在计算机技术飞速发展的过程中，IT 基础设施的规模呈现爆炸性增长。

下面，我们从计算资源管理模式、存储资源管理模式、数据库资源管理模式和灾备中心管理模式 4 个维度分别介绍 IT 基础设施 5 个阶段的发展历程。

3.1.1.1 计算资源管理模式国内外现状

服务器是支撑计算资源的有形载体，在没有网络的独立服务器时代，服务器的价格昂贵，应用程序少，主要用于科学计算，没有专门的维护人员，管理模式尚未成形；在小型局域网时代，几台或几十台服务器组成小型的局域网，服务器的价格有所下跌，开始出现专业的维护人员，但维护人员数量少，工作比较单一，管理模式为传统的IDC机房管理模式；在大型局域网时代，几十台或上百台服务器组成复杂的局域网，服务器的价格持续下跌，维护人员的数量开始上升，工作逐渐多元化，管理模式仍为传统的IDC机房管理模式；在复杂网络时代，企业的异地分支机构众多，硬件价格便宜，主要联网设备除核心交换机、汇聚交换机、接入交换机、路由器外，还有防火墙、IPS、IDS、审计系统等安全设备，对维护人员的数量和技能要求较高，开始出现维护人员专业化趋势，管理模式进入ITIL模式，具体实现为ITSM系统；在云计算时代，通过对服务器资源的集中管理和虚拟化等技术的实施，将服务器迅速向集约化、规模化和专业化道路发展，更加有效地利用计算资源，减少专业维护人员的数量，节约能源，节省成本，管理模式尚在探索之中。

国内外的计算资源的发展都经过上述5个阶段，国外的发展已至云计算的软件即服务（SaaS）级别，已抛弃老旧的ITIL管理模式，积极探索云计算的管理模式；相比之下，国内的发展至云计算的软件即服务（PaaS）级别，管理模式仍停留在ITIL。

3.1.1.2 存储资源管理模式国内外现状

存储资源随着信息时代的数据存储需要而出现，在没有网络的独立服务器时代和小型局域网时代，不存在存储的概念；在大型局域网时代，存储开始出现，管理模式尚未形成；在复杂网络时代，企业的异地分支机构众多，对存储资源需求呈现爆炸性增长，开始出现专业的存储维护人员，管理模式为ITIL模式，具体实现为ITSM系统；在云计算时代，通过将网络中许许多多的存储设备和服务器整合成云存储提供给用户使用，用户使用云存储，并不是使用某一个存储设备，而是使用整个云存储系统带来的一种数据访问服务，管理模式尚在探索之中。

国内外的存储资源的发展都经过上述5个阶段，国外的发展已至云存储阶段，已抛弃老旧的ITIL管理模式，正在积极探索云存储的管理模式；相比之下，国内的发展至云存储的初期，但管理模式仍停留在ITIL。

3.1.1.3 数据库资源管理模式国内外现状

数据库是随着信息时代的数据共享需要而出现的，在没有网络的独立服务器时代和小型局域网时代，不存在数据库的概念；在大型局域网时代，数据库应运而生，此时，数据库资源的管理模式尚未形成；在复杂网络时代，企业的异地分支机构众多，对数据库资源需求呈现爆炸性增长，开始出现专业的数据库维护人员，管理模式由竖井式向大平台运维模式转变；在云计算时代，通过将网络中许

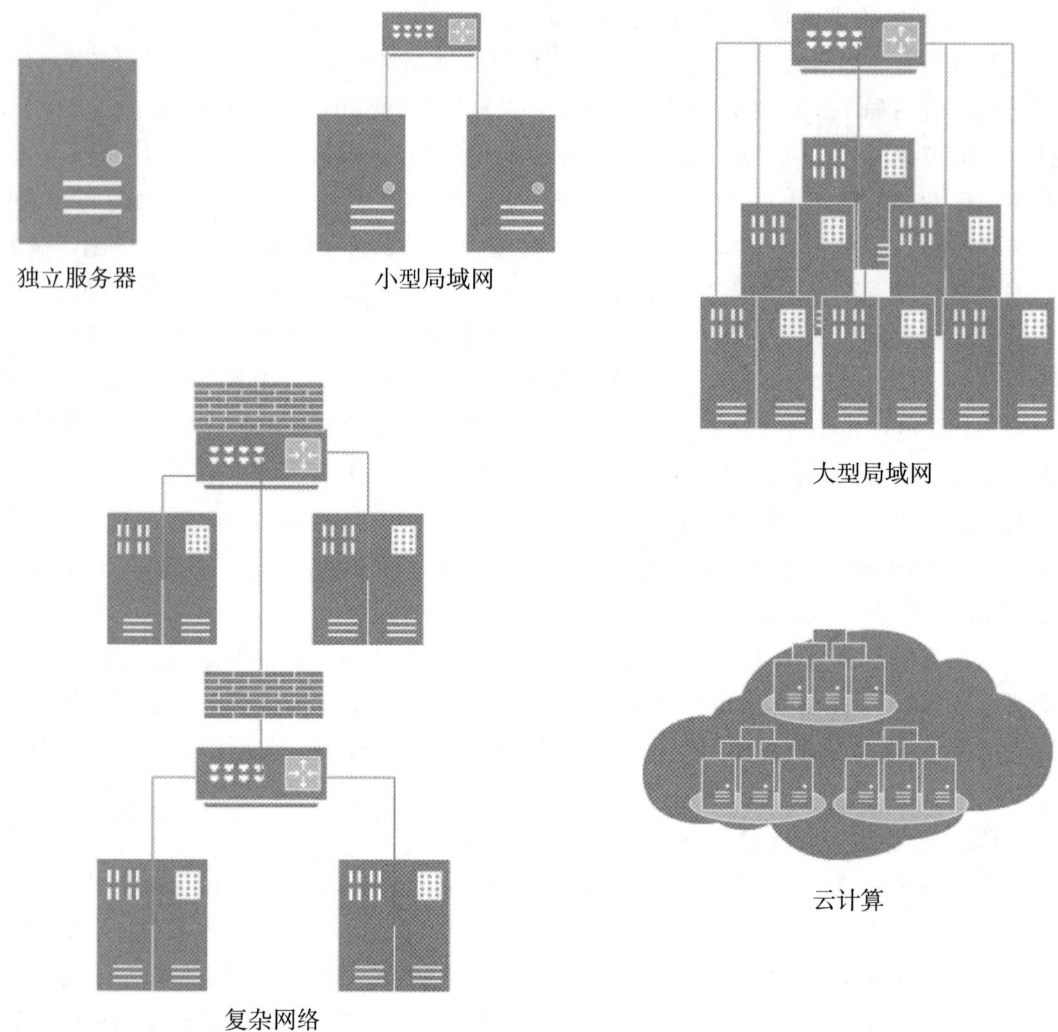

图 3－2 计算资源的发展阶段

许多多的独立数据库整合成云数据库提供给用户使用，用户使用云数据库，并不是使用某一个数据库，而是使用整个数据库系统带来的一种数据访问服务，管理模式尚在探索之中。

国内外的存储资源的发展都经过上述 5 个阶段，国外的数据库发展已至云阶段，早已抛弃老旧的 ITIL 管理模式，正在积极探索云存储的管理模式；相比之下，国内的数据库发展非常滞后，国产数据库尚不能与云技术进行较好的结合，由于技术的限制，使用国外的数据库产品仍停留在集群阶段，管理模式仍停留在 ITIL，如图 3－2 所示。

3.1.1.4 灾备中心管理模式国内外现状

灾备中心同样也是随着信息时代的数据的高可靠性的需要而出现的，在没有网络的独立服务器时代、小型局域网时代，甚至在大型局域网时代的初期，人们并没有过多地区分灾备中心和存储资源；直到企业的关键业务、商务应用对数据的价值有深刻的理解后，对数据的高可靠性提出了非常高的要求，灾备中心才真正得到重视；在复杂网络时代，企业的灾备中心建设得到蓬勃发展，开始出现专业的灾备中心维护人员，管理模式为ITIL模式，具体实现为ITSM系统；在云计算时代，通过将计算资源、存储资源和数据库资源的整合成为一个新型的灾备中心，从而为企业的关键数据提供最大程度的保护，管理模式尚在探索之中。

国内外的灾备中心的发展都经过上述5个阶段，国外的发展已至云灾备中心阶段，已抛弃老旧的ITIL管理模式，正在积极探索云存储的管理模式；相比之下，国内的灾备中心的发展比较滞后，仍停留在传统灾备中心阶段，管理模式仍停留在ITIL。

3.1.2 当前平台管理模式存在问题

现今的IT基础架构管理侧重于从技术角度对基础设施进行管理，它覆盖了IT基础设施管理的所有方面，包括识别业务需求、实施和部署，对基础设施进行支持和维护等活动。

从没有网络阶段到如今的云计算时代，技术的飞速发展对现今以ITIL为主的IT基础设施的管理模式提出了3大挑战：

第一，如何有效管理计算资源？

第二，如何有效管理存储资源？

第三，如何有效管理数据库资源？

3.1.2.1 计算资源管理模式存在问题

在云计算时代，基础设施、平台、应用皆为服务，服务需要充足的计算资源作为支撑。以前的基础设施在不同系统之间存在清晰的边界，可将各系统的计算资源精确定义和统计，应用ITIL的流程进行管理。在云计算时代，基础设施被视为一个或多个提供服务的池，各系统的计算资源可由业务需求弹性伸缩。因此，当前计算资源管理模式存在的关键问题在于怎样将分散的高性能计算资源统一管理，充分利用闲置高性能计算资源。

3.1.2.2 存储资源管理模式存在问题

类似于计算资源，在云计算时代，存储资源也被视为一个或多个提供服务的池，各系统的存储资源可由业务需求自动弹性的伸缩。因此，当前存储资源管理模式存在的关键问题在于怎样将分散的存储资源统一管理，充分利用闲置的存储资源。

3.1.2.3 数据库资源管理模式存在问题

对于非专业人员而言，部署高性能的数据库环境非常困难，常常需要花费大量时间和精力。在云计算时代，用户通过自助服务Web界面提交需求，几分钟内即可交付已经部署好高性能数据库的虚拟机实例。因此，当前数据库资源管理模式存在的关键问题在于怎样管理模板化的高性能数据库环境部署。

3.1.2.4 灾备中心管理模式存在问题

灾备中心是由计算资源、存储资源及数据库资源构成的专用备份环境。它面临的问题分别是计算资源、存储资源及数据库资源存在问题的叠加，即：

（1）怎样将分散的高性能计算资源统一管理，充分利用闲置高性能计算资源？

（2）怎样将分散的存储资源统一管理，充分利用闲置的存储资源？

（3）怎样管理模板化的高性能数据库环境部署？

3.2 平台管理模式精益化管理思路

3.2.1 集约化

电网企业“十三五”信息化规划中云计算规划的目标是：构建池化的基础设施、一体化的基础平台、敏捷化的上层应用，对外提供弹性的、按需供给资源的能力，提升基础设施的弹性伸缩能力、敏捷性、性能、可靠性、安全性，降低电网企业总体成本。

目前，电网企业各系统采购独立的硬件，导致采购成本增大；系统硬件资源利用率低，使用高峰和低谷时段明显，大部分的时间服务器处于空闲状态；系统硬件资源分配不均匀，无法实现共享，空闲的硬件资源将无法被输送给忙碌的服务器；硬件数量庞大，增加了机房面积及负荷，日常管理和维护难度大，维护成本高；硬件升级烦琐、费时费力，升级成本高；很多替换下来的硬件处于闲置状态，实际可以使用，导致设备浪费。需要从整体上规划机房设备的管理、应用方式，以集约的方法满足电网企业应用对 IT 基础设施资源的需求。

大数据、移动应用、物联网、云计算、智能化等新技术发展日新月异，特别是云计算技术和产品的发展，为电网企业 IT 软硬件资源整合建设提供了技术基础。

3.2.1.1 现状分析

（1）管理现状

1）设备来源。

例如，某电网企业 IT 设备总数达到 46013 台，主要设备包括服务器和存储设备，其中服务器 2103 台服务器，存储容量 1757 TB。这些资源分布在信息中心、各供电局及县级供电企业、电科院、调度中心、物流中心。大部分资源独立运行且未实现统一管理，存在分散建设、分散应用、重复投资、网络系统安全以及运行管理要求不一致等问题。根据电网企业物资系统的统计结果，2011—2014 年各类型项目采购的信息类服务器和存储介质情况如表 3 - 1 所示。

表 3-1　　信息类服务器和存储介质物资采购数量汇总表

项目类型	名称	年份	数量
信息项目	服务器	2011—2014	476
	存储介质		84
科技项目	服务器	2011—2014	31
	存储介质		0
营销技改项目	服务器	2011—2014	1
	存储介质		0
修理项目	服务器	2011—2014	1
	存储介质		17
技改项目	服务器	2011—2014	49
	存储介质		2
其他项目	服务器	2011—2014	0
	存储介质		11

2）运行管理。

根据“十二五”信息化规划执行情况评估报告的统计，该电网企业按照信息机房建设技术规范，已经建成 29 个信息机房，总面积 4984.77 平方米，总柜位 34145 U，66 台精密空调，49 台 UPS，实现了装修风格统一、布局设计统一、布线规范统一、标识标牌统一，可以作为电网企业实施 IT 软硬件资源整合提供稳定的资源运行场所。该企业建立了统一服务热线，运维和服务水平已经具备了支撑 IT 软硬件整合优化实施工作的能力。

（2）软硬件资源现状

1）软硬件资源。

该电网企业各地市级供电局、县级供电电网企业和综合单位的软硬件平台（包括小型机、微机服务器、存储、数据库、中间件等），目前企业共用 UNIX 操作系统 120 套；Windows 操作系统 1123 套（仅含服务器操作系统）；数据库 187 套（CPU）。根据 2015 年 4 月信息化运维月报统计，主要其资产情况如表 3-2 所示：

该电网企业通过各类项目采购了大量的服务器、存储设备和系统软件，这些资源分布在信息中心、各供电局及县级供电企业、电科院、调度中心、建设分电网企业、电网规划研究中心、物流中心。大部分资源独立运行且未实现统一管理，存在分散建设、分散应用、重复投资、网络系统安全以及运行管理要求不一致等问题。

2）信息系统。

该电网企业已先后建设了资产管理类、财务类、人力资源类、生产类、营销类、

表 3－2　　2015 年 4 月信息化运维情况

单位	服务器		存储设备			数据库		信息机房
	小型机	微机服务器	磁盘阵列	磁带库	存储交换机	Oracle	SQL Server	
电网企业	66	1682	121	28	56	187		20
本部	26	401	18	2	16	15		3
物流中心	0	0	0	0	0	0		0
建设公司	0	4	0	0	0	0		0
电科院	2	64	6	0	0	0		2
供电局 1	13	212	16	0	4	1		1
供电局 2	2	103	6	3	4	25		1
供电局 3	2	113	3	3	2	13		1
供电局 4	4	59	2	2	0	38		1
供电局 5	4	89	6	3	3	25		1
供电局 6	2	80	4	3	6	6		1
供电局 7	2	68	3	1	2	5		1
供电局 8	4	117	29	2	4	9		1
供电局 9	2	44	3	2	2	6		1
供电局 10	3	107	9	3	5	2		1
供电局 11	0	48	2	2	2	13		1
供电局 12	0	87	11	1	2	12		1
供电局 13	0	42	2	1	2	16		1
供电局 14	0	33	1	0	2	1		1
送变电公司	0	11	0	0	0	0		1

综合类、档案管理类、数据类系统与平台共 8 大类信息系统，根据 2015 年 4 月信息化运维月报统计数据，共 485 套系统，大部分系统仍然部署在物理设备上。各地市局和综合单位的信息系统部署情况如表 3－3 所示：

表 3－3　　信息系统部署情况

单位	应用系统	信息机房
电网企业	485	20
企业本部	121	3

续 表

单位	应用系统	信息机房
物流中心	0	0
建设公司	0	0
电科院	10	2
供电局 1	43	1
供电局 2	39	1
供电局 3	12	1
供电局 4	32	1
供电局 5	41	1
供电局 6	26	1
供电局 7	11	1
供电局 8	11	1
供电局 9	27	1
供电局 10	18	1
供电局 11	34	1
供电局 12	4	1
供电局 13	24	1
供电局 14	16	1
送变电公司	16	1

（3）资源池现状

历经“十二五”信息化规划年，电网企业已逐步对主流 IT 设备实现整合，初步完成云计算的第一步——构建资源池，并在资源池运维的过程中采用一些集中管控手段。电网企业已经具备开展 IT 软硬件资源整合的技术基础。

1）计算资源池。

对 IT 部门来说，计算资源不再以单台服务器为单位，虚拟化技术构建的计算资源池打破了物理服务器机箱的限制，将所有的 CPU、内存、硬盘等资源解放出来，汇集到一起，形成一个大的 CPU 池、内存池、网络池、硬盘池，从而最大限度地提高资源利用率。当用户产生需求时，便从这个“池”配置出能够满足需求的各项计算资源组合，并能灵活调配资源去应对业务系统的高峰期与低谷期。资源的“池化”使用户不再关心计算资源的物理位置和存在形式，IT 部门也得以更加灵活地对计算资源进行调配。“池化”是构建企业私有云的关键基础。

为了整合服务器资源，实现统一管理，电网企业虚拟化技术最早于 2009 年以研究性项目的形式开展建设和投入使用。例如，某电网企业采用 VMware 的 ESX Server 与 Virtual Center（虚拟计算机软件），在 5 台物理机上总共部署了约 50 个生产用的虚拟机，通过 VirtualCenter 对虚拟机进行统一管理，从而实现资源优化。

2010 年，供电局及县级生产 MIS 改造、门户系统项目采用虚拟化技术建设，虚拟化技术开始推广至供电局，该电网企业虚拟化技术应用大幅增长。2011 年，该电网企业外网虚拟化平台建成并投运，将电网企业各供电局外网都整合至电网企业总部运行，实现了电网企业外部网站的服务器整合及资源利用优化。2012 年，电网企业内网虚拟平台发展至拥有 20 台物理主机，152 台虚拟机；外网虚拟平台 2 台物理主机，18 台虚拟机。共使用存储约 15 T。

目前该电网企业共有微机服务器 1411 台，刀片服务器 35 台。纳入计算资源池可资源灵活调配的微机服务器 103 台，刀片服务器 35 台，CPU/核共 2730 个，目前已用 1365 个，冗余 50%；内存共 19456 GB，目前已用 10701 GB，冗余 45%。

2）存储资源池。

“十二五”期间，电网企业为了满足业务相关数据对存储资源的需求，投资建设了存储资源池。例如，截至目前某电网企业的信息中心存储资源池有 15 台存储设备，总容量约 228 TB，已使用 143 TB，剩余可用容量 85 TB，2014 年拟迁移到现有存储的容量约 62 TB，之后剩余空间约只有 23 TB。其中，2014 年拟将 2006 年采购的二档磁盘阵列 CX500 转作测试环境存储使用，二档磁盘阵列 CX480 作为备份及灾备存储使用。其上的数据转移到一档磁盘阵列 VM 及 VMAX，二档磁盘阵列 VNX5500 中；现有的两台一档磁盘阵列 D950 上的空间已严重不足，将其中 20 TB 的数据转移到一档磁盘阵列 VM 及 VMAX，二档磁盘阵列 VNX5500 中，留出部分空间作为冗余量。上述数量合计 62 TB。

现有的集中管控手段包括资源池定期健康性巡检（针对硬件故障和系统软件），集中监控工具包括存储运维综合管理平台及存储硬件故障监控工具（前者监控存储性能和光交机端口及光链路状态，后者监控底层硬件故障）；还包括设备故障产生后的问题管理。资源池设备涉及的问题处理遵循电网企业 IT 服务管理体系中的问题流程。

3.2.1.2 需求分析

（1）管理需求

经过“十二五”建设，企业级应用系统逐步实现网省集中，同时大量专业应用也逐渐涌现，随之带来 IT 资产来源多、技术规格复杂、运行维护管理不一致等问题。同时业务集中处理、应用数据快速增长、系统横向耦合日也益复杂，必然带来管理和技术风险。这些新的问题出现就需要新的管理思维来解决。

一要在“创新”方面，坚持支撑前端新需求新业务，以快速、稳定、安全的方式确保新业务为电网企业带来的收益；二要在“服务”方面，将支撑电网企业需求为目标，转变信息人员的认识，实现打包的一站式支撑服务将“技术维护部门”转型为

"信息服务部门";三要在"集约"方面,加强以"云计算"为核心的新技术发展,建设云资源管理系统,节约企业 IT 建设投资,实现统筹规划,全网调度,以提升 IT 应用于价值及防范采购质量风险等;四要在"运营"方面,全面配合业务经营战略,加强 IT 对运营支撑能力,从多元化业务发展,提升 IT 系统支撑能力及安全效能,以确保系统运营、绿色运营和精细运营等多方面的支撑能力。

(2)技术需求

电网企业在运行的信息系统从数量上仍然比较多,各个对运行环境的技术要求存在差异,缺乏标准化要求,对整合平台的应用存在限制;有部分系统仍然采用分布式部署模式,占用了一定的基础运行资源及运维成本,需要考虑整合及资源的释放和再利用;很多主要系统仍然部署在物理环境上,如何扩大整合平台的应用访问需要进一步研究。

以上问题的解决,建设电网企业资源池是一个有效途径。以"云计算"为核心的新技术发展,云资源管理系统的建设,引入 IaaS(基础设施服务)技术及产品,提高各类资源池的自动化水平,实现资源自动、灵活的配置和管理,提高资源利用效率、缩短应用系统建设周期。

整合:包括计算资源、存储资源和桌面资源的整合。

虚拟化:综合利用服务器虚拟化、存储虚拟化、桌面虚拟化及网络虚拟化技术实现各类资源虚拟化。

资源池化:遵循功能分域、调度优化、高可用、安全合规原则,建设生产运行及开发测试资源池,所有资源实现监控、管理和维护,针对虚拟化资源实现自动调度和扩展。

3.2.1.3 集约化整合目标

集约化的基础是整合,要提升 IT 应用价值,首先需要提高系统资源使用效能、简化系统架构的复杂度,降低管理和维护的难度,减少硬件采购资金投入,减轻机房建设负担。

(1)实现系统集约化管理

推进信息系统的集中开发和集中部署。退运没有使用价值的系统,整合分布式系统,降低电网企业信息系统数量,释放空闲硬件资源,优化系统运行平台资源,实现业务流程统一体化管理,业务数据集中管理分析,降低维护成本。

(2)实现资源集约化服务

通过计算资源池、存储资源池和备份资源池建设,构建池化的基础设施、一体化的基础平台,借助自动化的运行监控和资源分配工具,提供统一调度、统一分配资源的服务。

(3)实现集中运营

规范化、标准化软硬件资源服务提供和运行维护流程,通过建立电网企业 IT 软硬件资源的动态集中监控机制，实现问题可快速定位、服务可快速响应、故障可应急处置。

3.2.1.4 整合原则

通过IT软硬件资源优化整合后的系统架构应该是面向服务的，而不是面向具体项目。在软硬件资源整合优化的过程中，应该遵循以下原则：

第一，安全可靠：保证系统的安全稳定运行。

第二，需求为主导：应满足信息系统的业务发展需求。

第三，技术先进：保证软硬件资源的技术先进性。

第四，高效简洁：以提升系统管理与维护效率为目的，而不是简单地堆砌。

第五，物尽其用：充分利用现有软硬件资源和技术条件，发挥其价值。

第六，立足当前，适当超前，预留发展：既要满足当前的需求，也要满足未来的业务发展需要。

第七，灵活调整：系统架构能够灵活调整，适应不断变化的业务发展需要。

3.2.2 虚拟化

“十三五”期间，平台资源池将全面采用服务器虚拟化、网络虚拟化、存储虚拟化、桌面虚拟化等相关技术，搭建和持续完善电网企业基础设施共享资源池，根据应用系统需求动态分配软、硬件资源，逐步消除单个应用系统配置固定软、硬件资源的系统部署模式，实现资源自动、灵活的配置和管理。“十三五”期间继续开展计算资源池、存储资源池、软件资源池、桌面虚拟化等推广应用工作。

随着企业级管理信息系统的集中推广实施，地市供电局部署的系统将逐渐退运，部分设备将会闲置，“十三五”期间要及时清理闲置的计算、存储和网络设备，统筹利用，避免资源浪费。

同时，以虚拟化为基础的云计算技术将步入实用化的进程。通过对电网企业IT资源池智能优化配置系统开展实用化，实现对基础设施、平台软件、服务以及应用等各类资源的统一运行管理、运行维护和运行监控，为服务及应用运行提供高弹性、高敏捷、高性能、高可靠、高安全的运行环境。

结合IT资源集约化管理模式，电网企业未来的平台管理重点将采用虚拟化技术，将服务器、存储等资源全面整合成一个巨大的资源池，通过分布式的算法进行资源分配，从而消除物理边界，提升资源利用率，统一资源池分配。

3.2.2.1 构建企业私有云

在实现云计算基础架构的过程中，构建合理的资源池后，才能实现云计算的最终目的——按需动态分配资源。企业私有云包括内置的迁移、聚合、分配和可用性服务。

（1）流程标准化

在走向云计算的过程中，流程标准化为客户提供了一系列的方法和工具，围绕最佳实践、业务规则、优先级，进行标准的自动化来提升流程的效率和效果。用户能通过服务目录进行自助式资源申请、创建、修改、回收，并能通过系统进行固化。这有助于将IT基础架构转化成为一个可以自我修复的系统，从而能够自动检测出相应IT基础架构的变化。

（2）资源调配自动化

私有云平台除了能够针对现况效能做出分析外，还能依照过往的资源使用状况自动预估虚拟环境中的资源将可能在何时耗尽，让管理者预先安排扩充计划。此外，还需要针对每个虚拟机实际的运行状况，判断是否有资源规划浪费的情形，并且提出资源回收建议。

（3）容量管理

为保障应用系统能够稳定、高效率地运行，往往会进行大规模的投资。IT容量的科学化管理是影响性能的重要因素之一。IT容量是对容量进行评估、规划、分析、调整和优化的过程，它结合了业务、服务和资源容量需求，以保证对资源的最优利用，满足与用户所约定的性能等级要求。IT系统性能容量规划可以基于收集的历史性能数据规划系统未来的负载。这些数据包括CPU负载、I/O负载、内存负载等。保障其科学性和准确性的前提条件是确保监控手段的可靠性，同时保证收集足够多的性能和业务数据。

3.2.2.2 构建存储云

（1）存储虚拟化建设

存储虚拟化就是把不同物理存储系统的资源整合到一个统一的“存储池”中，从而消除空间分散的问题，通过整合分散的空间解决容量与管理上的物理限制，并提供单点管理与在线扩充。

存储虚拟化有如下特点：存储虚拟化是SAN（存储区域网络）里面的存储中央管理、集中管理；存储虚拟化打破了存储供应商之间的界限，不同产品供应商的技术壁垒被打破，可以根据实际需求混合使用不同产品供应商的存储设备；存储虚拟化能真正实现存储设备的容量规划、性能调整等自动控制管理。

（2）存储资源门户建设

存储作为数据中心最重要的部分之一，也必须能够满足云计算数据中心的发展需要，即存储作为一种资源可按照按需服务的方式向应用提供资源。为了提高管理效率，存储资源管理正在逐渐被定义为：通过统一的视图，实现用户对信息技术环境中的全部资源运行状态的监控与检测，以便能够尽早预防业务中断造成的损失，达到确保企业平稳运行的要求。

3.2.3 自动化

自动化主要是针对基于规则的工作。此类工作多属操作、执行层面，可以清楚地设定规则，通过自动化来降低人工投入，从而提高生产效率。我们要构建基于自动化技术的平台运维体系。

IT 运维自动化就是实现 IT 基础设施的日常任务处理的标准化和自动化，从而提高效率和降低风险，充分体现了集约化的典型特征“高效的服务与效率”以及“标准而快捷的方法与手段”。

主要在以下方面实现平台运维自动化：设备发现、脚本执行、操作系统安装、配置备份、配置检查、配置变更、补丁分析和分发、应用程序分发、操作审计、合规审计、配置修正、作业调度、虚拟机管理、远程管理等。为此还要配套相应的配套工作，包括：

（1）建立基于自动化技术的运维管理工作机制，需要将日常平台运维工作中大量重复性的、由手工执行的操作转变为自动化操作，减少运维信息的传递延迟、相应的故障告警、传递工作单化等。

（2）建立与平台运维管理体系相适应的管理辅助工具，包括系统/网络管理、流程管理等，如自动化监控和管理平台，通过监控工具实现对用户操作规范的约束和对 IT 资源实时监控，并完成故障或综合问题的集成处理和管理。

（3）建立平台故障时间自动触发流程，提高故障处理效率，通过多维度去判断故障，确定故障后，根据相关知识库提供的方式快速处理。并引入有序处理原则，在多故障时，优先处理关键业务系统。

通过建设网、省两级信息技术集中运行监控系统，实现对网络、服务器、存储、中间件、应用、PC 终端等基础设施进行自动监控，为配置管理、容量管理、服务持续性管理、可用性管理提供基础数据。同时，当平台基础设施发生故障时，通过告警过滤功能和配置管理数据库（CMDB）与运维服务流程管理平台自动无缝链接，提高运维的主动性和运维效率，充分体现集约化管理。

3.2.4 智能化

随着电网企业业务系统变得越来越复杂，平台精益化运维管理面临新的挑战。在过去的“十二五”中，电网企业提高生产效率的重点在逐渐转移，侧重点从人力劳动逐渐转移到自动化运维手段；在未来的规划建设中，面对更为复杂的业务场景，单纯自动化手段已不能满足复杂 IT 运维管理的需求，运维管理的目的在从更快地生产转向更好地决策，这种趋势也是从自动化向智能化的转移。

3.2.4.1 智能化工作特点

智能化主要是针对基于判断的工作。此类工作多属管理、计划，没法简单地依赖规则，必须借助于人的职业判断。如果说自动化是提高生产效率的话，智能化则是从海量的数据中提取合适的信息，帮助管理员快速、准确地判断、决策，以提高决策的质量。目前电网企业数据中心规模大，设备、应用、流程复杂，数据很多，杂音很多，真正有用的信息很难提炼。缺乏智能，IT 运维的透明度就不足，决策质量就欠佳。本土管理方式中的“拍脑袋”，跟没有足够的智能离不开关系：既然决策支持（员工 + 系统）没法提供有意义的决策依据信息，那就只能靠领导“拍脑袋”了。管理的精细程度，很大程度上取决于信息的智能化水平。这几年流行起来的“大数据”、商业分析、商业智能，都在试图提供更多的智能，系统地提高决策质量。

3.2.4.2 智能化工作必要性

从自动化到智能化的转移，也有其根本上的原因。纵观运维管理，运维工作流是根本，它是价值的载体，自动化可改善运维工作流的质量、降低误操作、加快速度；管理业务流更重要，因为它是运维管理工作的神经，主导和支配工作流。从技术角度出发，管理业务流的改善一方面得借助自动化，以有效地收集、整理数据；另一方面得借助智能化，从数据中提炼信息，以供管理员做出正确的判断和决策。管理业务流的最终目的就是及时、准确地做决策，由决策驱动行动。不管运维工作流的效率多高，没有正确的决策，就成了“南辕北辙”中的那辆车：跑得越快，离目标就越远。这就如你的生产计划是错的，生产线的效率越高，生产得越快，堆积的库存就越多，你的损失也越大一样。

结合“十三五”信息化规划要求，在智能化方面，电网企业在规划初期开始针对灾备管理等复杂信息的运维业务，研究智能化的运维技术手段。电网企业建设研究了例如业务保障平台、存储智能化运维管理平台等智能化管理平台，智能化将成为今后运维管理提升的趋势和重点。

3.3 平台管理实践及成效

3.3.1 集约化——IT 资源整合实践

电网企业自 2015 年启动 IT 资源集约化管理思路，并于 2016 年开展 IT 软硬件资源优化整合实施工作。IT 资源整合工作旨在厘清各信息系统的架构和硬件资源需求，形成统一的系统架构视图和硬件资源规划，提出软硬件资源整合和优化实施指引，指导实施范围包括电网公司企业本部及各供电局和县级供电企业，对管理信息大区的信息系统、服务器和存储设备进行逐步整合和优化。同时，在新购硬件资源时，通盘考虑整个系统对硬件资源的需求，而不仅仅是某一个应用的需求，并根据硬件的特性，对系统硬件资源的分配进行调整，做到物尽其用。

集约化管理，制度先行。IT 资源整合的首要重点是制订相应的集约化管理制度及流程，规范化开展实施工作。再以系统为整合切入点，整合可共享的软硬件资源，先易后难，在保证系统安全稳定运行前提下，充分利用现有软硬件资源和技术条件，提升系统管理与维护效率，对有整合价值的资源进行整合利用，重新进行资源分配，并且满足电网企业集中部署、统一管理、业务优先、先易后难的整合原则，为后续的整合实施提供技术理论支撑。

3.3.1.1 集约化管理制度及流程编制

确定 IT 软硬件资源范围，提出 IT 软硬件资源的性能指标和评价方法、优化整合的原则和方法、优化整合的基本步骤，统一部署安排。以电网企业设备资产统一目录中“十二、非生产用设备及器具”的“3. 电子信息设备”所列范围内为依据，确定电网企业推行集约化管理的 IT 软硬件设备清单。同时制订如下的工作指引及方法，明确工作内容和工作流程。

（1）IT 设备设施整合管理工作指引

软硬件的整合，要根据应用的运行情况，对每个应用进行评估。软硬件资源整合优化之后，应达到统一软硬件资源、核心存储整合的效果，并能按照数据的重要性和时间实现分级存储。合并应用简化系统软件和降低平台软件版本复杂度、软硬件资源易于扩展和应用的再部署，降低系统管理与维护难度。通过结合电网企业信息系统部署要求和集约化技术平台建设情况，提出典型信息系统的软硬件资源的集约化整合方法，用于指导各单位按照电网企业统一标准开展 IT 软硬件资源整合工作。

（2）IT 设备设施采购指引

加强对现有 IT 资源的利用效率，避免不必要的采购行为，需要对 IT 设备设施的采购需求进行科学的评估和管理，加强技术部门对 IT 软硬件设备运行的管控能力和采购的技术支持能力。结合整合技术平台的建设，统一管理相关的 IT 软硬件设备采购需求，由资源池统一提供运行资源，资源池按需求计划统一进行扩容。

（3）IT 资产移交管理办法

规范非信息项目采购的 IT 资产移交信息专业运维过程，针对当前软硬件资源存在的问题，考虑硬件的安全运行和管理等方面因素，确定非信息项目采购的软硬件资源整合优化的范围，规范非信息项目软硬件资源的使用。

（4）IT 软硬件资源的主要性能指标和评价指引

提出客观的 IT 硬件资源性能评价指标和方法，量化集约化方案设计中可利用资源的性能指标。

（5）IT 软硬件资源需求评估指引

由用户牵头，应用软件开发商执行，软硬件厂商配合，提出标准化的应用软件硬件资源需求评估方法，如系统压力测试评估、实际系统运行情况评估、应用软件开发商建议评估等，用于量化集约化方案设计最终结果，制订评价指标。

3.3.1.2 软硬件资源整合实施

对于电网企业各单位的 IT 软硬件资源整合优化实施工作按照以下几个步骤进行：

（1）目标制订：合理制订软硬件资源整合优化的阶段目标，确定整合优化的任务。

针对当前软硬件资源存在的问题，考虑安全运行和管理等方面因素，确定软硬件资源整合优化项目的范围包括哪些信息系统和硬件设备，以及实施整合优化的目标包括以下哪些内容：

1）提高资源利用率。

2）节约能源和空间。

3）简化系统架构。

4）降低软硬件采购费用。

5）简化管理与维护复杂度。

6）节省人力资源。

并根据信息系统的类型和硬件设备的不同，选择适当的硬件资源评估的基准测试指标标准。

（2）统计校验：根据目标任务，对信息系统进行统计，对支撑其运行的硬件设备资源进行统计、测试、汇总。包括信息系统统计和硬件资源统计。

1）信息系统统计。

对现有各信息系统的系统架构、硬件资源需求分析、软件资源需求、管理需求进行整理。统计以下信息：

系统架构：两层、三层或多层应用。数据库服务器和应用服务器部署方式等。

支持的硬件类型：UNIX 服务器、PC 服务器或其他类型服务器。每种硬件用于部署应用的哪些模块或功能。

硬件资源的需求：满足未来 2 ~ 3 年或者更长时间，所需要的主机服务器处理能力和存储资源。

软件资源的需求：操作系统版本、数据库版本、中间件版本、应用版本。

管理需求：是否要求封闭管理、资源独占、高可用性、涉及核心生产安全。

2）硬件资源统计。

对现有硬件资源的情况进行统计和整理，摸清现有硬件资源的家底。建立统一的处理能力测算和评估体系。需要统计以下信息：

硬件类型：UNIX 服务器、PC 服务器、刀片服务器或其他服务器。高中低端存储服务器。

硬件配置：主机 CPU 类型/数量、内存。存储服务器容量、端口配置。其他硬件设备配置。

运行性能监控：对各应用系统和主机在不同时段的系统资源利用率进行监控，确定不同应用系统的高峰和低谷时段硬件处理能力需求，形成分时段性能分析图表。

硬件处理能力测算：根据统一的性能测试指标或者实测结果，对现有硬件资源（主机、服务器、存储）的处理能力进行测算，以实现横向比较。

在硬件资源统计之后，还需采用命令行或者专用程序、工具等手段，对其进行监控、测试。

（3）分析研究：对统计校验的结果进行分析，研究硬件整合优化的范围，根据应用分类进行简化。

1）应用整合范围的确定与应用分类。

由于各信息系统所涉及的业务范围、重要程度、系统架构等存在差异，有一些信息系统可以与其他系统进行整合，而另一些信息系统不适宜或者不允许进行硬件整合优化，需要实施单独规划和管理。因此，必须对信息系统进行分类，以明确哪些信息系统可以进行整合，哪些信息系统不能进行整合。一般有以下三种情况：

第一，可以进行整合的应用系统：能够与其他应用系统共享系统资源。

第二，可以进行整合，但需要独占资源的应用系统：需要分配固定的系统资源，但是可以与其他应用系统共享一个硬件平台。

第三，不能进行整合的应用系统：关于不能进行整合的情况，参见以下说明。满足以下这些情况的应用系统，可能不能进行硬件优化整合。应根据具体情况进行判断。

这些情况包括：①涉及核心业务运营安全的系统，业务管理上要求对该系统进行封闭管理；②应用设计上要求独占系统资源的系统，可以进行整合，也可以不整合，视具体情况而定；③应用设计要求特定平台的，必须运行在特定的硬件平台之上，且该硬件平台不会作为硬件整合优化的基础平台；④其他不允许或者不适宜进行整合的情况，如应用系统即将淘汰，处于运行末期等。

在本步骤完成之后，需要形成现有信息系统分类结果，以确定可整合的信息系统的范围。

2）信息系统的合并与简化。

在对各信息系统的软硬件资源进行整合优化之前，首先对各信息系统的情况进行分析，找出其中功能近似或者架构上允许混合运行的应用进行合并，先从应用层面进行一定的简化，以便于后面的软硬件资源整合与优化。

在前面信息系统和硬件调研的基础上，结合各系统运行情况、应用开发商意见，及软硬件厂商产品发展和技术支持计划，选择各系统软件产品的1～2个主要版本，作为未来整合后数据中心可以支持的标准软件运行环境。

在确定整合后的标准软件运行环境之后，由用户牵头，各应用软件开发商分别针对各自的应用软件进行兼容性测试。对不兼容的软件或模块进行修改，以适应标准软件运行环境。信息系统的合并与简化，可以达到减少操作系统、数据库、中间件版本的数量的目的，方便后期的系统运行与维护，促进应用架构和运行环境标准化。

3）硬件资源的规划。

根据前期硬件资源调研的结果，对现有硬件资源的情况进行综合整理，形成资源总账。同时剔除现有硬件中过于老旧、不敷使用的硬件设备。

针对前面整理完成的信息系统软硬件资源需求，按照主机服务器类型、硬件种类、处理能力需求、各时段性能分析结果，将不同的信息系统进行组合。得到一种或几种整合后的硬件资源需求结果。

再将这些硬件资源需求结果与现有硬件资源进行匹配，如果现有资源能够满足，则考虑对现有硬件设备进行改造。现有资源不能满足的部分，采用新购硬件的方式来满足处理能力的要求。利于以后的应用部署调整、业务量增长等需求。充分调研、仔细测算、留足余量、整体规划、通盘考虑是实施软硬件资源整合的基本原则。

在进行应用系统硬件寻求组合的过程中，最关键的部分在于如何将不同类型的应用或不同类型的服务器进行分类，然后根据分类进行整合，在进行应用系统硬件整合优化分析的过程中要注意以下问题：

第一，应用系统硬件需求的组合方式有多种，以达到最优的组合效果和资源利用率为目的，并不是简单地用一个大的硬件来整合所有的运行环境。

第二，在充分考虑现有硬件资源优化配置，改造和充分利用的同时。也要考虑新硬件平台的技术领先性，既能够满足应用系统对硬件资源的需求，也能通过新的硬件平台引入新的硬件整合与虚拟化功能。

第三，对现有的系统架构进行逐步改造、升级和替换，构建统一的硬件整合平台和运行管理机制。

第四，针对不同种类的应用系统、硬件类型，综合利用多种服务器和硬件整合技术。

第五，硬件的改造、升级和新购，应通盘考虑系统整体未来几年的发展，而不是某一个项目的系统资源需求。

第六，在进行硬件的选择时，要留够余量以防止意外的业务突然增加。CPU 和存储利用率最好都不超过 70%。

第七，用于整合优化的硬件平台要具有良好的可扩展性，经过验证的整合和虚拟化技术。以利于以后的应用部署调整、业务量增长等需求。

4）整合后系统管理与维护任务的规划。

与各系统单独运行的环境不同，整合之后的系统架构中，多个信息系统混合运行，硬件资源共享，同一台硬件服务器上可能同时运行多个数据库或应用服务器实例。这样就可能存在多个信息系统在使用中相互影响、无关业务人员对数据或应用程序的非法访问、多个信息系统争夺资源、管理复杂度不降反升等问题。因此，在进行硬件整合规划的同时，必须对整合之后的运行、维护和系统管理进行规划。

在整合前，各系统资源独立使用，即使软硬件或信息系统出现问题，也只会影响一个系统的使用；而整合后资源是共享的，甚至运行环境也是在一起的，软硬件或信息系统出现问题，可能会影响到其他系统的运行。因此，需要采取一些技术手段对系统中的软硬件系统状态、使用情况和网络状态进行监控。对信息系统也应采取一些措施监控其使用情况。在进行硬件资源规划的同时，还需要进行整合后系统管理与维护任务的规划。这一方面的规划直接关系到生产系统的安全稳定运行。

5）整合优化效果的预评估。

根据前面制订的硬件整合优化方案，进行整合优化效果的预评估，以分析设计方案是否能够达到设计目标。预评估应在以下方面开展工作：

①整合后的系统安全稳定性；②系统资源利用率的提高；③能源和空间的节约；④系统架构的简化；⑤软硬件采购费用的节约；⑥管理与维护的简化；⑦人力资源的节省；⑧其他方面的改进等。

如果在预评估之后，发现设计方案与设计目标有很大差异，则应对方案进行重新规划和设计。如果发现最初设定的设计目标存在问题，也可以提请专家组对设计目标进行重新评估及调整。

（4）提出方案：根据分析结果，提出软硬件整合优化的方案。

根据硬件资源规划，提出硬件改造和采购方案；根据应用合并与简化规划，制订新的应用部署和迁移方案；根据管理与维护任务规划，提出整合后的系统管理与维护方案；同时，进行整合优化方案效果的预评估，供专家和上级领导决策分析。最终形成完整的整合优化方案。

硬件整合优化方案应包括但不限于以下的内容：①硬件整合平台、硬件整合技术的选择与确认；②现有硬件改造方案和新购硬件选型配置方案；③系统架构调整和硬件资源划分方案；④数据备份与应急回退方案（避免整合后出现不可预知的问题，影响生产）；⑤应用合并与简化、迁移和重新部署方案；⑥整合后的系统管理与维护方案；⑦系统软硬件测试方案；⑧整合优化效果的预评估。

在实施单位的整合优化方案完成之后，可向电网企业总部提交方案审查申请，由总部组织有关专家对该方案进行审查论证后再执行。

（5）实施验证：根据方案开展硬件整合优化的具体实施工作。

开展软硬件资源的整合优化工作。复杂项目可分步实施，边实施边比对原始设计与实际效果，以保证实际效果与设计相匹配，并根据实施中发生的问题，可对原定设计方案进行适当调整。

（6）评价优化：对软硬件整合优化后的结果进行测试，评估整合优化的成果。

实施单位对硬件整合优化后的结果进行测试，确认整合优化的效果是否达到了前期设定的目标。对未达到的目标重新进行分析，实施调整步骤或修正目标。测试结果需提交电网企业总部，以评估优化的成果。

由于软硬件资源的整合与优化不是一成不变的。随着业务的发展，信息系统的架构和资源需求始终在变化，项目实施单位需要定期重新评估系统现状，随时进行调整优化，甚至进行系统重构或重新部署，以使系统架构始终能够与业务和应用的发展保持一致。

3.3.2 虚拟化——IT 资源池化成效

3.3.2.1 电网企业服务器虚拟化发展进程

为了整合服务器资源，实现统一管理，电网企业虚拟化技术最早于2009 年以研究性项目的形式开展建设和投入使用。例如，某电网企业采用 VMware 的 ESX Server 与 Virtual Center，在5 台物理机上一共部署了约50 个生产用的虚拟机，通过 Virtual Center 对虚拟机进行统一管理，从而实现资源优化。大幅度降低了硬件部署成本，大大提升了基础设施的交付速度。

2010 年，该电网企业下属的供电局及县级生产 MIS 改造、门户系统项目采用虚拟化技术建设，虚拟化技术开始推广至供电局，电网企业虚拟化技术应用大幅增长。

2011 年，该电网企业外网虚拟化平台建成并投运。外网虚拟化平台采用 VMware 虚拟化技术，取代了原有微软 Hyper – V 虚拟产品，并将电网企业各供电局外网都整合至电网企业总部运行，实现了电网企业外部网站的服务器整合及资源利用最优化。

2012 年，该电网企业内网虚拟平台发展至拥有 20 台物理主机、152 台虚拟机；外网虚拟平台拥有 2 台物理主机、18 台虚拟机；共使用存储约 15 T。2012 年电网企业内外网虚拟化平台完成新机房的搬迁和重建工作。通过新机房搬迁，电网企业内网虚拟平台针对大幅增长的计算资源池进行了重新规划，并升级至 4. 1 版本。内网虚拟化平台目前包含两组虚拟应用，平台 1 运行内网综合类网站虚拟机服务器，平台 2 运行总部及各供电局门户类、营配一体化、文档加密虚拟机。

至 2015 年，该电网企业虚拟资源池开展了整合优化及扩展建设工作。根据电网公司企业信息安全体系建设方案，电网企业管理信息区（局域网）内部划分为业务域、开发测试域、安全服务域、局域网互联域、用户接入域和外部接入域 6 个安全区域，每一安全区域下设数个安全子域。同一安全区域内的资产实施统一的保护，如进出信息保护机制、访问控制、物理安全特性等。

网络拓扑如图 3 – 3 所示：

基于以上信息安全分区分域要求及该电网企业企业级信息系统的建设需求，2015 年中心新建了关键业务子域、专线接入子域的两套虚拟平台以满足信息系统的建设要求。电网企业现有虚拟化数据中心按所属的安全子域划分为 7 套，同时在符合电网企业管理信息区（局域网）内部安全域划分原则的基础上，结合内部安全域及等保级别的综合因素，将综合业务子域、核心业务子域、安全服务域整合为由业务域 VC 服务器进行管理；互联网子域、专线接入子域数据中心由外部接入域 VC 进行管理。

至 2016 年，该电网企业服务器虚拟化平台已发展至 5 个 VC 管理数据中心，业务遍布 7 个安全子域。现有各虚拟化数据中心环境的主机数量、虚拟机数量、等保级别、所属安全域如表 3 – 4 所示：

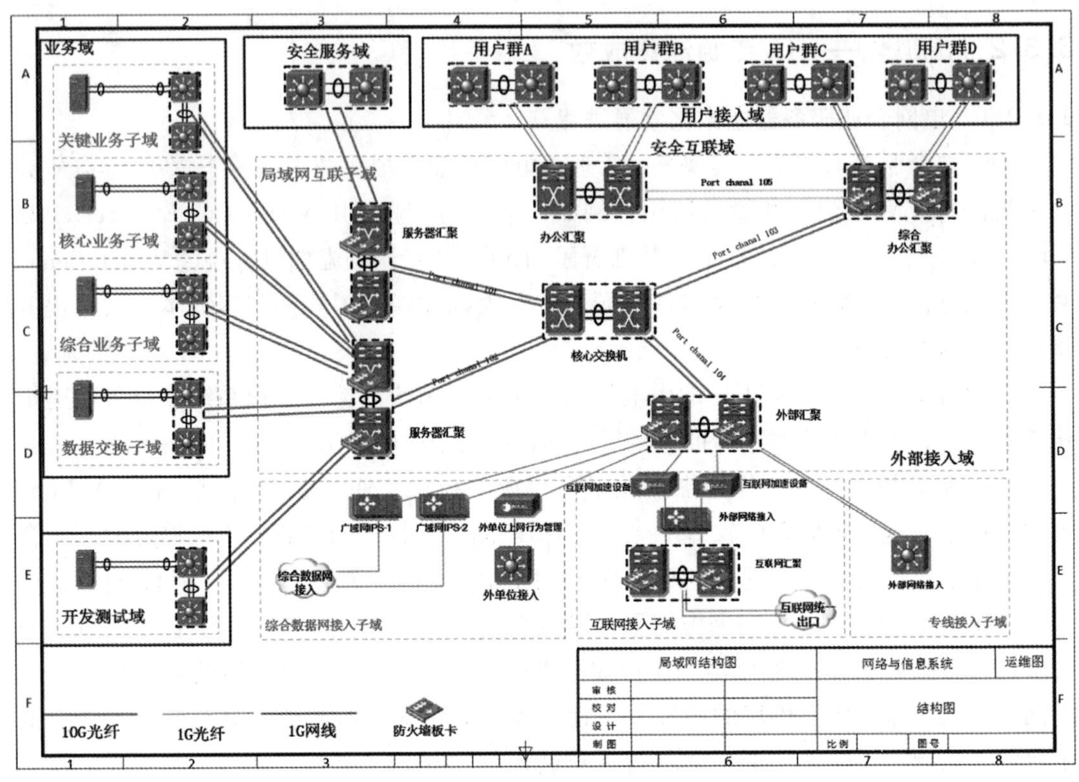

图 3-3 网络拓扑

表 3-4 各虚拟化数据中心情况

域名称	虚拟机数量	主机数量	等保级别	所属安全域	使用情况	管理 VC
综合业务子域	321	28	二级/一级	业务域	已投运	业务域 VC
核心业务子域（协同域）	50	6	二级	业务域	已投运	
安全服务域	39	4	一级	安全服务域	已投运	
关键业务子域	10	3	三级	业务域	已建成，部分实用化	关键业务子域 VC
互联网接入子域	73	6	二级/三级	外部接入域	已投运	互联网接入子域 VC
专线接入子域	3	6	二级/三级	外部接入域	已建成，未实用化	专线接入域 VC
开发测试域	159	15	未定级	开发测试域	已投运	测试域 VC
总计	655	68				

该电网企业主要安全域虚拟平台架构如图 3-4 所示：

同时，电网企业对虚拟平台的备份系统开展建设，建成虚拟平台 EMC Avamar 备份

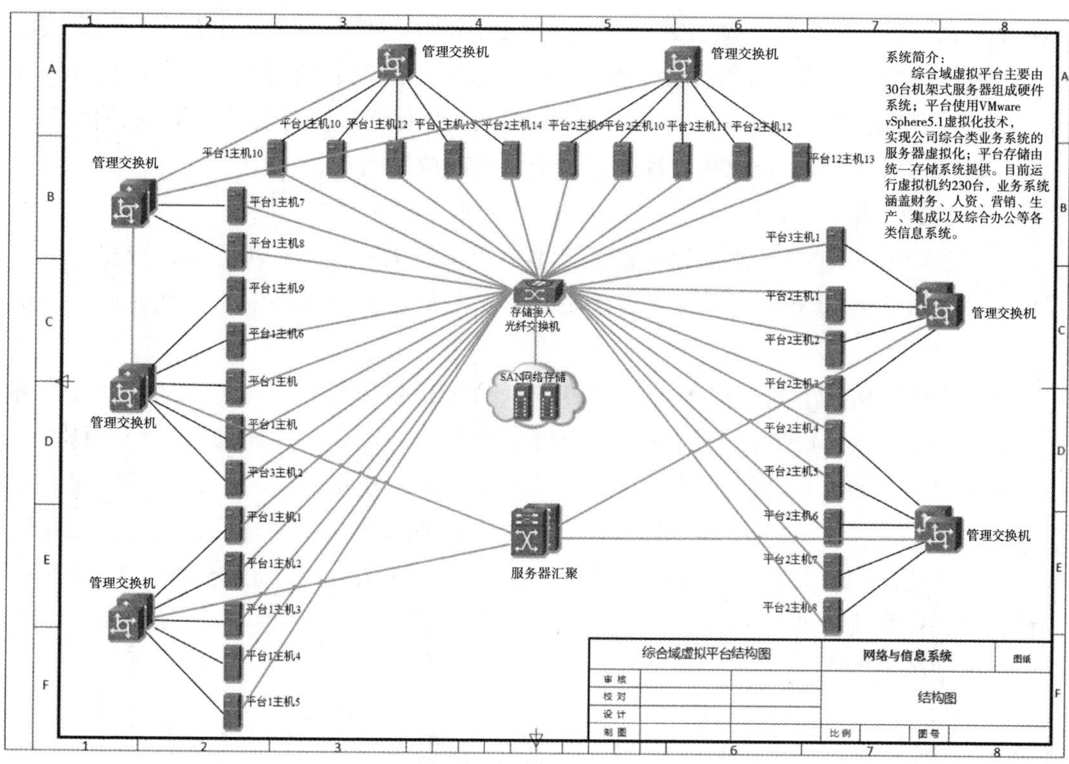

图 3-4　综合域虚拟平台架构

系统，完成该电网企业近 400 台虚拟机的每日全备份，实现故障时虚拟机的快速恢复，有效提升电网企业信息系统可用率及运行率，如图 3-5 所示。

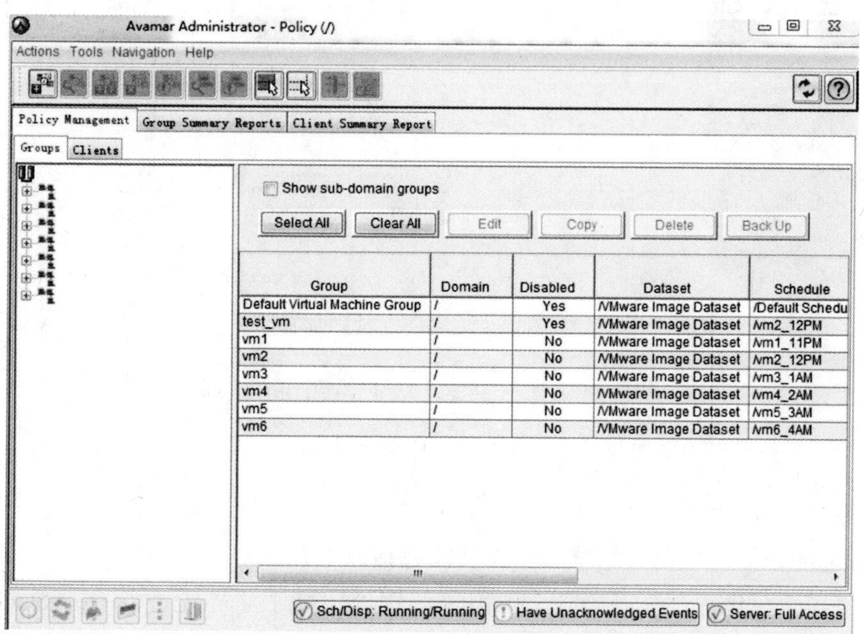

Group	Domain	Disabled	Dataset	Schedule
Default Virtual Machine Group	/	Yes	/VMware Image Dataset	/Default Schedu
test_vm	/	Yes	/VMware Image Dataset	/vm2_12PM
vm1	/	No	/VMware Image Dataset	/vm1_11PM
vm2	/	No	/VMware Image Dataset	/vm2_12PM
vm3	/	No	/VMware Image Dataset	/vm3_1AM
vm4	/	No	/VMware Image Dataset	/vm4_2AM
vm5	/	No	/VMware Image Dataset	/vm5_3AM
vm6	/	No	/VMware Image Dataset	/vm6_4AM

图 3-5　虚拟平台 Avamar 备份系统

电网企业虚拟化平台改善了服务器资源分散、利用率低的缺陷，增强内外网系统的部署和使用效率，提高了服务器的可扩展性，达到了提高资源利用率、增强信息系统业务连续性、提高系统可用率的目的，成为电网企业信息化建设快速发展的有力技术支撑。

3.3.2.2 云计算技术在企业级管理信息系统系统的应用概况

（1）整体介绍

电网公司 IT 资源池智能优化配置系统是一套企业级私有云解决方案，旨在为企业提供 PaaS（平台即服务）级云服务，满足日益增长的商业敏捷性需求，加速业务系统投放市场的节奏。

IT 资源池智能优化配置系统通过对 IT 计算资源池统筹编排，将复杂的云计算服务自动化，不仅提供基础架构云服务及平台级云服务，还提供对应用云服务的支持。这些云服务通过自助门户进行交付，用户可以方便地对工作负载进行编排，并和服务编排引擎紧密集成。应用的拓扑结构以图形化的方式进行展示和组合，并采用自动化流程链接各模块之间的关系，构建成复杂的但又非常直观的数据中心交响曲。这种组合的设计旨在以最快的速度灵活地构建和交付云计算服务。

技术架构如图 3－6 所示：

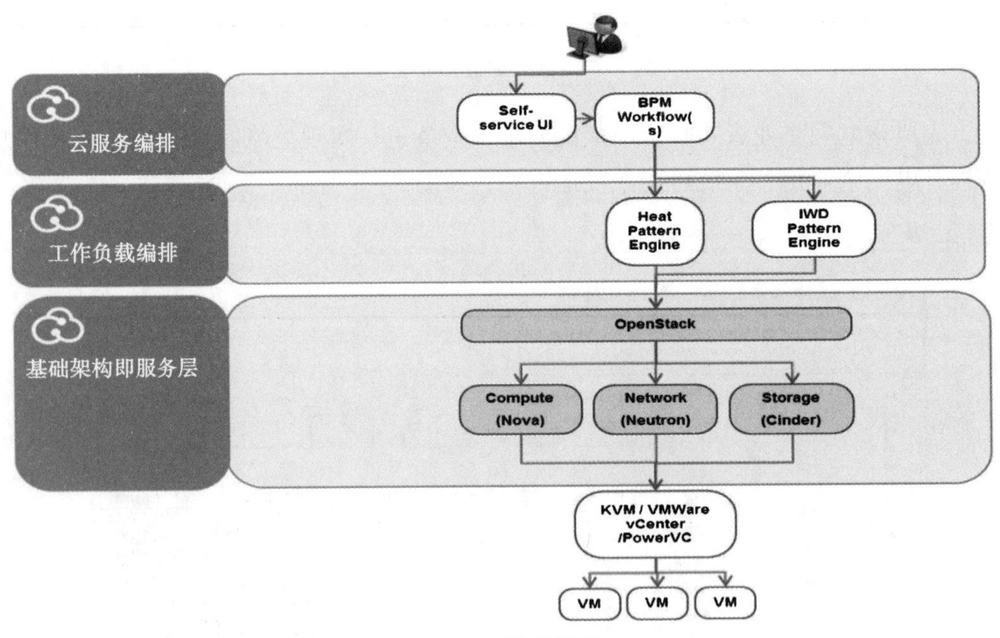

图 3－6 技术架构

（2）主要功能介绍

IT 资源池智能优化配置系统的主要功能包括以下几点：

1）异构虚拟化平台统一接管。虚拟资源管理层基于业界先进的 OpenStack（云计算管理平台）开源架构，支持目前主流的商业及开源虚拟化管理平台，包括 VMware、

KVM、Xen、IBM PowerVC 等多种主流虚拟化技术架构。

2）资源动态调配（弹性伸缩）。支持 CPU、内存、磁盘等 IT 资源的横向调增，横向调减。

3）自动化一键部署。IT 资源池智能优化配置系统通过设计自动化部署模板，定义中间件、数据库等性能与安全参数，通过执行脚本（Shell 脚本或 Bat 脚本）的方式实现静默安装及自动配置。一键自动化部署功能包括虚拟机、Tomcat（及集群）、Weblogic（及集群）、Oracle（及集群）、MySQL、SQLServer、应用。该方式代替传统人工部署，减少人力成本、时间成本，降低安装部署过程误操作风险。

某网站系统使用 Tomcat 中间件和 SQLServer 数据库，使用流程编排器制定该网站部署的各个环节（包括子环节），大环节之间有连线指定部署顺序，并保存为“蓝图”，点击“部署”按钮就能执行该网站系统的一键部署流程，完成后可直接输入网站地址进行访问。

（3）应用成效

目前，IT 资源池智能优化配置系统管理电网企业非生产环境的 VMware 虚拟化资源池，例如，某电网企业近 20 台 X86 服务器和近 30 TB 统一存储容量，为用于培训、测试的企业级信息系统提供 IaaS、PaaS 云服务。据统计，已为该环境的信息系统分配虚机约 90 台，包括应用服务器和数据库服务器。通过一键部署功能发布的操作系统包括 Windows、Redhat、Centos；数据库包括 Oracle、MySQL、SQLServer；中间件则包括 Tomcat、IIS、Weblogic。涉及的应用包括“6 + 1”企业级管理信息系统和其他重要系统如 GIS、双向互动平台、科技奖励评审系统、决策支持系统等。

性能对比部分如表 3 – 5 所示。

表 3 – 5　　性能对比

比对指标 / 比对项	人工部署、配置耗时	系统一键自动部署耗时（实测数据）			
	单台	单台/单次	同时部署 3 台	同时部署 5 台	同时部署 7 台
虚拟机（Windows）	25 分钟	7 分钟	9 分钟	12 分钟	17 分钟
虚拟机（Linnx）	30 分钟	6 分钟	6 分钟	7 分钟	10 分钟
Tomcat（单机）	40 分钟	8 分钟	9 分钟	11 分钟	15 分钟
Tomcat（集群）	90 分钟	13 分钟	15 分钟	20 分钟	23 分钟
Oracle（单机）	90 分钟	30 分钟	32 分钟	32 分钟	38 分钟
Oracle（集群）	7 小时	4 小时	4 小时	4. 5 小时	6 小时
SQLServer（单机）	60 分钟	23 分钟	25 分钟	30 分钟	33 分钟
Weblogic（单机）	1. 5 小时	21 分钟	23 分钟	25 分钟	30 分钟

续 表

比对指标 / 比对项	人工部署、配置耗时	系统一键自动部署耗时（实测数据）			
	单台	单台/单次	同时部署 3 台	同时部署 5 台	同时部署 7 台
Weblogic（集群）	2 小时	65 分钟	65 分钟	75 分钟	80 分钟
MySQL（单机）	60 分钟	14 分钟	16 分钟	17 分钟	20 分钟
部署应用（带配置优化、安全加固）	单机模式：约 2 个工作日 集群模式：约 5 个工作日	数据库、中间件一键部署参考上述耗时；通过流程编排实现的自动化程序包发布及数据库连接配置等操作，耗时约 5 分钟（通过脚本实现） 注：应用发布耗时 = 数据库部署耗时 + 中间件部署耗时（二者可并行执行）+程序包发布 + 数据库连接等			

3.3.3 自动化——自动巡检工具应用

目前电网企业各大应用系统中的操作系统、数据库数量繁多，人工巡检工作量大，巡检的实时性、及时性较差，无法时刻掌握应用系统的运行情况。

为实现对 X86 系统以及关键数据库的日常巡检以及“特维特巡”的自动化巡检，达到有针对性、定制性的指标检查，某电网企业 2015 年开始研究，自主开发了一套自动化巡检工具，并于 2016 年广泛应用于“6 + 1”企业级信息系统的数据库及操作系统日常巡检中。

3.3.3.1 技术特点

1）易用性强。自带预定义巡检模板，可满足大部分巡检需求，仅需经过简单培训即可上手，不需要使用者具有脚本编程能力。

2）安全性高。可通过 SSH 协议（安全外壳协议）模拟登录远程运维审计系统进行服务器自动巡检操作。同时巡检服务器具有访问控制功能，通过设置访问白名单只对指定人员开放使用仅限。

3）扩展性强。支持以自定义脚本的方式扩展巡检的范围和内容。可以根据各系统个性化需求采集运行数据，使得熟悉 SHELL 脚本或者 BAT 脚本使用者有针对性地采集所需的信息。

3.3.3.2 主要技术指标

该工具的性能指标包括单台设备的巡检耗时与并发巡检线程数。其中，最大并发巡检线程数为 100 个，巡检单台服务器的耗时为 30 ~ 60 秒。

3.3.3.3 适用范围

1）任何版本的 X86 服务器操作系统（Windows、Linux）。

2）运行在任何操作系统上的 Oracle 数据库（10g 或更高版本）。

3.3.3.4 应用情况

该工具已应用于该电网企业总部多套信息系统的日常巡检工作。包括协同办公、信息集成、数据资源管理、营销管理、财务管理、资产管理、人资管理信息系统、门户等多套关键信息系统相关的 X86 服务器操作系统和 Oracle 数据库，共计 200 个巡检对象。应用情况良好，大幅提高巡检效率。与传统人工巡检方式相比，以往手工巡检一台 X86 服务器或数据库至少需要 5 分钟，完成 200 个巡检对象的信息采集与结果记录的耗时将近 1000 分钟，约为 2 个工作日。而使用自动巡检工具后，从巡检信息采集到结果入库完毕，全程耗时在 15 分钟以内，效率整体比原来能提升 90 ~ 100 倍，如图 3 - 7、图 3 - 8 所示。

基础信息
OS巡检
巡检结果
WIN巡检(SNMP)
巡检模版管理
客户端脚本同步

首页 × 基础信息 × 巡检结果 × WIN巡检(SNMP) × 客户端脚本同步 × 巡检模版管理 ×

模版名称： 查 询 添加模版 删除所选

	模版名称	所属操作系统	模版范围
	两会测试成功	Linux	全局
	两会测试	Linux	全局
	两会特巡特维（Redhat+Centos）	Linux	全局
	两会特巡特维（LINUX）error	Linux	全局
	集成规范检查	Linux	全局
	Windows+存储链路检查	Windows	全局
	过年Windows巡检模板	Windows	全局
	LINUX通用01	Linux	全局

图 3 - 7　定制巡检模板

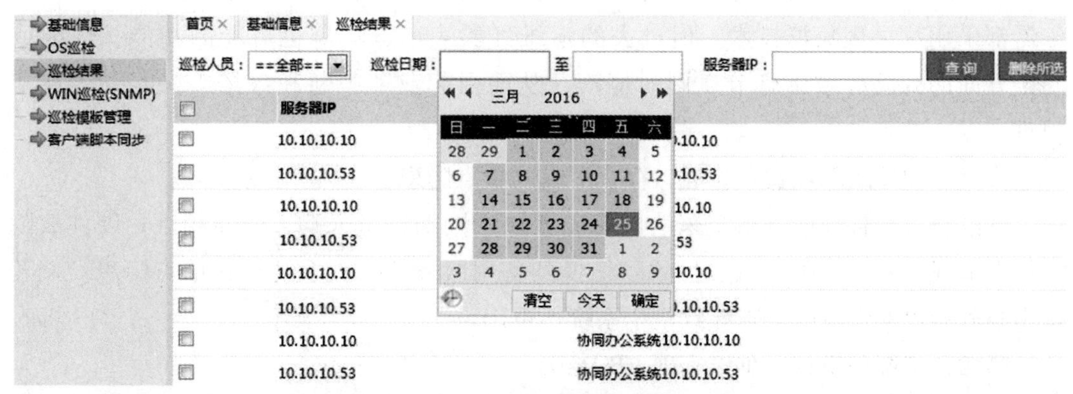

图 3 - 8　收集巡检结果

目前该电网企业服务器设备巡检按每周 3 次的频率计算，人工巡检一台服务器设备平均耗时 5 分钟，完成 200 台设备的巡检大约耗时 1000 分钟，按 2.1 人天数计，每周共计消耗 6.3 人天数。而使用工具巡检，同样的巡检任务量，耗时在 15 分钟以内，每周仅需 0.09 人天数。因此成果投入运行以后，每年将为一个单位的信息运维部门节省 298 人天数投入。结合信息运维岗的日薪计算，将为一个单位节省人力成本约 5 万元。若在该电网企业内推广，以14个地市局和44个县级单位计算，共计节省人力成本290万元。

3.3.4 智能化——业务保障平台建设

电网企业“6+1”企业级信息系统均采用“大集中”部署模式，具有涉及面广、用户量大、软硬件架构复杂、涉及技术点多等特点；由于全省集中部署后产生的业务数据量非常庞大，对系统实时响应能力的要求很高，系统在业务连续性、数据保护和运行维护方面将面临着巨大考验。当系统故障发生时，故障点可能复杂多变，影响范围大，故障排查和恢复的时间比较长。

此前，针对企业级管理信息系统采用的高可用及备份解决方案存在以下不足和隐患：

第一，缺少同城应用级灾备。

营销与资产管理信息系统的硬件设备（服务器、存储）均放置到同一个机房内，一旦该机房出现意外，例如火灾、供电中断、UPS（不间断电源）故障等突发情况，将会导致整个机房设备失效，系统无法对外提供服务，给企业用户造成严重损失。尽管已建成的异地灾备系统（包括数据级、应用级）能起到一定业务保障作用，但受多种客观因素影响导致故障切换时间较长甚至失败，能应对的故障种类与颗粒度也十分有限。目前仍缺乏体系化、针对业务的同城应急保障手段。

第二，集群机制有时无法保障业务高可用。

为保障关键应用安全稳定运行，前端负载均衡器、后台数据库服务器和应用服务器都采用高可用集群技术。但过去的运维经验表明，集群也可能因功能、性能或安全方面的缺陷导致所有节点同时瘫痪，从而引起业务中断和数据丢失，系统恢复困难。

第三，硬件故障爆发点相近，存在潜在的单点隐患。

营销与资产管理信息系统采购的服务器属于同期批量采购，寿命相近，硬件故障易集中出现。一旦主服务器发生故障切换到备用服务器时，系统存在单点隐患。倘若备用服务器也发生故障，则导致整个系统不可用。

第四，传统备份技术难以实现RPO≈0。

以数据库为例，统一备份系统每天自动执行定时备份，间隔若干小时（一般为24小时）再备份一次。倘若某日0点备份一次，当日9点发生数据灾难，最理想的情况是用户利用当日0点的最新备份并结合0—9点的重做日志成功将数据库恢复到故障发生时的版本，但如果重做日志存放的硬盘介质也损坏了，用户就会丢失9个小时的数据。最坏的情况是当日0点的最新备份文件无效，那么用户将丢失33个小时的数据，超出业务规定的RPO值。对于企业用户来说，每一份数据的丢失都可能造成利益损失。

3.3.4.1 业务保障平台的建设

针对电网企业灾备中心存在的突出问题，从2015年开始，信息中心以智能化判断为技术重点，着手测试研究业务保障平台的搭建方案。力求在电网企业生产机房以外搭建出针对“6+1”企业级信息系统的业务保障平台，对营销、资产管理信息系统等企业级信息系统开展业务连续性保障和数据持续保护，实现信息系统的故障监测判断及生产环境到业务保障平台的智能化切换。经过持续的测试、完善、调优，信息中心搭建完成应急保障平台，并以资产管理系统为试点开展了实战验证。具体建设包括：

1）部署营销、资产业务应急保障平台，完善营销、资产管理信息系统的应用级灾备机制。

2）为营销、资产管理信息系统建立持续数据保护机制，基于连续数据复制技术实现快速、全面的数据恢复。

3.3.4.2 业务保障平台的特点

营销与资产业务应急保障平台及高仿真平台架构如图3－9所示：

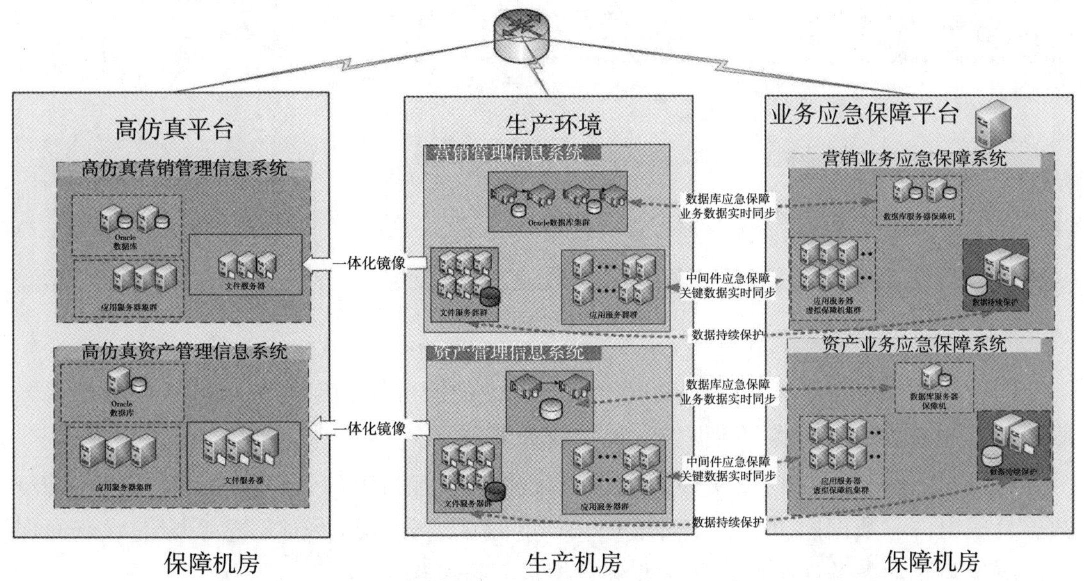

图3－9 系统架构

其中，营销与资产业务应急保障平台由两个系统组成：

（1）营销业务应急保障系统

对营销业务实施应急保障；实现营销管理信息系统故障实时切换和业务自动接管，提高业务连续性；对营销业务数据实施持续保护机制，实现毫秒级数据实时备份与快速恢复。

（2）资产业务应急保障系统

对资产业务实施应急保障；实现资产管理信息系统实时故障切换和业务自动接管，提高业务连续性；对资产业务数据实施持续保护机制，实现毫秒级数据实时备份与快速恢复。

从技术原理来说，营销与资产业务应急保障平台技术架构如图 3－10 所示：

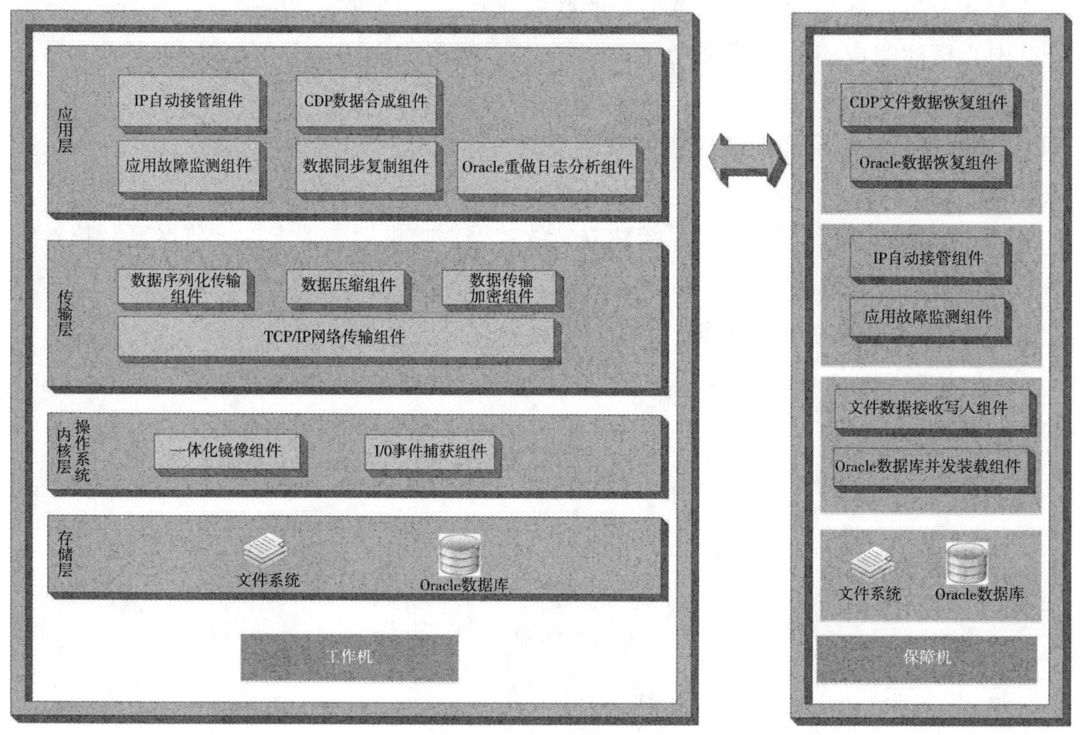

图 3－10　技术架构

图 3－10 中的工作机指的是用户生产环境中的服务器；保障机则包括数据库保障服务器、业务保障服务器和数据持续保护服务器。

1）应用层。通过 IP 自动接管组件、应用故障监测组件、CDP（持续数据保护）数据合成组件、数据同步复制组件、Oracle 重做日志分析组件对信息系统进行全面保障，既保障了业务的连续性，又对业务数据进行持续保护。

2）传输层。由数据序列化传输组件（DOT）和数据传输加密组件、数据压缩组件、TCP/IP（网络通信协议）网络传输组件组成，多种组件的功能保证生产环境与保障环境、高仿真环境之间数据的一致性和安全性。其中，数据传输加密组件采用国家密码管理局颁布的 SM 系列商用密码算法，创建双向安全数据传输通道，有效防止数据泄密的安全问题。

3）操作系统内核层。通过 C 语言开发而成的 I/O 事件捕获组件针对运行在 X86 服务器上的各类数据进行实时复制，达到备份的目的。运用一体化镜像组件方便、快捷地搭建系统高仿真平台，仿真程度相当于系统整体迁移。运用归档日志分析组件和并发装载组件完成生产环境与保障环境之间的 Oracle 数据库的快速装载。

4）存储层。存储层数据主要包括结构化数据和非结构化文件。结构化数据包括：Oracle、MySQL、SQLServer、DB2、达梦、人大金仓等关系型数据库中的数据以及 SAP HANA 等内存数据库中数据。非结构化数据包括：包括办公文档、文本、图片、XML、HTML、各类报表、图像和音频/视频信息等非结构化数据；以及基于昆腾 StorNext 平台上的文件格式。

整个平台具有以下技术特点：

第一，运用应用运行状态监测技术、应用故障切换技术、IP 自动漂移技术和数据持续保护技术对信息系统进行全面保障，既保障了业务的连续性，又对业务数据进行持续保护。

第二，运用操作系统 I/O 捕获技术与字节级增量数据同步技术，针对运行在 X86 服务器上的各类数据进行实时复制，达到备份的目的。

第三，运用数据序列化传输技术（DOT）和网络传输数据加密技术、网络传输数据压缩技术，保证了生产环境与保障环境、高仿真环境之间数据的一致性和安全性。

第四，运用一体化镜像技术方便、快捷地搭建系统高仿真平台，仿真程度相当于系统整体迁移。

第五，运用归档日志分析技术和并发装载技术完成生产环境与保障环境之间的 Oracle 数据库的快速装载。

3.4 小结

信息系统基础平台设施管理当前面临的主要挑战有平台设施的建设，平台设施的管理与优化，进行明智的投资决策等。解决方案包括运用精益化管理思路，对信息系统基础平台所涉及的计算资源、存储资源、数据库资源和灾备中心的国内外现状及存在问题进行分析，决定信息系统基础平台的战略投资方向，确定平台资产的整体运维管理模式。电网企业沿着绿色电网建设的目标和需求，立足战略支撑性信息化建设导向，在信息系统平台管理上通过将软硬件资源高度集约化和虚拟化、结合自动化及智能化的运维技术手段来达到绿色计算的企业战略发展目标，有效降低了企业信息系统基础平台运行成本。

4 电网企业级管理信息系统网络管理及实践

4.1 引论

随着南方电网公司信息化进程的建设，南网各分子公司目前已经基本完成基础信息系统的建设，随着应用系统大集中部署的趋势，大量基础网络的建设，硬件、软件的部署，应用系统的使用等出现在信息系统里，使公司的基础信息系统变得越来越复杂，信息系统里充斥了各种品牌、各种技术的应用设备和软件，随之而来的是想要管理如此复杂的信息系统变得越来越困难和所要为此付出的各种成本也呈无限递增的状态。

随着网络技术的飞速发展，网络的发展已经远远超出了最初的设计目标，这是对传统网络管理体系的巨大考验，现有的网络管理模式已经无法跟上新兴技术的需求，而固有的硬件系统技术上的落后，则成为普及新技术的瓶颈及障碍。由此，企业信息系统网络管理对于企业信息系统的建设及发展来说是必不可少的一环，也是信息化建设里最重要的一环。

4.1.1 国内外现状

常见国内外企业信息系统网络管理都存在重建设轻管理以及网络管理观念落后的相同问题。通常企业信息系统建设时，网络通信设备及应用服务器等硬件设备投入较多，而对网络管理及系统维护重视不够。随着应用层面技术的发展，极大占用数据资源的软件模块出现，网络需要处理的数据量日渐增加，而随之而来的问题越来越多，固有的运行体系面临重大压力，这也是企业信息化建设及管理无法避免的先天缺陷。而企业信息系统网络中的网络管理观念相对落后，现行的管理模式过于被动，总是出现问题后再解决，如何有预见性地提前预防和处理可能出现的问题成为了新的重点。这就要求各企业的网络运维部门加强网络运行分析及管理，将开拓网络延伸思路，围绕企业发展需求，分析现有企业信息系统瓶颈及现状，作为企业信息系统网络管理中优化网络的重点，建立一体化运维管理系统，引入新网络模式是企业信息化正常发展趋势，也是企业信息系统发展创新的重要组成部分。

随着 IT 及互联网技术不断演进，电力企业越来越依赖于信息技术。近年来，信息技术不仅帮助电力企业提升生产效率、降低运营成本，而且帮助企业改变生产方式、拓展业务能力。新兴的互联网技术正在不断地挑战和颠覆传统的电力企业，而电力企业也在努力用信息技术进行自我完善，提出了智能电网的概念。

物联网的发展：物联网的核心是完成物体信息的可感、可知、可传和可控。物联网基础仍然是互联网，它是在互联网基础上的延伸和扩展的网络。

云计算的发展：云计算是一种将计算任务分布在由大量计算机构成的资源池上，使各种应用系统能够通过网络根据需要获取计算力、存储空间和信息服务。这种服务可以是IT和软件、互联网相关的，也可以是任意其他的服务，它具有超大规模、虚拟化、可靠、安全等特性。

大数据的发展：大数据技术是指采集海量、全面的数据，并通过特殊的“加工”实现数据的“增值”。大数据技术所涉及的资料量规模巨大到无法通过目前主流软件工具，利用这一技术可以在合理时间内达到获取、管理、处理信息，并整理成为帮助企业经营决策更积极目的的资讯。大数据必然无法用单台的计算机进行处理，必须采用分布式架构对海量数据进行分布式数据挖掘，大数据必须依托云计算的分布式处理、分布式数据库和云存储、虚拟化技术。

移动应用的发展：移动应用是针对智能终端开发的应用程序，具有随时随身性、互动性强等特点。对企业而言，移动应用是企业信息化应用场景的完善和扩展，可作为办公、邮件等应用系统的延伸，让服务无处不在，提供高效率的移动办公。

企业统一认证平台的发展：随着信息技术的不断发展和信息化建设的不断进步，业务应用、办公系统、商务平台不断推出和投入运行，信息系统在企业的运营中全面应用，对所有应用的统一用户账号管理、统一认证管理、统一授权管理和统一安全审计的需求也随着出现，企业统一认证平台（4A平台）就是针对此类问题的综合实践。4A是指：认证（Authentication）、账号（Account）、审计（Audit）、授权（Authorization）。

4.1.2 电网信息系统网络现状

4.1.2.1 综合数据网

电网公司综合数据网由省网和地区网组成。省网覆盖公司和各供电局本部，地区供电局主要覆盖各供电局本部、网区内变电站、县供电公司、营业厅等站点。

公司总部与供电局、县级供电企业等单位通过综合数据网实现网络互联；培训中心通过百兆光缆接入各自供电局综合数据网，实现其信息网络接入。以上各单位网络边界均采用防火墙等设备进行边界隔离，并设置相应的访问控制策略。同时在公司总部综合数据网边界透明部署入侵防御系统（IPS），对网络边界进行安全审计，在发生严重入侵事件时提供报警及采取相应动作。某公司综合数据网拓扑图如图4-1所示：

综合数据网上承载的业务流量之间相互隔离，通过MPLS VPN（多协议标签交换虚

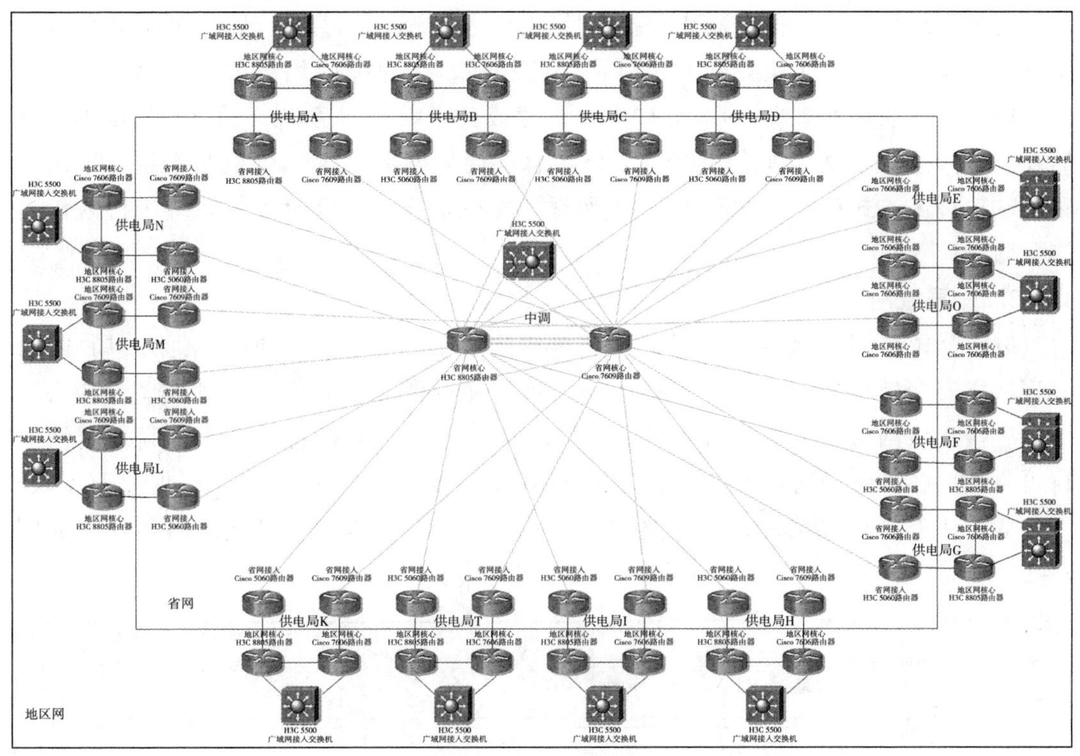

图 4－1　某公司综合数据网拓扑图

拟专网技术)、MCE（应用程序）技术实现，全网共设置 8 个 VPN 实体。VPN01－VPN05 为在用 VPN，VPN06－VPN08 为预留，如表 4－1 所示。

表 4－1　综合数据网 VPN 列表

序号	VPN 编号	RD 号	VPN 名称	系统
1	VPN01	64700：0001	等保三级 VPN	等保三级业务系统
2	VPN02	64700：0002	等保二级 VPN	等保二级业务系统
3	VPN03	64700：0003	视频会议 VPN	视频会议
4	VPN04	64700：0004	互联网 VPN	互联网
5	VPN05	64700：0005	变电站视频 VPN	变电站视频监控系统
6	VPN06	64700：0006	预留	
7	VPN07	64700：0007	预留	
8	VPN08	64700：0008	预留	

4.1.2.2　统一互联网

该公司互联网统一出口由联通 400M 和电信 300M 组成，实现公司总部与下属单位的互联网统一出口。同时在公司总部局域网与互联网统一出口之间采用防火墙及上网行为管理设备进行安全隔离防护，使用入侵检测、防毒墙、WAF 网页防篡改设备加强安全防护。对于企业网络未能覆盖的场所，为保障应用需要，采用了具有安全加密、认证功能的虚拟专用网（VPN），建成公司级 VPN 系统，通过数据证书认证后才能进入公司信息管理大区网络。公司总部局域网部署了入侵检测系统，采用旁路和端口镜像方式针对公司总部关键业务、核心业务、综合业务等系统进行入侵检测及防御。

4.1.2.3　**局域网**

电网公司总部信息网络建成以万兆为骨干、千（百）兆交换到桌面的局域网，实现网络安全域划分，为公司大集中信息系统建设做好基础设施支撑准备。核心—汇聚、接入层网络设备均采用虚拟化技术，实现关键网络设备冗余，提高了网络运行可靠性。各供电局通过虚拟化技术和链路聚合技术实现了万（千）兆骨干互联、千（百）兆接入的网络设备及链路的冗余。某电网公司本部局域网网络拓扑图如图 4－2 所示：

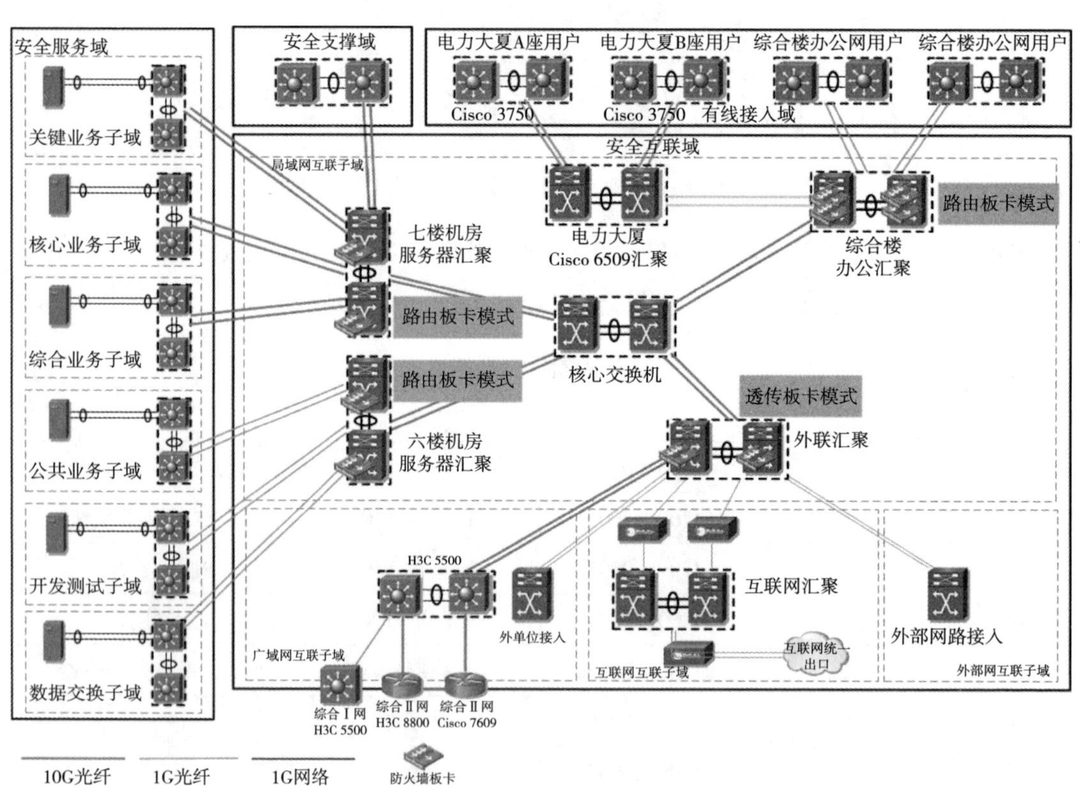

图 4－2　局域网络拓扑图

该电网公司以业务应用与核心资产的防护为主要目标，根据南方电网公司管理信息系统信息安全保障体系相关安全技术要求，按照分区、分级、分层、分域，提出公司信息安全防护建设模型。其中公司管理信息区（局域网）内部安全域划分原则包括以下几点：

第一，业务重要性划分原则：根据信息系统的业务重要性，结合安全保护等级，划分安全区。

第二，安全隔离原则：对高风险的网络（如对外服务区）进行有效隔离，避免威胁其他安全区域。

第三，可用性原则：安全区域的划分不能影响系统的可用性，并尽量不影响业务服务。

根据以上原则，将公司管理信息区（局域网）内部划分为业务域、开发测试域、安全服务域、局域网互联域、用户接入域和外部接入域 6 个安全区域，公司管理信息区整体安全域模型如图 4－3 所示。同一安全区域内的资产实施统一的保护，如进出信息保护机制、访问控制、物理安全特性等。

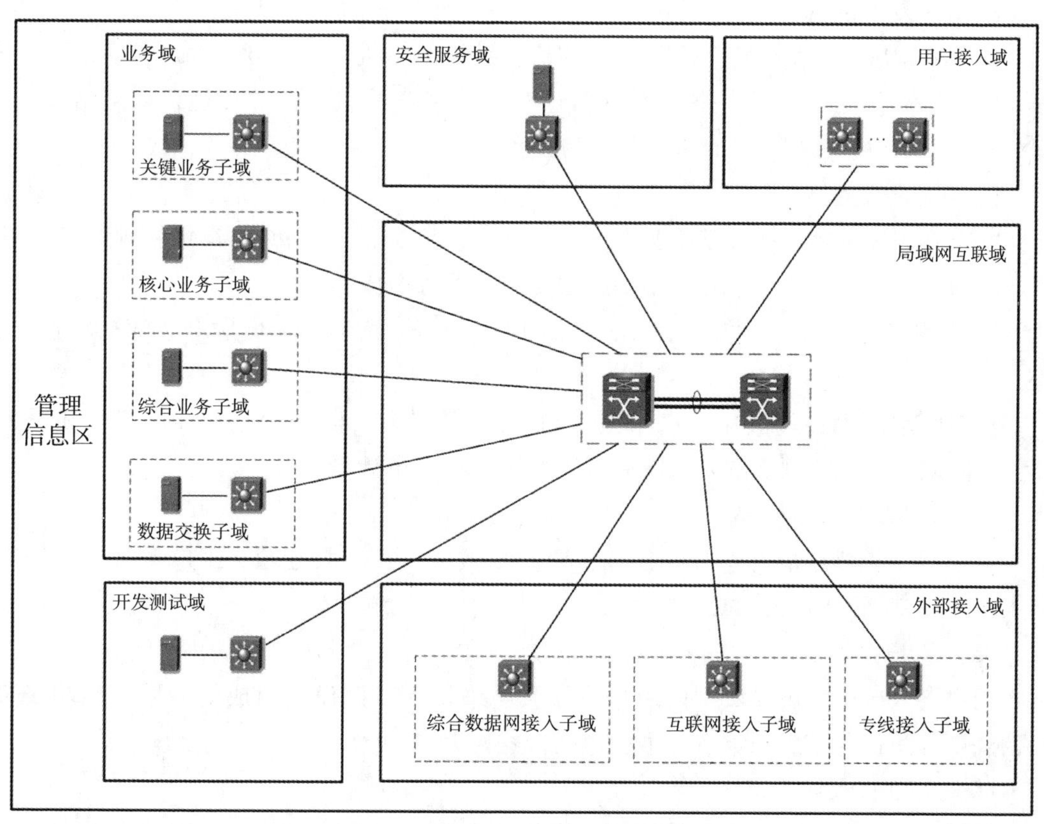

图 4－3　公司管理信息区整体安全域模型

其中，业务域细分为关键业务、核心业务、综合业务和数据交换 4 个子域；外部接入域细分为综合数据网接入、互联网接入、专线接入 3 个子域。

（1）业务域

业务域是指由各信息系统的主机/服务器经局域网连接组成的存储和处理数据信息

的区域。主要包括提供应用系统服务的软、硬件环境，如机房网络、服务器、中间件、数据库、存储系统、应用程序等。

业务域划分：

1）关键业务子域，等保三级的业务系统服务器，等保三级系统，如财务管理系统。

2）核心业务子域，等保未达到三级的核心业务系统，即除财务管理系统之外的其他企业级应用系统，如资产管理系统、人力资源管理系统、协同办公系统等。

3）综合业务子域，等保一、二级的非核心业务系统，如档案系统、审计系统、数据集成平台与信息门户系统等。

4）数据交换子域，不同安全域系统之间进行数据交换功能的系统或设备，如数据集成平台等。

（2）开发测试域

开发测试域是指由未正式上线运行的信息系统的主机/服务器经局域网连接组成的开发测试区域。主要包括提供应用系统开发测试服务的软、硬件环境，如网络设备、服务器、中间件、数据库、存储系统、应用程序等。

（3）安全服务域

安全服务域是指由提供基础服务的非业务系统服务器，提供 IT 运维管理的各类安全产品的管理平台、监控中心、维护终端、服务器等组成的区域。

1）提供基础服务的非业务系统，如 DNS 服务、Windows 域服务、WSUS 服务、PKI 系统等。

2）IT 运维管理系统包括各类安全产品的管理平台、监控中心、维护终端和服务器，如防病毒系统、网络准入系统、网管系统、运维审计系统等。

（4）局域网互联域

局域网互联域是指由连接业务域、开发测试域、安全服务域、用户接入域和外部接入域互联基础设施构成的区域。

（5）用户接入域

用户接入域是指由局域网内用户终端及网络接入基础设施组成的区域。终端安全是信息安全防护的瓶颈和重点。主要包括台式机 PC、工作站及接入网络设备等。

（6）外部接入域

外部接入域是指由连接广域网接入子域、互联网接入子域、外部网接入子域构成的区域。主要包括广域网、互联网、外部网等。

1）综合数据网接入子域，自主管理的综合数据网、分子公司、直属机构和业务相关单位的接入链路和接入设备，包含网络设备、安全设备。

2）互联网接入子域，自主管理的互联网接入链路和接入设备，包含网络设备、安全设备和外部应用服务器、软件程序，其中外部应用服务器部署在 DMZ 区域，外部应用服务器主要包括邮件服务器、企业对外网站等。

3）专线接入子域，自主管理的合作单位网络接入链路和接入设备，包含网络设备、安全设备和前端服务器，其中前端服务器包括短信平台、银电联网等。

4.2 电网信息系统网络管理面临的形势

4.2.1 网架结构复杂，扩展困难

4.2.1.1 端口镜像扩展难

随着企业对业务系统的精细化管控要求的提高，用户体验已成为企业面临的焦点问题，能否最大限度上做到满足用户体验的要求，对关键应用系统的可视化管理显得尤为重要。另外，互联网安全也已成为企业安全的核心问题，目前监测互联网安全的设备，例如防病毒网关、未知威胁防护、数据库防火墙以及数据流量分析等设备，均需要以用户的流量为源数据进行采集分析，因此，必须对业务系统和用户所接的网络设备端口进行镜像配置。公司局域网接入交换机均采用了虚拟化技术，将多台网络设备虚拟成逻辑的一台设备，在配置镜像过程中受到了镜像组数量的限制，一般交换机仅支持两组镜像的配置，无法满足多组镜像的配置需求。

4.2.1.2 虚拟化扩展难

目前电网公司的局域网在一定程度上应用了网络虚拟化的部署方式，管理上实现了逻辑化管理，提高了工作效率；安全上实现了应用系统的高可用，加强了接入的冗余配置。但是，随着“国产化”趋势的大潮，网络安全设备将不断进行更新换代，如果仍然坚持虚拟化的部署方式，公司将面临网络扩展的难题。

从当前大部分电网公司局域网网络设备品牌的部署情况来看，基本都以思科、H3C、中兴及华为等几大品牌为主。网络设备虚拟化（思科称为堆叠，华三称为 IRF，下面统称为堆叠）要求同品牌、同型号的设备之间进行配置，因此，在现有使用的网络设备堆叠组中端口使用率接近饱和时，扩容的问题随之而来。

首先，必须寻找同品牌、同型号的网络设备进行扩容；其次，按照高可用性建设原则，应该同时扩容 2 台相同设备。但在实际的物资采购过程中，采购结果是不可控的，因此采购回来的设备品牌存在多品牌的情况，无法叠加扩容。

4.2.2 端到端存在多点瓶颈

以某电力公司为例，公司局域网由核心、汇聚及接入三层网络架构组成，其中接入层分布在公司 A、B、C、D 座办公楼的各个楼层配线间，通过光纤汇聚的方式汇聚到 A 座 2 楼信息机房和 C 座 6 楼信息机房的办公汇聚上，如图 4 -4 所示。

办公终端如果要访问公司内部信息系统，其终端访问请求途径的链路和节点如下：

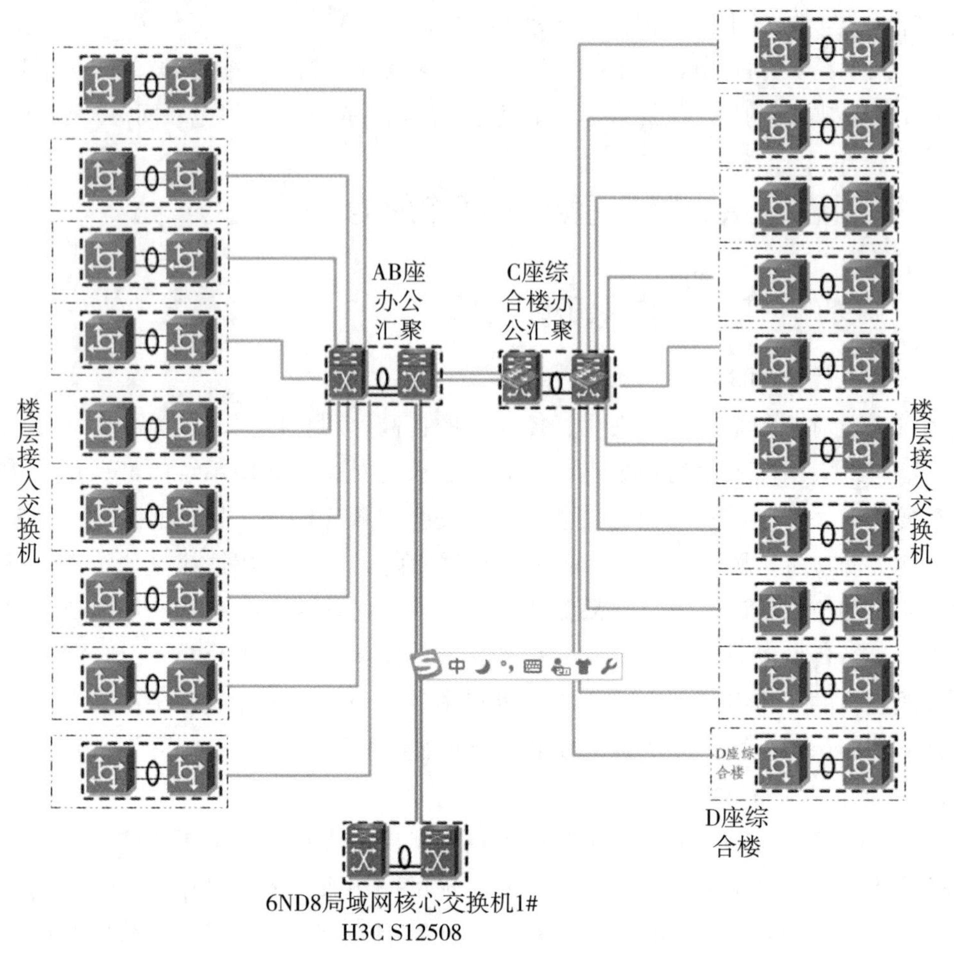

图4-4　公司局域网有线接入域拓扑图

终端——超五类双绞线——办公室信息点——配线间配线架——网络跳线——楼层接入交换机——楼层 ODF 配线架——汇聚点 ODF 配线架——办公汇聚交换机——光纤跳线——局域网核心交换机——光纤跳线——服务器汇聚交换机——汇聚点 ODF 配线架——服务器接入点 ODF 配线架——服务器接入交换机——服务器接入点网络配线架——服务器

其中加框部分属于局域网交换区域，链路和设备基本稳定，基本可以排除瓶颈问题。因此，假如部分终端网络异常或者网络延时很高时，主要瓶颈一般出现在终端和中间的链路环节。但是单纯靠测试打开页面的时间来做主管上的判断很难进行有效的排查，因为导致网络延时高的原因有很多种，这里归纳了以下几种情况。

4.2.2.1　终端问题

在终端层面可能影响终端使用体验的因素有很多，通常有终端硬件配置

（CPU、内存情况）、操作系统信息及使用的浏览器情况（版本信息、是否需要修复），还有网卡运行情况（是否存在网卡适配问题）、运行的进程情况（存在异常进程）、是否存在中病毒和木马的情况、办公室信息点接口是否有松动以及网络跳线是否损坏等。

4.2.2.2 网络设备性能瓶颈

在网络设备层面影响网络延时的因素除了与终端类似的网络链路问题外，还有以下因素：

1）网络设备达到使用年限，设备老化引起交换机处理性能下降。

2）其次是网络设备的某个端口出现物理故障造成该端口通信协议异常。

3）终端与接入交换机之间串接了多台存在性能瓶颈的多端口的转发器（Hub）或者集线器，导致网络延时高。

4.2.2.3 传输设备瓶颈

网络传输是指用一系列的线路（光纤、双绞线等）经过电路的调整变化依据网络传输协议来进行通信的过程。而光传输设备是网络传输过程中的其中一种传输设备，在远距离互联网的广域网当中必不可少。光传输设备就是把各种各样的信号转换成光信号在光纤上传输的设备，它与网络中传统的使用 TCP/IP 协议的网络安全设备不同，在光传输通道正常的情况下也有可能发生网络协议通信异常的情况。

4.2.3 资源利用率低

4.2.3.1 IP 地址资源管理

目前电网公司局域网使用静态与动态相结合的方式对内部 IP 地址进行管理，针对办公用户网段统一使用 DHCP 服务器进行动态分配，提高办公用户网段的 IP 地址管理效率。但是服务器网段的 IP 地址采用手工方式进行静态分配，从管理效率上来看远远低于动态分配的方式，并且在管理上有如下不足：

第一，IP 地址时效性问题，由于设备退运或者迁移后已分配的 IP 地址已经停用，但网络管理员并不知情，不能及时回收空闲资源，导致越来越多的已停用 IP 地址资源白白浪费，从而影响网络管理员对资源的正确评估，进而做出不合理的规划。

第二，系统管理员随意使用未经统一分配的 IP 地址，容易造成与现已使用的 IP 地址冲突，严重影响在运的信息系统。

4.2.3.2 交换机端口资源管理

信息机房内接入层采用至少两台交换机进行堆叠（IRF），实现多设备冗余的高可靠性，为关键应用系统提供了冗余接入的基础支撑。但是在服务器接入交换机的管理上同样存在以下问题：

第一，服务器接入时端口选择不规范，系统管理员或者实施布线的人员接入端口时比较随意，没有按照端口号的顺序进行接入，导致上下两台交换机的端口使用情况不一致。而对于有冗余接入要求的服务器来说，必须同时接入到两台交换机中。如果此时只有其中一台交换机有空闲的端口，尽管还剩余很多空闲端口，但是却无法满足服务器的冗余接入需求，只能对该组交换机进行扩容，就会浪费交换机的端口资源。

第二，已接入的服务器在使用一段时间后，同样可能面临服务器退运或者迁移的情况，而此时大量的网络布线仍然保持接入在交换机中，占用了大量的端口资源，同样造成端口资源的严重浪费。

4.2.3.3　防火墙策略资源管理

电力公司信息网按照分域的原则，将公司管理信息区（局域网）内部划分为业务域、开发测试域、安全服务域、局域网互联域、用户接入域和外部接入域6个安全区域，通过逻辑的虚拟防火墙对以上安全域进行安全防护。但是由于安全域较多，虚拟防火墙的数量也很多，因此，针对防火墙策略的管理和维护工作存在以下不足：

第一，防火墙策略开通效率低，由于虚拟防火墙数量多，在日常防火墙策略开通时都要对多个虚拟防火墙进行逐一配置，操作繁杂，在同时有多个请求需要处理时，就会严重影响策略开通的效率，且容易造成策略漏项甚至误操作的情况。

第二，防火墙策略同样存在时效性的问题，随着部分设备和系统的退运或变更，很多已开通的策略都已闲置（长期无命中数），防火墙管理员在不知情的情况下无法对策略进行有效梳理，不利于管理员对防火墙策略的维护，并且策略条目数越多，对防火墙的性能会造成越大的影响。

4.3　电网信息系统网络管理实践

针对电网企业信息系统网络面临的困难及不足之处，现有解决方式着重于统一的检查、监控及管理。

4.3.1　网络统一规划

设备配置规划及配置安全基线核查及系统入网安全评测统一检查，保障现有网络架构稳定及安全，针对新增网络区域划分及扩展方式明确思路及配置，确保扩展网络冗余性及安全前瞻性，优先考虑添加新网络特性，解决旧网络架构复杂、扩展困难等问题。

4.3.1.1　增加镜像分流设备

部署流量汇聚设备，实现单份镜像多方分发，满足多路设备旁路接入需求。

4.3.1.2 安全基线核查及系统入网安全评测统一检查

（1）安全基线

针对IT设备的安全特性，选择合适的安全控制措施，定义不同IT设备的最低安全配置要求，则该最低安全配置要求就称为安全基线。为了确保网络设备能够安全稳定运行，新设备在投运前就必须严格按照安全基线的要求进行统一配置，避免在投运后漏配置项的情况发生。

安全基线要求一般从设备管理、用户账号与口令安全、日志与审计、服务优化以及安全防护等方面进行了严格的配置要求。

1）设备管理

应配置设备管理服务，预防远程访问服务攻击或非授权访问，提高网络设备远程管理安全。

2）用户账号与口令安全

应配置用户账号与口令安全策略，提高网络设备账户与口令安全。

3）日志与审计

应对系统的日志进行安全控制与管理，保护日志的安全与有效性。

4）服务优化

应提高网络设备的安全性，对设备服务进行优化。

5）安全防护

应对设备配置进行调整，提高设备或网络安全性。

（2）系统入网安评

系统入网安评，主要包含主机（Windows、AIX、Linux、Oracle、MSSQLServer、MySQL以及Sybase）安全、应用（Weblogic、Tomcat、Apache、IIS以及通用）安全、防火墙安全以及以太网交换机安全方面的配置要求。其中以太网交换机安全配置要求如下：

1）远程管理服务

通过SSH登录交换机需要输入用户名和密码。

2）特权口令安全

已配置特权模式口令，且口令加密存储并满足口令复杂度要求（密码不少于8位）。

3）Console模式口令安全

通过终端机连接到交换机的Console（操纵、控制台）口上，需要输入口令登录，且口令满足复杂度要求。

4）账户登录地址限制

只允许指定IP能通过SSH访问交换机。

5）登录会话超时

通过SSH登录网络交换机后，超过5分钟没有任何操作将自动退出。通过终端机连接到交换机的Console口上，超过5分钟没有任何操作将自动退出。

6）通信加密

在终端机中使用 SecureCRT 软件进行 SSH V2 登录，输入口令能够成功登录，且口令满足复杂度要求。

7）禁用 CDP 协议

在交换机内关闭 CDP（持续数据保护）协议。

8）关闭缺省高危服务

禁用高危服务列表：TCP、UDP、Small 服务、Figer 服务、HTTP 服务、HTTPS 服务、BOOTP 服务、IP Source Routing 服务、ARP－Proxy 服务、FTP 服务。

9）修改默认 Banner Login 信息

通过 SSH 登录交换机，查看默认的 Banner Login 信息已修改。

10）修改 SNMP 服务

网管平台使用 SNMP V3 版本，且可读字符串满足复杂度要求，不要设置读写字符串。对用户登录及传输数据采用认证加密模式。

11）OSPF 路由协议加密

如果配置 OSPF 路由协议加密，#show ipospf neighbor（思科配置命令）、dis ospf peer（H3C 配置命令）命令输出结果显示会与配置相同的 OSPF 路由协议加密交换机建立邻居关系；没有配置 OSPF 路由协议加密的交换机无法与配置 OSPF 路由协议加密的交换机建立邻居关系。

12）禁止 AUX 端口

通过终端机连接到交换机的 AUX（辅助/附加接口）上，无法登录到交换机。

13）NTP 配置

交换机上显示时间与内网 NTP 服务器同步。

14）日志审计

登录到公司信息安全审计系统，能够查看交换机日志保存时间不小于半年，日志信息已包括账户、登录事件、系统事件、配置文件修改的类型等信息。

15）关闭闲置交换机端口

确保交换机闲置端口已关闭。

4.3.2 统一网络故障排查

制订统一的故障排查手段，统一思路，保障现有网络架构稳定、安全，针对故障告警、设备优化调配统一监控分配，提高资源利用率，根据业务需求调配合理网络资源，解决端到端网络瓶颈问题。

故障处理的前提条件是划分各单位间的运维工作界面。因此必须首先落实综合数据网的运行管理，明确通信与信息专业运维工作界面，建立通信与信息专业相互协作的故障处理及沟通协调机制，如图 4－5 所示。

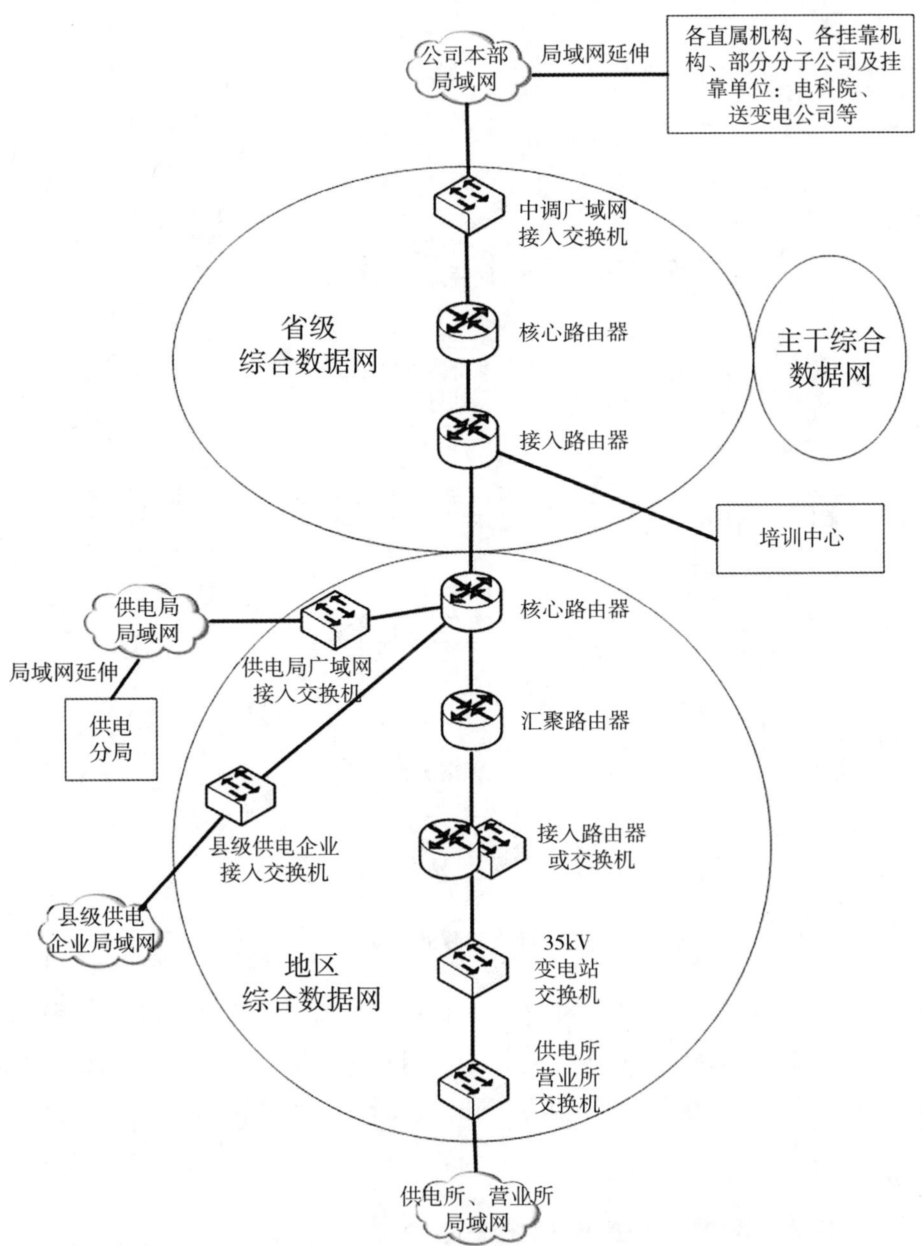

图 4－5　综合数据网运维工作界面划分示意

故障处理流程如图 4－6 所示。

网络异常测试方法：

（1）通过在不同关键节点部署测试机进行 Ping（互联网包探索器）测试，分段排查的思路可快速找出故障点。

（2）通过网络测速的方式，在全区进行分布式分散测试，准确找出终端、链路以及网络设备等瓶颈问题，彻底解决网络异常的问题。

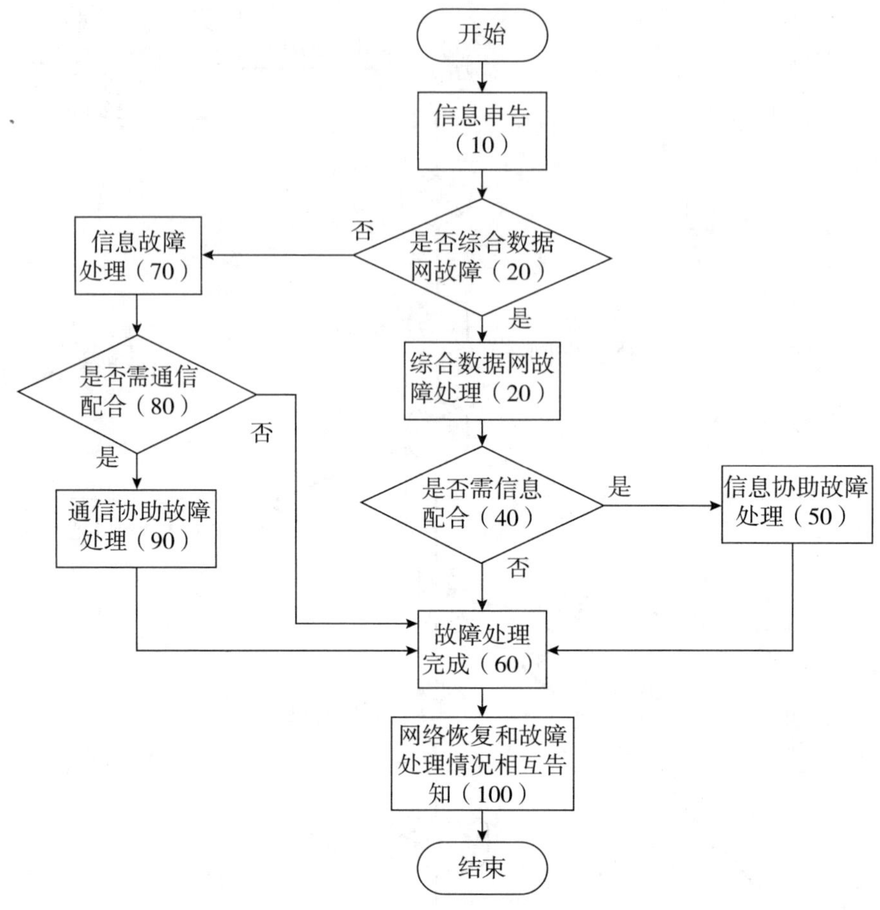

图 4-6　故障处理流程

某供电局自主开发了终端电脑实际带宽远程集中采集系统，实现对终端网速的自动采集和统计分析，并初步建立了一套长效应用及整改机制。该系统已在公司本部及14 个地市局全面部署和推广应用，解决了长期以来的“终端电脑的带宽监测”难题，助力企业级信息系统推广。

4.3.3　网络设备配置统一备份和统一巡检

在局域网内搭建一套网络管理平台，该平台具备对局域网内网络设备和防火墙配置备份的能力，并且可以设置定时备份的时间，确保网络设备和防火墙的配置得到保障。在平时日常运维工作中不小心发生误操作，或者在操作中发生了不可预料的意外导致网络系统中断时，可以快速调出最近备份的配置进行恢复操作，可以大大提高故障处理的效率，缩短系统中断时间。

另外，该平台在定期对设备配置备份以后，为方便网络管理员及时了解配置的变化，可以通过该平台的配置对比功能实现。例如，网络管理员某一天做了较多的网络配置，但遇到了不可预料的问题，想要快速查出本次变更的所有操作方可进行回溯和分析，此时可以通过配置对比功能选择目前的配置和操作前的配置进行对比，平台将快速展示带有标记的配置对比表，方便直观地展示出新增配置的部分，如图 4 – 7 所示。

显示全部

10.100.255.250_dis cur_2016-10-29 02:00:31　　10.100.255.250_dis cur_2016-10-30 02:00:32

行号	原内容	行号	对比内容	备注
4	#	4	#	
5	sysname GX-H3C12508-6ND8_9-01	5	sysname GX-H3C12508-6ND8_9-01	
6---58	....	6---58	....	省略
59	acl number 3002	59	acl number 3002	
60	rule 0 permit ip	60	rule 0 permit ip	
61	#	61	#	
62	vlan 1	62	vlan 1	
63	#	63	#	
+		64	vlan 10	新增
+		65	description 6F	新增
+		66	#	新增
+		67	vlan 20	新增
+		68	description 7F	新增
+		69	#	新增
64	vlan 101	70	vlan 101	
65	description to_6F-fu_wu_qi_hui_ju	71	description to_6F-fu_wu_qi_hui_ju	
66	#	72	#	
67	vlan 102	73	vlan 102	
68	description to_7F-fu_wu_qi_hui_ju	74	description to_7F-fu_wu_qi_hui_ju	
69---178	....	75---184	....	省略
179	interface NULL0	185	interface NULL0	
180	#	186	#	

图 4 – 7　比对结果

同时，通过网络管理平台可以实现所有网络设备和防火墙的自动巡检功能。通过设置定期巡检可以实现该平台对网络设备和防火墙 CPU、内存、连续运行时间、端口流量等运行状态进行自动巡检，如图 4 – 8 所示。

设备及网络配置统一管理，针对业务需求变更及调整时，合理有效分配网络资源及配置，保障网络稳定及安全。

(a)

图 4 – 8　巡检结果

排行榜

CPU利用率

设备名	利用率
1. GX_7AG10_C3750.gx.cs...	48%
2. C3850-7AG10-3.gx.csg...	35%
3. GX_7AF10_C3750_01.gx...	31%
4. GX_7AC10_C3750_01.gx...	30%
5. X_7AB10_C3750_01.gx...	29%
6. GX_7AD10_C3750X_01.g...	29%
7. 7Ftest-c3750x-2	29%
8. 7Ftest-c3750x-1.gx.c...	27%
9. GX_7AN7_C3750_01.gx....	26%
10. GX_7AD+10_C3750_01.g...	22%

(b)

排行榜

MEM利用率

设备名	利用率
1. GX_7AK+7_C3750_01.gx...	82.37%
2. GX-4F-C3750.gx.csg.c...	53.91%
3. GX-C615E1-Cc3750.gx....	53.25%
4. GX-F6-cisco3750.gx.c...	52.7%
5. GX-C615C1-Cc3750.gx....	51.62%
6. GX-F12-01.gx.csg.cn	51.55%
7. GX-F8.gx.csg.cn	51.46%
8. GX-10F-C3750.gx.csg....	51.09%
9. GX-F17-03.gx.csg.cn	50.24%
10. GX-F02-01.gx.csg.cn	50.12%

(c)

排行榜

局域网进流量

设备名/端口名	端口流量
1. 2F_D18_H3C5500|GigabitEthernet1/0/28	910.11M
2. GX-C6506-7NH...|	799.97M
3. GX-C6506-7NH...|	712.81M
4. GX-C6506-7NH...|	665.58M
5. X-C6506-7NH...|Gi1/2/15	571.51M
6. GX_7AD+10_C3...|Gi2/0/23	409.35M
7. GX_7AD+10_C3...|Gi1/0/23	402.89M
8. GX-C6506-7NH...|	292.17M
9. GX-C6506-7NH...|Te1/1/4	280.18M
10. GX-C6506-7NH...|	250.56M

(d)

图4-8　巡检结果（续）

4.4　电网信息系统新网络及管理探索

传统的商业模式在新业务、新技术的驱动下需要进行变革。在变革的大潮中，互联网企业占据了数字化先机，以新体验吸引和引导用户的行为发生改变，极大提升了自身的价值。同时，云服务提供商以及互联网企业迭代创新的特征也对网络功能的快速部署、灵活弹性甚至成本，都提出了更高的要求。在传统网络中，不论底层的IT基础设施还是上层的应用，都由专属设备来完成。这些设备成本高昂，能力和位置僵化，难以快速响应新业务的需求。

欧洲电信标准协会（ETSI）首先提出了NFV（Network Functions Virtualization，网络功能虚拟化）的概念，通过使用标准的服务器、虚拟化等技术，将网络硬件设备和业务解耦，使网络功能不再依赖于专用硬件，从而支撑业务的迭代创新、灵活定义和快速交付。现在，已有超过150家运营商、设备供应商、IT设备供应商以及技术供应商加入到NFV大家庭，新一代网络功能架构的革命，在更快速、更大范围地蓬勃发展。

4.4.1 开放的体系框架

自NFV功能被提出之日起，将运营商网络变得更加标准、开放和灵活成为了NFV最重要的使命和目标。因此，无论从需求定义、框架制定、接口划分，还是PoC（Proof of Concept，概念验证）的开展，都体现了开放和融合的思想。

NFV组织的主要职责和目标之一就是定义NFV需求，其实就是将运营商目前面临的问题和挑战转化成具体的需求，包括业务和技术领域，涵盖了可移植性、互联互通、性能和现有系统的兼容性、管理编排、自动化、可靠性、简单、集成能力及安全等关键点。在这些关键需求中，可移植性、互联互通、兼容性、集成能力等描述了NFV在支持不同平台、不同厂商、异构系统方面的能力。因此，为了满足这些需求，NFV组织定义了一个NFV框架规范，在这个框架中，按功能划分了不同的组件，并定义了组件之间的接口，只要厂商遵循规范实现自己的产品，并提供对应的接口，就能很容易地集成到整个方案中，反过来，整个方案中任何组件都是可替换成不同厂商的，对运营商来说，避免了系统封闭和厂商锁定，确保了整个系统的开放性。

NFV组织另外一项重要工作就是制订和实施PoC，包括方案定义、验证目标、入口条件、时间要求、输出要求等，目的就是创造开放的PoC环境，吸引不同的厂商参与，进行方案验证，提供结果反馈，促进整个NFV生态系统的良性发展。

4.4.2 融合的技术体系

NFV在技术思路上是开放的，它要么充分利用，如虚拟化、云计算、标准服务器等；要么无缝融合，如SDN，集百家之所长，来形成开放融合的技术体系。

4.4.2.1 NFV和标准服务器

NFV要真正商用，业界普遍认为性能是一个关键的指标，因此，标准服务器对网络应用性能的优化就非常重要。

近些年X86、ARM架构的发展，使得服务器平台多CPU、多核多线程技术非常成熟，SR-IOV网卡的广泛应用，业务加速芯片（如加密、压缩）的逐渐支持，会使得网络转发和业务性能更高，充分利用这些技术有助于提高网络设备的性能。另外，在性能提升的同时，设备功耗更低，也有助于服务器的大规模部署。

Intel DPDK（Intel Data Plane Development Kit，Intel 数据平面开发套件）是一个专为 Intel 架构处理器提供的多核 CPU 数据平面开发套件。它主要用于快速的包处理，可以显著提升数据包处理性能，并且支持 Intel 最新网卡的硬件虚拟化操作。Intel DPDK 源码开放，因此，网络厂商可以利用 DPDK 技术来提高网络设备的转发性能。

上述这些技术的发展使得标准服务器能够提供更高性能的网络应用，为 NFV 走出实验室、大规模商用奠定坚实的基础。

4.4.2.2 NFV 和虚拟化技术

NFV 利用虚拟化技术，在标准物理服务器平台上，用软件实现网络功能，因此，虚拟化是 NFV 的一个重要技术支撑。

服务器虚拟化技术的快速发展和逐渐成熟，尤其是网卡虚拟化技术，包括 Intel VT－d、SR－IOV 等，使得虚拟机的 I/O 性能大幅提高，从而提升网络设备的转发性能，促进了 NFV 的应用落地和大规模部署。

4.4.2.3 NFV 和云计算

云计算提供了一种基于互联网的服务使用和交付模式，它的核心思想是将大量用网络连接的计算资源统一管理和调度，构成一个计算资源池向用户提供按需服务。云计算的大规模应用对网络提出了资源化、虚拟化、灵活化的需求，促使了 NFV 的应用和部署，NFV 为云计算的发展提供了新的网络技术，成为提升云平台运营效率的强大助推器。

4.4.2.4 NFV 和 SDN

NFV 和 SDN 都是近些年为了满足新的应用需求提出的新一代网络技术，那么它们之间的关系，自然成为很多人关心的问题。总的来说，它们各有侧重，分别从不同的角度去解决不同的网络问题，同时它们又有着非常密切的关系。

如图 4－9 所示，NFV 与 SDN 互不依赖，自成体系。NFV 源自运营商需求，通过

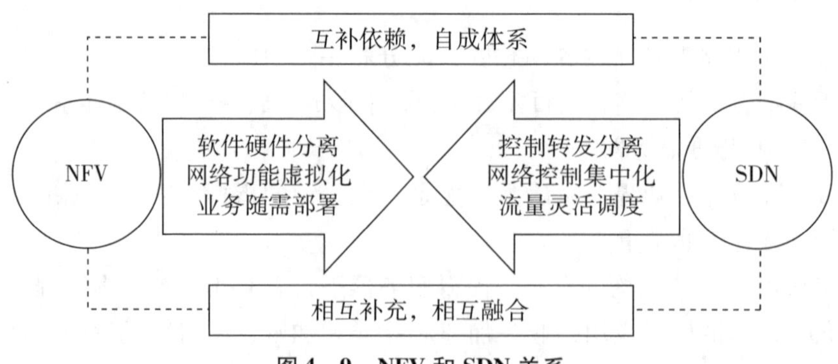

图 4－9　NFV 和 SDN 关系

软硬件分离，实现网络功能虚拟化，业务随需部署，可以在非SDN的环境中部署；SDN诞生于园区网络，通过控制转发分离，实现网络控制集中化，流量灵活调度，在传统网络设备和NFV设备上都可以部署。NFV与SDN同时有很强的互补性，NFV增加了功能部署的灵活性，SDN可进一步推动NFV功能部署的灵活性和方便性，如利用SDN将控制平面和数据平面分离，使现有的部署进一步简化，减轻运营和维护的负担。同时，NFV能为SDN的运行提供新基础架构的支持，如将控制平面和数据平面的功能直接运行在标准服务器上，简化SDN的部署。

未来，NFV和SDN会更紧密结合，产生更大的价值，最大限度地满足用户对服务速度、业务能力和操作简便性的要求。

4.4.3 开放的解决方案

NFV从一开始就遵循标准的原则，致力于建立一个开放的网络生态系统，在各个层面都可以兼容集成任何厂商的组件，只要符合NFV定义的规范即可，同时每个组件对外都提供了开放接口，最大限度实现各组件的灵活组合。在这个开放的体系框架内，厂商除了能够选择自身的优势产品外，还可以选择第三方的专业产品合作，为用户提供最优的整体解决方案；用户也可以根据实际业务需求，灵活替换相应的组件，避免厂商锁定，掌握主动权。

以华三通信为例，其通过深入分析用户需求，在NFV标准的体系框架基础上提出H3C NFV整体解决方案——SmartNFV，它秉承了标准、开放、端到端的理念，覆盖了NFV标准框架中的各个组件。SmartNFV的核心价值是将资源变成服务，即各种丰富的NFV业务能力，实现了网络的灵活定义、随需调整、高可靠及可追溯，并且在把各种基础硬件资源转化为服务的过程中，做到可管理和可呈现。

可管理：提供丰富的管理策略，简洁有效的管理方式，高效的管理过程，可靠、可重复的管理结果。

可呈现：提供多元化、多层面的呈现，包括资源使用状况、可预期的服务结果、系统资源业务报表，以支撑用户调整资源、服务和管理策略。

SmartNFV致力于构建一个开放的NFV生态系统，从基础架构层、虚拟化平台、到VNF（Virtualized Network Function，虚拟的网络功能）以及NFV基础资源管理系统/VNF管理系统/业务编排系统/OSS，除了H3C产品外，也可以集成第三方的产品，为用户提供完整的NFV解决方案。

随着用户应用的多样化，对网络业务也要求更加灵活，现有的网络设备内置的业务流程相对固定，不能随着应用需求的变化而变化，因此，需要一种新的方式实现网络业务的灵活定义、按需组合。

一个数据流顺次由一系列的网络业务节点进行处理，这一系列有序的网络业务节点称为业务链（Service Chain）。为了实现各种业务逻辑，就需要业务链实现可定义、可编程，这就是业务编排。

NFV 通过将网络设备的硬件和软件解耦，并把传统网络设备内的业务功能分解成一个个 VNF，通过对 VNF 的统一编排和管理，根据应用需求进行定义不同的业务链，实现不同业务流经过不同 VNF 进行处理，从而实现各种复杂的网络业务逻辑。

如图 4 – 10 所示为一个业务编排的示意，其很好地说明 NFV 带来业务的开放性和灵活性，通过 NFV 系统部署了一系列的 VNF，即网络业务节点，包括路由器、防火墙、NAT、IPS、LB 等，在 NFV 编排系统上可以根据不同用户的需求定义和编排业务链，三种颜色分别代表三个用户，如红色代表用户 A 的网络需求，报文会先后经过路由器、防火墙、LB 进行处理，完成用户需要的网络服务。

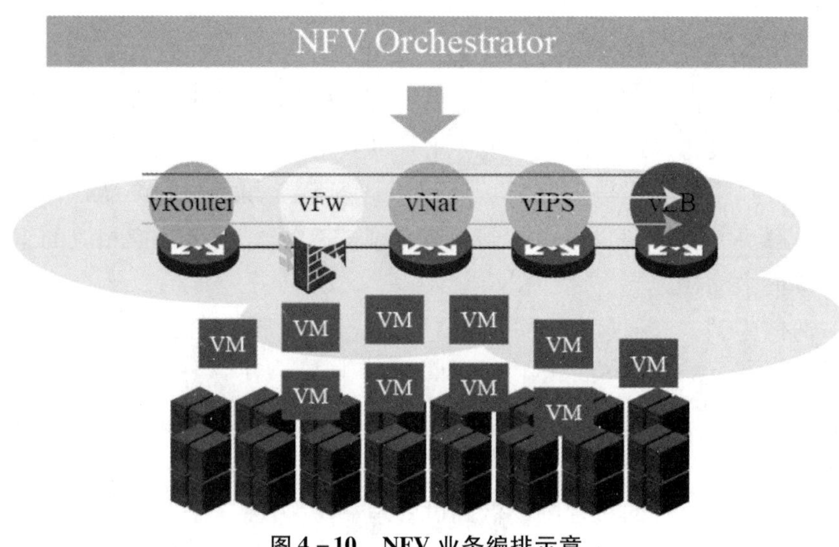

图 4 – 10　NFV 业务编排示意

4.4.4　企业信息系统网络发展趋势

传统的网络设备支撑了过去几十年网络的发展和应用，随着云计算和移动互联网的兴起，用户的业务需求呈现出多样化、灵活化、不确定性等特点，目前封闭的网络系统已经不能满足实际应用的需求，面临着越来越多的问题和挑战，NFV 正是在此背景下提出的新一代网络技术，通过基于行业标准的 X86 服务器、存储和交换设备，来取代传统网络中那些私有专用的网元设备，用以构建一个应用驱动、灵活定义、随需创建的开放网络和生态系统，实现网络的简化、成本的降低、业务的快速创新和灵活交付，为国内外大中型企业带来多方面的应用价值。

NFV 利用了软件的灵活、快速等特点，实现了拓扑安全架构向应用安全架构的转变。NFV + SDN 实现了软件定义安全，使安全能力随需部署，与物理位置解耦，具有良好的适配性和扩展能力，也大大简化了网络的运维。

现在，NFV 技术仍然处于高速成长期，其真正应用与商业网络的能力还有待检验；但是，基于虚拟化技术的 NFV 必将走向成熟，它将极大地影响网络、存储技术的走向，并且将深刻地影响社会的运作方式。

4.4.5 电网 NFV 架构建设

在欧洲电信标准协会 ESTI NFV 工作组的研究内容中，NFV 架构是一个非常重要的方面，因为一个灵活完善的架构对于 NFV 方案的真正应用尤为关键。ETSI NFV 工作组已对 NFV 架构进行了定义，目前基本提出了对于一个灵活完善的 NFV 架构的功能要求，如图 4－11 所示。

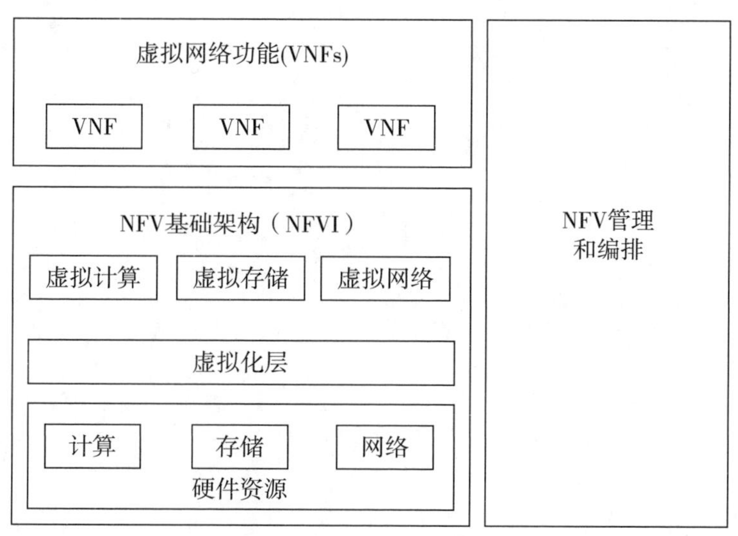

图 4－11 NFV 架构

ETSI NFV 架构将 NFV 分为三个大的组件，其中 VNFs 作为网络功能的软件实现运行在 NFVI 之上。NFVI 则包括各类物理资源及各类资源的虚拟化，用来支持 VNFs 的运行。NFV 管理和编排组件对物理和软件资源以及 VNFs 进行编排和生命周期管理。

电网 NFV 网络架构可以借鉴参考对比，规划定制最合适自身体系及业务发展需求的新网络 NFV 的架构体系，与现网融合并行，打造全新的电网 IT 网络。

5 电网企业级管理信息系统精益化管理思路及实践

5.1 引论

5.1.1 电网企业信息系统应用管理国内外现状

从2002年以来，国内电力行业信息化整体建设一直呈现迅速上升的态势，国内各电网公司、企业对于信息化的投资力度也在不断增大，ERP、OA、营销系统等各种应用开始在电力电网企业中逐渐普及，各大电网公司依托IT并结合目前高速发展的网络信息化平台，建设和完善快捷、高效的企业级信息管理系统，在业务规范化和标准化的前提下，充分利用计算机网络和信息资源，建立了一套“纵向贯通、横向集成”的一体化企业级信息集成平台，实现电网企业上下信息畅通和数据共享；并建成了适应电网企业管理需求的多个业务应用系统，增强电网企业各项业务的管理能力，提高工作的质量和效率；建立健全规范有效的信息化保障体系，推动信息化健康、快速、可持续发展。总体上表现出以下特点：

第一，信息化发展任务艰巨。

经研究表明，电力企业信息化总体处于较高水平。由于电力生产安全性与稳定性的要求，电力企业对生产、调度过程控制的自动化应用一向比较重视，而对业务管理信息化的重视却相对不够。

第二，信息化的高速发展使用户对企业级信息系统的期望也越来越高。

信息化要在拓展延伸业务、促进新的商业模式方面发挥重要作用。探索打造电力综合服务平台，对内协调各方资源快速响应客户需求，对外全面支撑以客户为中心的互联网应用。

第三，运维任务艰巨。

电网企业信息化发展存在着数据质量不高、信息化运维保障能力与“以我为主、自主开发”等要求不相适应、信息安全问题不容乐观等问题。

“十三五”期间深入推动创新的一条主线，就是推动管理精益化转型，这必将为电网企业信息化工作提供更加广阔的舞台。

第四，技术能力储备欠缺。

目前，电网企业信息化专业人才资源不足，无法满足企业级信息系统全面应用后的运维需求，存在一个维护人员同时维护 10 个以上信息系统的状况。而各系统的结构又存在差异，导致运维人员无法很好兼顾到各系统的运维工作，信息系统运行质量参差不齐。

此外，电网企业中精通信息技术同时又通晓相关业务知识的复合型人才也比较稀缺。现阶段，各系统维护人员通常只关注信息系统软硬件的运行情况，而对于系统功能是否好用、高效，系统的业务运转情况却了解甚少。一旦用户在使用系统功能或者流程出现问题，系统运维人员无法快速响应。同时，在信息化建设中，也缺乏既懂业务又精通计算机的复合型人才，无法在信息系统建设过程中给出专业的意见。

第五，应急处置能力缺乏。

电网企业信息专业起步较晚，在突发事故应急处理方面比起生产、营销、基建等专业，缺乏成熟有效的经验，主要表现在处理方法不科学。在应急处置中，仍习惯于“想当然”，缺乏“最快恢复故障”的意识。对突发事件信息缺乏全面了解，不做冷静分析和深入思考，总是以固有的“只有排查出根本原因才可恢复故障”的思路处理问题，而在短时间无法定位根本原因的情况下，未考虑优先采取其他替代方法解决问题，耽误故障恢复时间。在应急处置中，缺乏大局意识，就事论事，只顾眼前，不顾长远，导致处置成本过高。

5.1.2 当前电网企业级管理信息系统应用管理及存在的不足

目前，各企业级管理信息系统在电网企业范围得到全面应用，各系统主要由对口的业务部门和信息运维部门共同配合完成整个系统的应用和运维工作，业务部门主要负责梳理系统应用功能需求，以满足业务的流转，并督促开发商完成系统软件功能需求的实现；而信息运维部门负责组织完成功能需求的实现，维护系统软硬件平台，确保系统能够安全稳定运行，让用户能够利用信息系统完成日常工作。然而由于企业级信息系统上线时间不长，在系统运行监控、运维保障方面存在资源浪费、性能低下等方面的问题，影响系统的安全稳定运行和用户体验。

5.1.2.1 运行监控方面存在的不足

运维人员花费大量精力去做日常巡检、维护工作，却经常由于风险分析不到位，对风险管控不足，无法全面发现系统隐患，预警故障，事倍功半。存在运行监控不全面，故障定位不准确的问题。

5.1.2.2 运维保障方面存在的不足

配套的应急环境不完善或者性能相差甚远，在信息系统出现问题时，应急环境不能很好地接管大量在线业务。另外，运维保障机制以及措施还处于“指哪打哪”，不能做到“抓早抓小”，应急流程仍然不够清晰，业务系统不能及时消缺或者出现问题的时候不能及时恢复，影响用户使用。

5.1.2.3 资源整合优化方面存在的不足

在信息系统建设过程中，由于对业务评估不到位，对系统资源规划意识不足，导致后期运维周期中产生资源浪费或者缺乏。数据资源分散或部分集中存放，各数据平台间未实现数据的共享通用，未建立数据生命周期管理体系，数据未统一管理；数据分析处于起步阶段，数据应用不足，大数据处理技术研究及应用不足。

5.1.2.4 企业级信息系统性能方面存在的不足

项目建设期间的遗留隐患，未能在项目建设过程中提前发现，在系统上线投运后爆发，影响用户使用。例如，在后期用户增长到一定数量后，由于系统性能问题，系统用户体验下降。企业级信息系统上线投运后，仍然存在用户因为业务关系而频繁进行需求变更的问题，引发系统进行多次更新，影响稳定性和可用性。

5.2 电网企业级管理信息应用管理实践

5.2.1 运行监控准确性显著提升

系统监控指对系统运行指标以及运维活动指标的统一运行监测与评估分析，识别潜在问题并进行预警。系统运行指标包括应用系统可用率、服务器 CPU 利用率、服务器内存使用率、数据库运行指标等；运维活动指标包括巡检、故障、缺陷、应用维护等任务的处理量、处理时效等。

目前电网企业 IT 监控系统自底向上共分为采集层、平台层、网络层、应用层和展示层，主要对应关系如下。

采集层：IT 运维管理系统、动环。

平台层：Jennifer（应用服务性能管理工具）、数据库性能测试白盒工具。

网络层：PRTG、综合数据网终端测速工具。

应用层：用户体验系统、智能巡检工具、故障智能定位工具。

展示层：IT 集中运行监控系统、调度值班监控系统。

5.2.1.1 采集层监控

采集层的监控系统主要包括 IT 运维管理系统和机房动力环境监控系统等。

（1）IT 运维管理系统

IT 运维管理系统是基础监控信息采集的重要来源，通过对于指标的采集、形成各层级指标的正常工作的基础。IT 运维管理系统采集的数据指标准确性是 IT 监控数据质量的保障，电网企业信息部门应按监控要求，在企业级信息系统上线后 1 周内纳入 IT 运维管理系统监控，并安排系统管理员每月核对指标准确性，保障数据质量。每月 28 日前安排人员抽检本月企业级信息系统重要监控指标纳入 IT 运维管理系统的情况，并通过运维月报发布。

（2）机房动力环境监控系统

动环系统指标接入 IT 运维管理系统，并可通过 IT 集中运行监控系统、调度值班监控系统展示，对该项监控的工作要求合并到展示层中。

5.2.1.2 平台层监控

平台层的监控工具主要包括 Jennifer 和听云平台等。

（1）Jennifer

Jennifer 是以 AP 服务器/JZEE/. net 为基础的应用服务性能管理工具，处于中间件和应用层之间，在应用性能、后台程序运行中的调用的服务及资源使用状况变化等方面的监控较 IT 运维管理系统更为细致。信息部门应安排人员通过 Jennifer 每周至少开展 1 次营销、资产、人资等性能较差的企业级信息系统在内存泄露追踪、未释放的 JDBC、未处理的 JDBC 事务，分析网络速度对企业级信息系统正常应用产生的影响，并对出现的问题进行处理。

（2）听云平台

听云平台可对企业级信息系统中的效率低下的 SQL 语句进行定位。信息部门应安排人员通过听云平台每双月至少开展 1 次营销、资产、人资等性能较差的企业级信息系统分析，发现差性能语句、跟踪厂商的数据库优化工作完成情况，并结合其他监控系统，基于业务的变化，分析潜在故障，如 PGA、内存不足、历史表多次扫描、隐含参数导致的大表全表扫描等，规避可能出现的崩溃。

5.2.1.3 网络层监控

网络层：PRTG Network Monitor 系统、终端电脑实际带宽远程集中采集系统

（1）PRTG Network Monitor 系统

PRTG Network Monitor 系统在网络流量图形化方面优于 IT 运维管理系统，是网络可用性及网络带宽监控的重要辅助工具。各单位应安排人员通过 PRTG Network Monitor 系统每月至少检查 1 次本单位网络速度情况，结合其他监控系统的情况记录，分析网络速度对企业级信息系统正常应用产生的影响，并对出现的问题进行处理。

（2）终端电脑实际带宽远程集中采集系统

终端电脑实际带宽远程集中采集系统可实现对终端网速的自动采集和统计分析，各单位应安排人员通过该系统每天至少检查 1 次本单位终端连接企业级信息系统的网络速度情况，结合其他监控系统的情况记录，分析网络速度对企业级信息系统正常应用产生的影响，并对出现的问题进行处理。

5.2.1.4 应用层监控

应用层监控工具主要包括用户体验系统、Web 系统错误负面自动化巡检工具、故

障智能定位工具等。

（1）用户体验系统

企业级信息系统管理员应每天至少检查 1 次用户体验系统上的可用性、性能、模拟 3 个指标，对于出现低于 80% 或产生 10% 以上向下波动的，开展进一步问题预测并及时排查；每天至少通过“综合分析”检查 1 次“可用性最差的服务器”“性能最差的服务器”“错误最多的服务器”，定位并分析存在问题。

（2）Web 系统错误页面自动化巡检工具

Web 系统错误页面自动化巡检工具通过模拟用户登录操作快速轮巡各个系统内部功能模块是否正常，从而完成巡检。企业级信息系统管理员应每天上午、下午各开展至少 1 次智能巡检，并结合其他监控工具，及时发现性能缺陷及潜在问题，如图 5－1 所示。

（3）故障智能定位工具

故障智能定位工具在告警设置灵活性方面优于 IT 运维管理系统，应根据各企业级信息系统特性，通过对数据库实例建立、读写等阈值的合理设置，及时发现运行中的问题。信息部门应安排人员通过故障智能定位系统开展企业级信息系统巡检，每天至少 1 次，如图 5－2 所示。

例如，通过故障智能定位系统监控营销系统的内存利用率，通过内存溢出的时间周期可预测系统内容资源开销的峰值，提前采取对策，防止内存溢出导致的故障，如

Summary

# Samples	Failures	Success Rate	Average Time	Min Time	Max Time
2097	33	98.43%	346 ms	0 ms	43403 ms

Pages

URL	# Samples	Failures	Success Rate	Average Time	Min Time	Max Time
web	1	0	100.00%	89 ms	89 ms	89 ms
web/initLogin.ac	1	0	100.00%	35 ms	35 ms	35 ms
web/login.ac	1	0	100.00%	833 ms	833 ms	833 ms
web/top/Success.jsp	1	0	100.00%	32 ms	32 ms	32 ms
web/top/workbench/PlatFormAction/initPlatform.ac	1	0	100.00%	210 ms	210 ms	210 ms
系统管理\业务流程管理	1	0	100.00%	26 ms	26 ms	26 ms
历史数据查询\二次检修单查询	1	0	100.00%	468 ms	468 ms	468 ms
省公司采购管理\框架招标采购管理\框架分配方案审批	1	0	100.00%	42 ms	42 ms	42 ms
省公司采购管理\非招标采购管理\采购方案审批	1	0	100.00%	48 ms	48 ms	48 ms
地市局采购管理\非招标采购管理\地市局（厂）采购方案审批	1	0	100.00%	43 ms	43 ms	43 ms
框架合同签订\框架协议合同审批	1	0	100.00%	46 ms	46 ms	46 ms
采购计划管理\一级采购计划审批	1	0	100.00%	40 ms	40 ms	40 ms
采购计划管理\授权采购审批	1	0	100.00%	48 ms	48 ms	48 ms
采购计划管理\二级采购计划审批	1	0	100.00%	38 ms	38 ms	38 ms

（a）

图 5－1　Web 系统错误页面自动化巡检工具

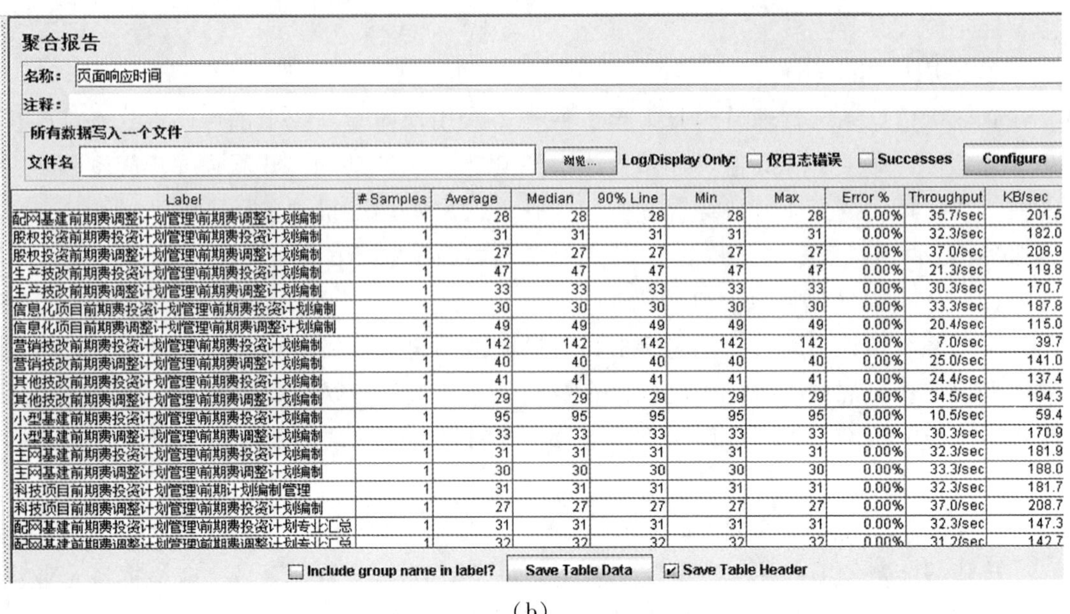

聚合报告

名称：页面响应时间

注释：

所有数据写入一个文件

文件名 浏览... Log/Display Only: 仅日志错误 Successes Configure

Label	# Samples	Average	Median	90% Line	Min	Max	Error %	Throughput	KB/sec
配网基建前期费调整计划管理\前期费调整计划编制	1	28	28	28	28	28	0.00%	35.7/sec	201.5
股权投资前期费投资计划管理\前期费投资计划编制	1	31	31	31	31	31	0.00%	32.3/sec	182.0
股权投资前期费调整计划管理\前期费调整计划编制	1	27	27	27	27	27	0.00%	37.0/sec	208.9
生产技改前期费投资计划管理\前期费投资计划编制	1	47	47	47	47	47	0.00%	21.3/sec	119.8
生产技改前期费调整计划管理\前期费调整计划编制	1	33	33	33	33	33	0.00%	30.3/sec	170.7
信息化项目前期费投资计划管理\前期费投资计划编制	1	30	30	30	30	30	0.00%	33.3/sec	187.8
信息化项目前期费调整计划管理\前期费调整计划编制	1	49	49	49	49	49	0.00%	20.4/sec	115.0
营销技改前期费投资计划管理\前期费投资计划编制	1	142	142	142	142	142	0.00%	7.0/sec	39.7
营销技改前期费调整计划管理\前期费调整计划编制	1	40	40	40	40	40	0.00%	25.0/sec	141.0
其他技改前期费投资计划管理\前期费投资计划编制	1	41	41	41	41	41	0.00%	24.4/sec	137.4
其他技改前期费调整计划管理\前期费调整计划编制	1	29	29	29	29	29	0.00%	34.5/sec	194.3
小型基建前期费投资计划管理\前期费投资计划编制	1	95	95	95	95	95	0.00%	10.5/sec	59.4
小型基建前期费调整计划管理\前期费调整计划编制	1	33	33	33	33	33	0.00%	30.3/sec	170.9
主网基建前期费投资计划管理\前期费投资计划编制	1	31	31	31	31	31	0.00%	32.3/sec	181.9
主网基建前期费调整计划管理\前期费调整计划编制	1	30	30	30	30	30	0.00%	33.3/sec	188.0
科技项目前期费投资计划管理\前期计划编制管理	1	31	31	31	31	31	0.00%	32.3/sec	181.7
科技项目前期费调整计划管理\前期费投资计划编制	1	27	27	27	27	27	0.00%	37.0/sec	208.7
配网基建前期费投资计划管理\前期费投资计划专业汇总	1	31	31	31	31	31	0.00%	32.3/sec	147.3
配网基建前期费调整计划管理\前期费调整计划专业汇总	1	32	32	32	32	32	0.00%	31.2/sec	142.7

Include group name in label? Save Table Data Save Table Header

(b)

图 5－1　Web 系统错误页面自动化巡检工具（续）

图 5－3 所示。

5. 2. 1. 5　展示层监控

展示层的监控工具主要包括 IT 集中运行监控系统、调度值班监控系统等。IT 集中运行监控系统、调度值班监控系统分别从应用及运行管理、值班实时监控等角度展示信息运维状态。

（1）IT 集中运行监控系统

IT 集中运行监控系统对于应用情况的数据质量是电网企业重点考核的内容，企业级信息系统管理员应通过“应用管理”模块，每天至少查看 1 次企业级信息系统，核对“应用访问情况”中的数据是否准确，并结合其他监控工具，分析不同时段“在线

(a)

图 5－2　故障智能定位工具

(b)

图 5-2　故障智能定位工具（续）

用户数”“系统登录响应时长”“业务数据情况”，观测是否存在潜在问题，如图 5-4 所示。

（2）调度值班监控系统

1）故障监控

调度值班监控系统对于告警信息的展示较 IT 运维管理系统更为集中，调度人员应通过“预警告警中心”每小时至少查看 1 次企业级信息系统有关的告警信息，进行处理，并联系反复出现的告警，分析其潜在问题，如图 5-5 所示。

2）作业监控

调度人员应通过“作业计划监控”每天至少查看 2 次作业计划执行的异常情况，及时处理临近超时的作业，提高作业计划按时完成率，如图 5-6 所示。

5.2.1.6　运行监测成效

在重点期间统一安排对电网企业外部网站（外部信息网站、网上营业厅、外部

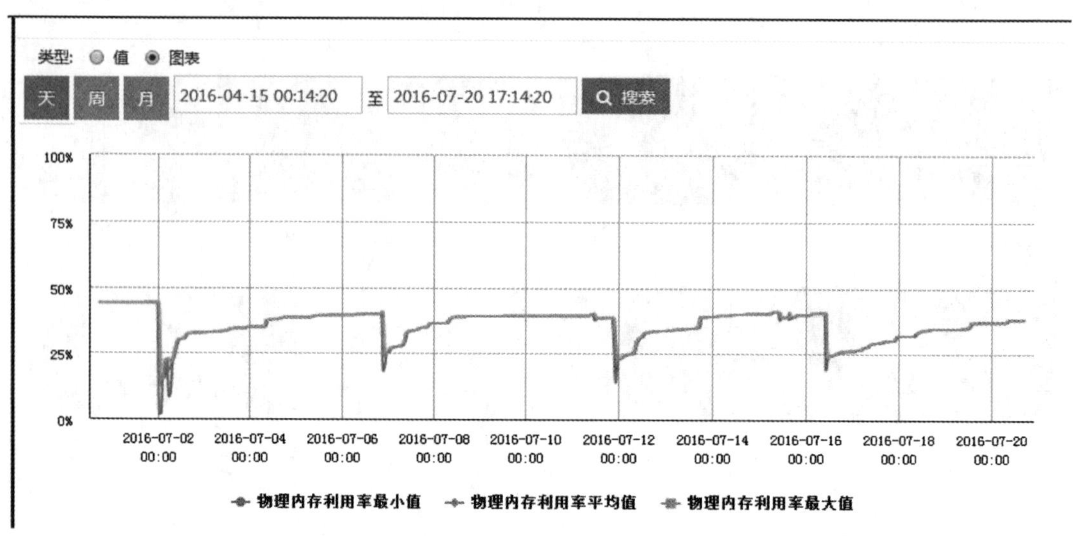

图 5 – 3　内存溢出观测

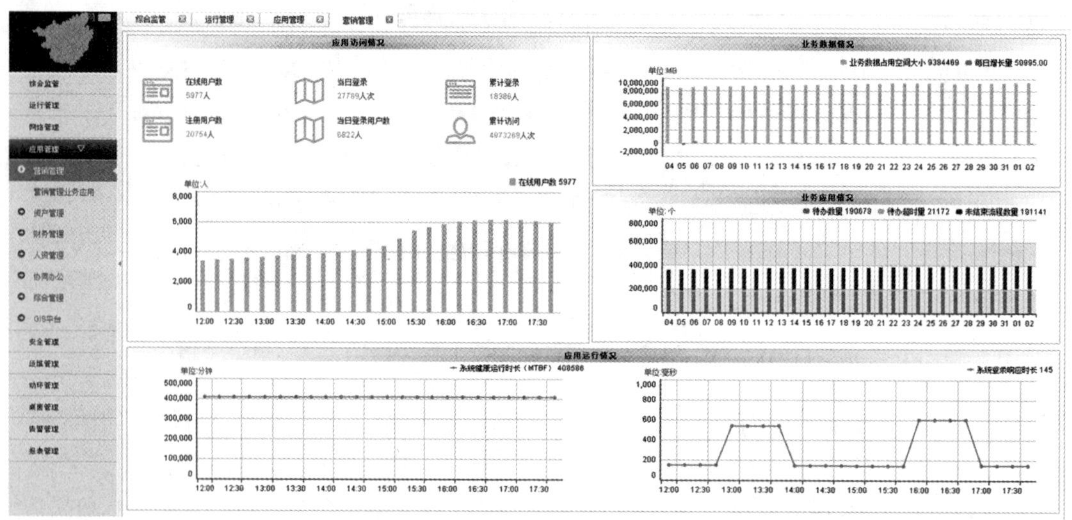

图 5 – 4　IT 集中运行监控系统

邮件系统等）实行统一安全监控，及时跟踪外部网站运行情况及漏洞信息通报情况。开展运行监测与分析以来，实行“7×24 小时”监测，多次第一时间发现故障，为后续处理赢得了宝贵的时间，避免了问题的扩大，解决了过去信息故障响应慢，处理慢、恢复慢的问题，极大地提高了系统可用性，改善了客户体验。从采集层、平台层、网络层、应用层、展示层多角度对系统进行深入监控和分析可以准确快速地定位故障点。

图5－5　调度值班监控系统

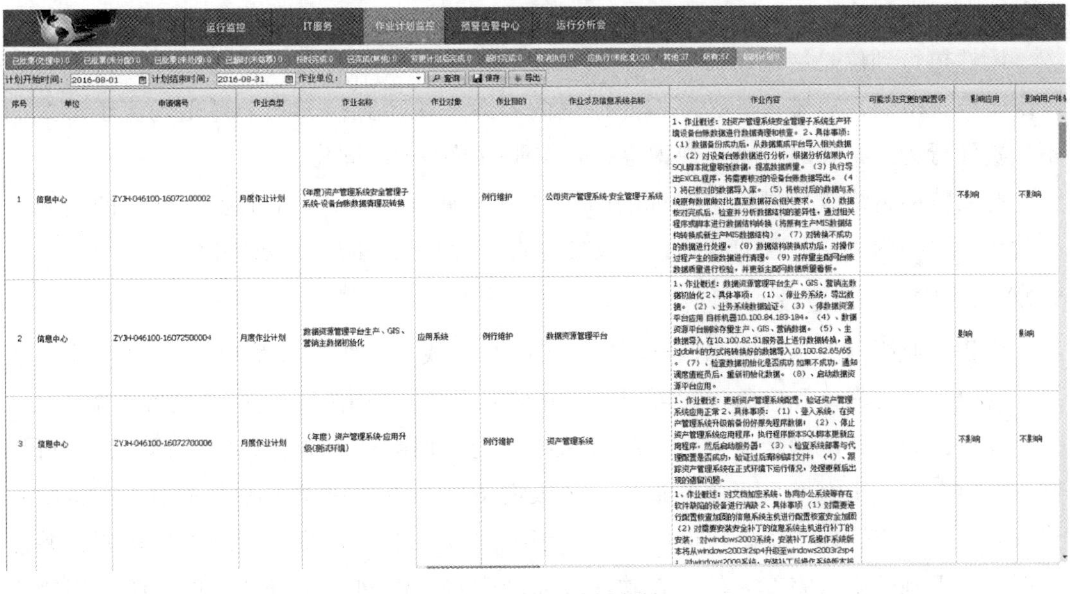

图5－6　作业计划监控

5.2.2　运维保障中计划中断时间显著减少

5.2.2.1　特巡特维加强管控

开展特巡特维，及时排查影响系统运行的隐患和缺陷。信息部门借鉴安全生产部门的成功经验，针对协同办公系统开展特巡特维工作。通过全面辨识系统运行中可能存在的各类风险，制定了管控措施，并将措施纳入到日常巡视、维护计划，重点解决长期存在或经常出现的问题。

协同办公系统上线运行后，基于技术层面导致用户使用不畅的问题（如网络异常、服务中断、性能低下等）日益突出。为此，从应用系统、软硬件平台、网络与安全、数据与灾备、机房环境、桌面环境 6 个方面进行全面风险识别，详细分析各个风险点之间的因果关联，评估各风险点的影响范围、危害程度，梳理出 21 项运维风险，其中高危风险 9 项、中危风险 8 项、低危风险 4 项。

特巡特维风险管控方法在协同办公系统运维工作规范、风险梳理、员工技能传递以及工作效率提高等方面收到了较好的成效，对提升各单位整体信息系统运维水平很有帮助，值得借鉴。结合运维经验，提出以下几点建议。

相对于生产系统来说，信息系统特巡特维工作的开展还处于探索阶段，在风险识别、特巡特维措施制订等方面难免有考虑不全面、不合理的地方，需要在执行过程中做好记录，通过分析比对不断进行总结优化。另外，为配合信息系统运行中程序更新、配置变更，或者运维工具、运维手段的改进等工作，也需要适时对特巡特维工作进行改进与优化。因此建议每半年或者每年对特巡特维工作进行 1 次优化调整。

刚性执行到位是特巡特维工作的重中之重。一分布置、九分落实，在制订好特巡特维工作规范后，运维人员必须按照巡视内容逐一执行到位，切不可出现流于形式的不负责任行为。必要时可将巡视内容融入作业指导书予以固化。

开展特巡特维工作过程中发现的问题可纳入缺陷管理，并采取提级处理的措施进行管控。短期内无法处理的缺陷，应安排专人密切监控，防止缺陷恶化。

5.2.2.2 应急环境建设

搭建企业级信息系统应急恢复环境。组织已上线企业级信息系统“N－1”应急演练，检验系统可靠性和应急预案可用性，并根据应急演练情况完善应急处置方案。

此外，为提高电网企业业务系统抗风险能力、保障核心业务系统的连续性、可用性，目前已完成了电网企业业务系统应用级灾备中心一期建设实施，应用级灾备中心建设对象是资产管理系统。目前已完善应用级灾备中心（异地）运维工作机制，并已根据工作机制的要求完善灾备中心软件方面的配置。电网企业资产管理系统应用级灾备中心已正式投入运行，为资产管理系统业务连续性提供重要的保障。

灾备中心投入运行后，经过组织开展应用级灾备应急演练工作，验证了灾备中心具备接管与回切资产管理系统业务的能力，并保持数据的一致性和有效性，进而证明了数据库数据复制技术应用于资产管理系统应用级灾备的可行性。

5.2.2.3 运维保障成效

应用管理小组成立了 QC 小组，实施了运维规范及管理模式中的对策，对 2015 年 6 月至 11 月应用系统非计划中断时间进行了统计，结果如表 5－1 所示。

表 5－1　　非计划中断时间统计

6 月	7 月	8 月	9 月	10 月	11 月	平均值
1. 31	0. 97	2. 04	0	0. 67	2. 5	1. 25

2015 年 6 月至 11 月重要应用系统月平均非计划中断时间与目标时间对比如图 5－7 所示。

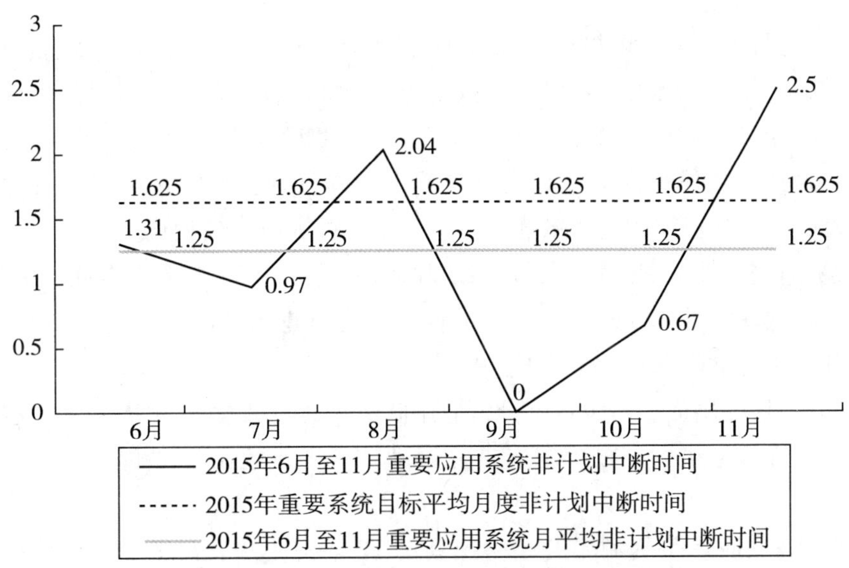

图 5－7　2015 年 6 月至 11 月非计划与目标时间对比

月应用系统非计划中断时间与目标值对照如图 5－8 所示。

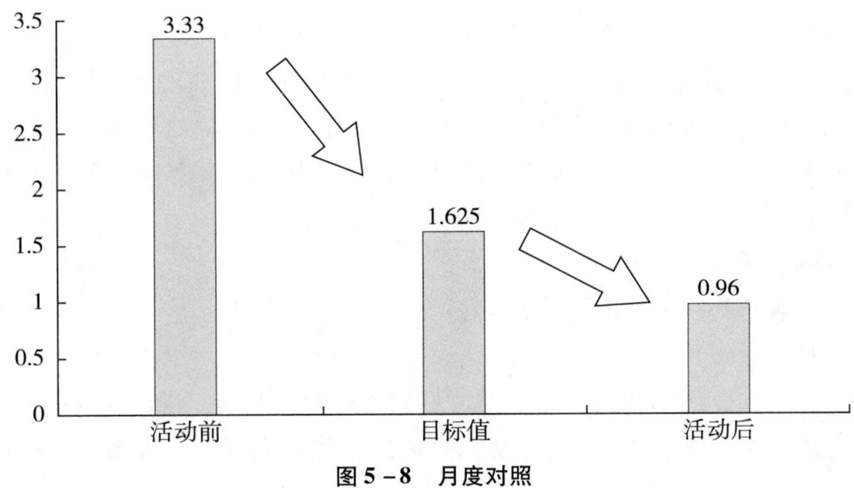

图 5－8　月度对照

如图 5－8 可见，重要系统月平均非计划中断时间已由原来的 3. 33 小时降低至 0. 96 小时。

5.2.3 资源整合优化效益显著提升

资源整合是电网企业战略调整的手段，也是经营生产管理的日常工作。整合就是要优化资源配置，有进有退、有取有舍，以获得整体的最优，通过 IT 资源整合可以实现更优的投资决策、更高的透明度、优化资产运营并获得更好的节能效果。IT 资源主要包括数据和软硬件设备两大部分，IT 资源整合的必要性及优势主要体现在以下几个方面。

1）信息化规划层面。电网企业实施 IT 资源整合符合“十三五”信息化规划的发展要求。“十三五”信息化规划提出了数据与 IT 基础设施资源规划目标，明确“十三五”期间将构建基于数据中心的大数据分析平台，增强数据应用支持能力；开展基础设施整合、虚拟化建设，构建池化的基础设施，提供弹性的、按需供给资源的能力，提升基础设施的弹性伸缩能力、敏捷性、性能等，投资效益最大化。

2）服务电网企业战略层面。通过组织和协调，把电网企业内部彼此相关但却彼此分离的数据、软硬件设备设施赋予共同的使命，充分挖潜增效，优化配置资源，促进精益化管理，体现电网企业“五个核心能力”。

3）服务基层的层面。建设数据分析应用队伍，通过数据的分析应用，支撑电网企业创先和班组规范化建设，减少基层重复劳动，实现班组工作“规范、高效、减负”目标。

4）IT 自身层面。IT 资源整合衍生出新的 IT 架构，并使得整个架构变得更弹性，既可保证资源大小可动态伸缩，又降低了资源购置、更换流程的复杂度，减轻运维压力，有利于 IT 自身的发展。

5.2.3.1 IT 资源整合主要目标

IT 资源整合与集约化管理的主要目标是：构建统一管理、精益高效的 IT 资源平台，深化 IT 资源全流程管理，建立快捷高效、保障有力的 IT 资源供应体系，统一提供 IT 资源池服务；构建协同共管、闭环联动的数据管控机制，提高数据资源质量和数据中心装备水平，统一提供数据资源服务；推行 IT 资源标准化，实现 IT 资源共享，在电网企业实施 IT 资源优化工作，提高 IT 资源使用效率。

5.2.3.2 实施主要工作内容

IT 资源整合与集约化管理的主要内容：

（1）电网企业级数据中心建设

1）通过建设电网企业数据中心，建立数据资产管理概念，将数据变为电网企业的重要资产。通过数据资产的价值挖掘和深度利用，使数据资产管理创造一种新的盈利增长空间和增长方式，提供各种新的高附加值应用和服务。

2）制订数据管理制度及流程和数据标准及数据模型；对数据集成平台硬件做出调整，满足大数据技术部署要求；完成数据中心大数据采集、加载、监控和控制等基础运行功能建设。

3）接入基建管理、物资管理、投资计划管理、项目管理、IT 集中监控、桌面管理、IT 服务管理、信息服务呼叫中心、协同办公管理、IT 运维管理系统网管、OCS 系统、设备状态评价系统的结构化数据；接入电网企业非结构化平台的数据；接入 IT 运维管理系统网管系统的准实时数据。

4）在电网企业推广数据资源集约化管理并常态化开展工作，开展数据分析和应用。完成数据中心可视化监控平台建设，实现加载负载均衡服务、完善日志查询功能、开发设备系统可视化运维地图、开发数据可视化运维地图。

5）完成企业级应用管理类数据入库。接入生产系统、营销系统、财务系统的结构化数据；接入 GIS 数据、外网气象数据、外网经济指标数据；接入调度 DMIS 实时数据、计量自动化系统实时数据。

6）持续开展数据分析和应用建设工作，完成电网企业管理类数据入库；完成其他本地化系统的结构化数据接入。

（2）IT 软硬件资源整合

1）建立电网企业 IT 资产目录，搭建 IT 资源池智能优化配置分析平台，制订 IT 资源池优化措施，制订 IT 设备采购指引，规范 IT 设备采购及配置标准；制订 IT 资产移交管理办法及流程，规范非信息项目采购的 IT 资产移交信息专业运维。

2）完成 IT 资产目录、IT 设备采购指引编制和 IT 资产移交流程，制订优化措施及计划。

3）建设 IT 资源池智能优化配置分析平台，初步实现资源共享利用、统一管理及动态调度，对计算资源的申请、监控、调配、回收等。

4）按 IT 软硬件资源优化措施及计划完成年度整合目标。

5）扩展 IT 资源池智能优化配置分析平台应用，计算资源池和存储资源池实行“云模式”的全生命周期管理，统一提供 IT 资源池服务。

6）完成 IT 软硬件资源优化措施及计划内容。

5.2.3.3 资源整合优化成效

对电网企业虚拟平台小网站进行应用整合，将对虚拟机资源要求不高的系统整合至高配置的虚拟主机中，减少虚拟机数量 20 台，提高虚拟主机的管理效率。根据企业级应用系统上线运行进度，逐步退运 17 套原有业务系统，减少虚拟机数量 10 台，释放硬件资源 12 台，纳入统一资源池进行管理，提高资源利用率。根据企业级应用系统上线运行进度，可将部分系统结构类似的业务系统的中间件、数据库进行合并整合，减少资源占用。

自 2016 年 5 月制订计划至今，已完成 4 套系统的合并，6 套系统的退运，回收服务器 10 台。

梳理 2014—2015 年关键应用系统资源（计算资源、存储资源、机柜资源、网络资源、电源资源、软件资源等）需求，结合电网企业资源现状进行差距分析，及时做好资源调配和扩容工作，确保关键应用系统资源充足可用。通过分析企业级信息系统的系统结构，梳理出计划与实际各系统运行情况的差异，在整个资源池内进行调配，使得各系统资源充足而不浪费。

5.2.4 企业级信息系统性能显著提升

随着软硬件平台集中部署，业务应用不断深化，数据量和用户量快速增长，系统卡慢、页面崩溃、无法登录等系统性能和稳定性问题逐步显现，严重影响系统用户体验，企业级管理信息系统的信息化支撑作用大打折扣，迫切需要研究改善企业管理信息系统性能的思路和方法，促使系统顺畅好用。

探索有效的性能优化模式，推广至各企业级管理信息系统，各系统的性能优化工作在日常运维当中常态开展。可以从技术层面和管理层面入手。

（1）技术层面

1）密切监控软硬件平台资源负载情况，适当调整硬件平台资源配置及参数配置，避免软硬件平台资源高负荷运行。

2）梳理企业级管理信息系统技术细节、相互间纵横关系，合理规划、优化系统架构。

3）深入查找应用系统底层程序代码和业务 SQL 语句问题，优化程序代码和业务 SQL 语句的实现逻辑、算法，根据用户量、数据量、业务增长预估等，严格开展性能测试。

4）分析企业级管理信息系统终端环境要求，定期更新、升级终端环境软件，定期更换不满足要求的终端设备配置。

（2）管理层面

1）信息部门与业务部门密切沟通，性能问题爆发时适当采取错峰使用、业务拆分、历史数据归档等措施。

2）组建专职的性能优化技术团队，包括厂商开发人员、信息部门维护人员，在性能问题爆发前开展监控评估工作；性能问题爆发时出谋划策，提供解决措施；在性能问题爆发后进行技术总结，更新监控评估策略、方式方法等。

3）编制完善的应急处置预案。

5.2.4.1 协同办公系统性能优化实践

协同办公系统因为性能问题多次被用户投诉，迫切需要开展性能优化工作，从根本上解决问题。

（1）性能优化内容

1）安装新服务器、调整原服务器配置。

2）底层平台（数据传输格式、流程引擎、页面前端、应用层代码、平台架构、静态资源等）架构、配置的优化。

（2）性能优化思路

搭建新运行环境开展优化实施工作，新运行环境调试正常后，新旧运行环境切换，双轨运行 1 个月，新环境稳定后旧运行环境服务器退运。

（3）性能优化原则

提升当前系统性能，不影响系统使用，先将部分虚拟机迁移至综合域虚拟平台。

（4）具体优化实施措施

1）JBPM 业务流程管理平台维护优化。JBPM 业务流程管理平台是协同办公系统的核心组件，文件流转、意见处理等关键操作的实现需要在 JBPM 业务流程管理平台的支撑之上实现，JBPM 业务流程管理平台的性能对整个协同办公系统的性能有着直接的影响，因此需要从 JBPM 业务流程管理平台内核、异步操作方面进行优化。

内核方面：①流程流转调度模块：优化处理算法，去除多余的代码；②数据库交互模块：采用批处理技术，减少流程引擎内核与数据库的交互次数。

异步操作方面：①流程引擎接口提供同步和异步两种操作模式，可根据调用参数或者请求处理的数据量择优选择；②在底层微内核完善后台异步处理的基础设施，提供可靠的任务调度，线程池管理以及基于数据库的业务锁功能；③完善异步处理过程中数据完整性的保障措施，确保发生系统崩溃、意外宕机等情况后，业务数据完整一致性问题有保障。

2）Nginx 负载均衡平台维护优化。随着协同办公系统的访问量不断增加，单台服务器没有办法承受流量压力，采用分布式多节点的部署在多台服务器，并且每台服务器的地位相同，均可独立对外提供服务。

协同办公系统采用 Nginx 做软件负载均衡对请求进行路由分配，优化主要体现在负载均衡平台整体配置优化、请求资源的动静分离和请求的智能动态路由。

为了提高单台机器的处理效率，需要降低磁盘 I/O、网络 I/O，减少内存使用，因此对 Nginx 优化内容如下：①Open Files 数量优化，设置 Open Files 为 Ulimit，修改/etc/profile，增加 Ulimit－n 65535；②Worker Processes 数量优化，增加 Worker 进程数量；③Worker 进程连接数优化，Worker Connections 设置值为 2048；④Keep Alive 优化，将 Keep Alive 的值设置在 10～20s；⑤Access 日志优化，关闭日志，来减少磁盘写，或者写入内存文件，提高 I/O 效率；⑥Error 日志优化，设置为 Warn 可以记录大部分信息，而又不会有太多 I/O；⑦Buffers Size 优化，设置足够大以容纳需要上传 POST 的数据；⑧网络 I/O 优化，即启用 Nginx 的 Gzip 模块来压缩传输数据，设置 gzip_ comp_ level 设为 4～5。

3）Redis 缓存存储系统维护优化。Redis 是协同办公系统的核心组件，该组件用于缓存平台的“热”数据到服务器内存中，例如缓存用户的 Session 数据、流程定义文件数据等。Redis 占用服务器的内存很高，优化将主要体现在 Redis 整体版本升级和 Redis

内存优化配置上。

Redis 版本升级：升级新版本 Redis 3.0 替换原 Redis 2.8 版本。

Redis 内存优化：①关闭虚拟内存功能，设置 Redis. conf 文件中 Vm - enabled 为 No；②设置最大内存（Redis. conf 中的 Maxmemory 选项），保护好 Redis 不会因为使用了过多的物理内存而导致 Swap 严重影响性能甚至崩溃，由于协同办公协同的业务场景不需要数据持久化，关闭所有的持久化方式可以获得最佳的性能以及最大的内存使用量，配置 Redis 所在机器物理内存使用超过实际内存总量的 3/5。

4）PaaS 平台服务维护优化。模块化规划调整：对服务器按后台服务支撑的功能模块进行规划，将具有通用业务功能或技术能力的部分抽象为可独立运行的服务，解决原先混合、划分力度过大带来的问题，如图 5 -9 所示：

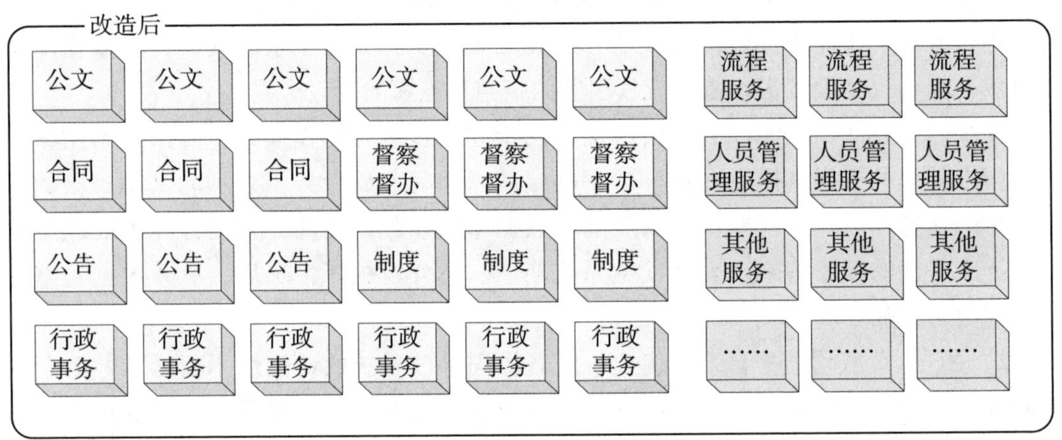

图 5 -9　服务架构优化改造

资源动态调配：实现在系统运行、用户体验不佳的情况下，方便资源动态增减，提高性能和稳定性，如图 5 -10 所示。

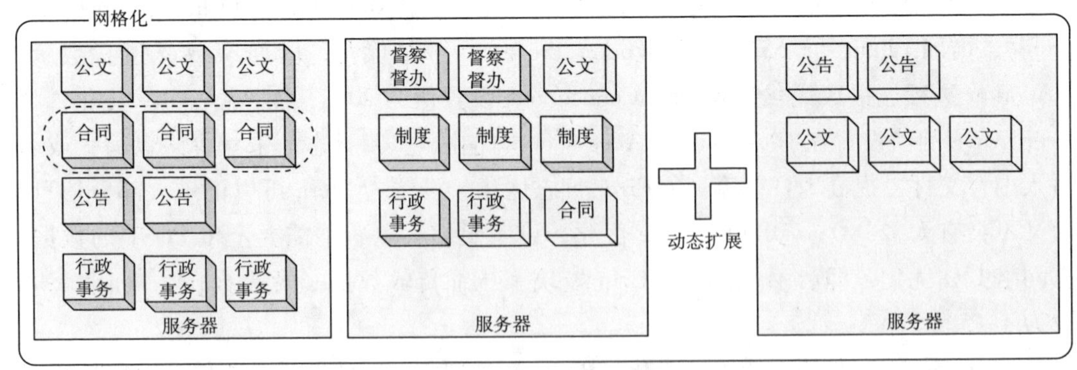

图 5 -10　静态资源优化

5）Hearbeat 心跳检测系统维护优化。为了避免同一个 IP 或者服务在两端同时启动从而发生冲突的严重问题，最严重的是两台主机占用同一个 VIP 地址，当用户写入数据时可能会分别写入到两端，导致服务器两端数据不一致或者数据丢失，对 Hearbeat 的核心优化，主要包括以下几个方面：

第一，同时使用串行电缆和以太网电缆，同时使用两条心跳线。

第二，当检测到裂脑时强行关闭心跳节点。当程序上备节点发现心跳线故障，发送关机命令到主节点。

第三，监控报警。探测备节点是否有 VIP，然后探测主服务是否有异常，并及时向管理人员报警。

第四，启用磁盘锁。

6）Tsar 分布式数据采集系统维护优化。Tsar 是协同办公系统中资源使用分析的重要核心组件，平台利用该组件获取服务器的资源的实时数据，从而根据这些数据调整平台节点数据等。Tsar 的使用优化重点在获取平台的 min/avg/max 的汇总统计数据方面。

7）Ganglia 分布式监控系统维护优化。Ganglia 是协同办公系统软件平台监控多台服务器资源的核心组件，优化主要增加软件监控项，如软件平台的读写性能监控。

（5）优化实施效果

CPU、内存使用率稳定在 60% 以下，服务器运行稳定，如图 5－11、图 5－12 所示。

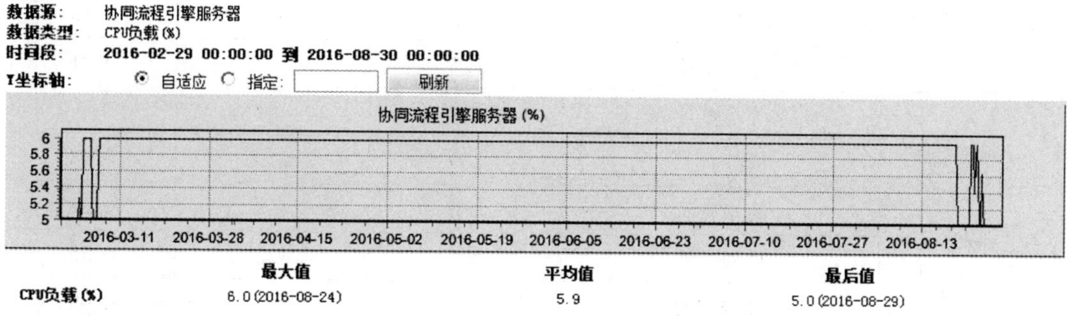

图 5－11　CPU 使用率

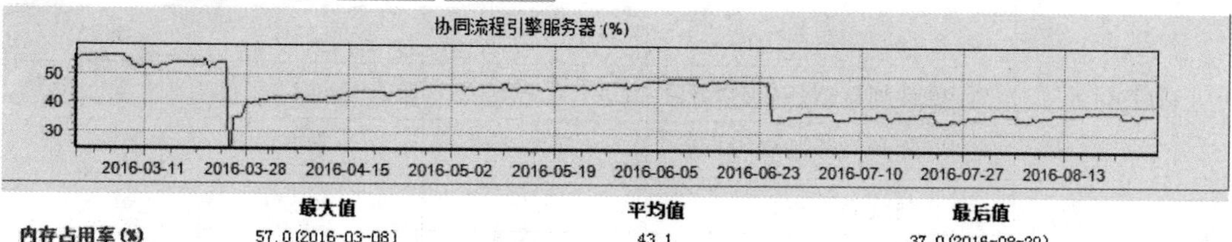

图 5－12　内存使用率

系统访问会话数日均58571，各功能模块性能提升明显，如图5－13、表5－2所示。

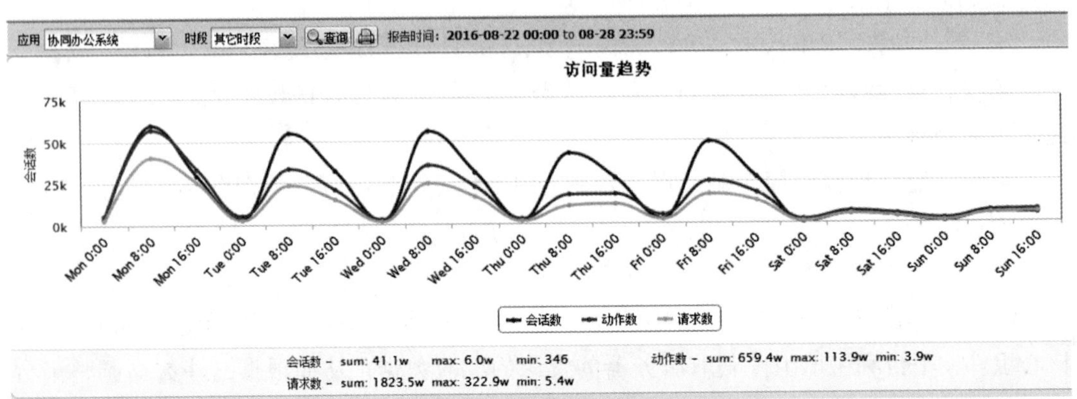

图5－13 会话数曲线

表5－2 各功能模块性能提升汇总表

功能范围	业务分类	原性能指标（秒）	优化目标（秒）	优化后指标（秒）
用户登入登出	登录首页加载	2.5	≤2	0.18
	登录数加载	1.5	≤1	0.16
	退出系统	2.5	≤2	0.21
首页	系统首页加载	3	≤2	1.9
	待办打开	2.5	≤1.5	0.88
	简报查看	2.5	≤2	0.23
	日程查看	2.5	≤2	0.55
	公告查看	2.5	≤2	0.09
	消息打开	4	≤3	0.03
新启/打开	发文新启/打开	5.5	≤3	2.14
	收文新启/打开	5.5	≤3	
	签报新启/打开	5	≤3	0.74
	合同新启/打开	5.5	≤3	0.76
	制度计划立项新启/打开	5	≤3	2.8
	制度临时立项新启/打开	5	≤3	
	制度新启/打开	5.5	≤3	
	制度废止新启/打开	5	≤3	
	会议申请新启/打开	5	≤3	2.6

续 表

功能范围	业务分类	原性能指标（秒）	优化目标（秒）	优化后指标（秒）
新启/打开	会议室申请新启/打开	5	≤3	2.6
	计划性办公用品申请新启/打开	5	≤3	3
	临时性办公用品申请新启/打开	5	≤3	2.8
	IT 用品采购申请新启/打开	5	≤3	2.8
	IT 用品维修申请新启/打开	5	≤3	2.8
	用车申请新启/打开	5	≤3	2.8
	接待用餐申请新启/打开	5	≤3	2.8
	简报新启/打开新启/打开	5	≤3	2.8
	公告新启/打开新启/打开	5	≤3	2.8
工作台	待办工作视图加载	3	≤2	0.95
	我的已办视图加载	5（首次）	≤3	0.37
	我起草的文件视图加载	3	≤2	0.32
	催办信息视图加载	2.5	≤1.5	0.45
	取回工作视图加载	5（首次）	≤4	0.34
	委托视图加载	4	≤3	0.46
	已删除视图加载	3	≤2.5	0.56
	已终止视图加载	3	≤2.5	0.30
	消息	3.5	≤3	
视图浏览	全部收文文件	9	≤4	1.35
	收文在办文件	5	≤3	
	收文办结文件	8	≤4	1.25
	全部发文文件	5	≤3	1.84
	发文在办文件	5	≤3	1.25
	发文办结文件	5	≤3	1.59
	全部签报文件	5	≤3	0.67
	签报在办文件	4	≤3	0.56
	签报办结文件	4	≤3	0.52
	全部合同	5	≤3	0.76
	在办合同	5	≤3	0.63
	办结合同	5	≤3	0.59

续 表

功能范围	业务分类	原性能指标（秒）	优化目标（秒）	优化后指标（秒）
视图浏览	制度立项文件	5	≤3	0.22
	制度文件	5	≤3	1.33
	制度在办文件	5	≤3	0.39
	制度办结文件	5	≤3	0.51
	有限制度库	5	≤3	0.38
	废止制度库	4	≤3	0.33
	会议申请	3.5	≤2	0.51
	会议室申请	5	≤3	0.46
	办公用品申请	8	≤4	3
	IT 用品申请	4	≤2	1.8
	IT 用品维修	4	≤2	1.8
	用车申请	5	≤3	0.90
	车辆调配信息	5	≤3	0.56
	车辆维护信息	5	≤3	0.43
	接待用餐申请	4	≤3	2.5

5.2.4.2 资产管理系统性能优化实践

全区用户普遍反映资产管理系统存在较严重的性能问题，主要表现为以下几个方面：

1）通过 4A 登录系统慢。

2）生产子系统的功能模块打开异常。

3）生产子系统工作票等模块响应速度慢。

（1）性能优化内容

1）将老资产系统 3 台服务器给新资产系统使用（重新安装操作系统、配置新 IP、重新划分 VLAN、配置核查）；新服务器中间件安装、程序部署、配置核查。

2）重新规划（分离）服务器部署的基础平台、物资、项目、基建、台账变更、电子化移交中间件节点。

3）同步调整负载均衡配置分发策略。

（2）性能优化思路

在不影响业务运行基础上，扩容原有环境基础的服务器配置、中间件集群节点，由业务部门组织开展实际性能测试。

（3）性能优化原则

性能优化实施工作必须符合信息系统运维管理要求，要经过充分的分析研究和讨论，辨识优化风险，运用管控措施，并按照月度作业计划办理相应的变更申请手续方可开展工作。

（4）具体优化实施措施

第一，硬件资源优化。

新增 3 台服务器，以便进行应用分离，减轻当前服务器压力，新服务器具体配置如下：

CPU：Intel（R）Xeon（R）2.67Ghz32 核

内存：128G；

硬盘：300G

第二，系统节点优化。

首先将现有服务器上的物资、基建、项目迁移到新的应用服务器上，原有服务暂时不动（确保可回退）。在负载均衡设备上增加物资、基建、项目等新应用节点 21 个。

第三，物资报表功能优化。

物资系统分离报表功能，将物资报表功能负载到新服务器上。需要在负责均衡添加物资报表服务节点 4 个。

第四，生产电子化移交、台账变更功能优化。

对生产子系统电子化移交、台账变更功能进行分离。需要在负载均衡设备添加以下节点 8 个，同时，再将如下 URL 分发到新增的生产电子化移交、台账变更服务节点上处理。

第五，基础平台优化。

在原有节点的基础上增加基础平台节点，需要在负载均衡设备新增服务节点 4 个，原有节点无须调整。

第六，负载均衡器配置优化。

Radware 可以实现压缩功能，将 HTTP 内容进行压缩处理，减少网络流量。

（5）优化实施效果

1）资产系统硬件资源消耗稳定正常（CPU/内存使用率小于 60%）。

2）通过 4A 访问时关键页面打开速度由原 10s 降低至 2s；完成一张配网电子化移交工单由原 5min 降低至 2min。

5.3 小结

电网企业沿着企业级信息系统建设思路，结合绿色电网建设的目标和需求，立足战略支持型信息化建设导向，完善组织架构，规范管控模式、再造业务流程，创新管理模式，全面完成公司“十二五”信息化建设，实现信息系统的横向集成、纵向贯通。并完成资产管理、营销管理、人力资源管理、财务管理、协同办公、综合管理6个企业级应用系统的初步建设；应用管理方面开展了精益化管理模式的探索，有力推进了应用系统与业务管理的融合和提升；同时，加强业务数据的整合工作，为公司智能分析高级展现提供支持。信息化整体处于大建设、大运维、大服务阶段，精益化管理模式使得运行监控、运维保障、资源整合、企业级信息系统性能提升方面取得了一定的成效。

6 电网企业级管理信息系统服务管理及实践

6.1 引论

放眼全球，随着科技的高速发展，电力企业的信息化步伐不断加快，伴随着“云、物、移、大、智”（云计算、物联网、移动互联网、大数据、智慧城市）等新型技术体系的出现，中国电力行业的信息化已经由工业过程自动化，经营管理信息化，逐步走向信息一体化发展，其工作重心也相应地由“以建设为中心”逐步转向“以服务为核心”，并深度融合了电网企业级管理信息系统服务管理精益化的理念。

南方电网在“十三五”信息化规划中明确指出：以“大运维、大服务”为目标，以“用户服务”为核心，建成服务一站式、管理流程化、作业标准化、队伍专业化、平台一体化、支撑网、省、地、县四级的信息化运维服务保障体系，规范全网信息运维服务，强化运维人才队伍，提升信息运维服务质量及用户满意度，促进 IT 运维服务由成本中心向增值服务中心战略转型。

本章将以电网信息化系统运维服务与管理工作的需求为出发点，探究电网企业级管理信息系统服务管理及实践。

近年来，电网企业不断引进诸如 ITIL、ITSM、BS 15000、ISO 20000 与 ISO 9000 等国内外先进标准，运维管理规范采用 ISO 9000 模式编写，涵盖方面如图 6 – 1 所示。

图 6 – 1 是一个金字塔结构。处于最高层的，是客户满意度指引，一切服务均以“保证客户最大满意度”为前提展开。与之同级的还有服务管理体系文件与服务管理总体文件，用以与客户满意度指引相结合，并且维持服务管理规范的改良性原则。处于中层的，是 ITIL 核心的 12 个标准流程，均根据电网企业实际情况进行了修订和优化，以确保电网企业在实际工作中能够应用。运维管理规范包含各种操作指南与巡检制度，包括日常管理制度等，确保提供给客户的服务，是统一的、规范化的标准服务。其中巡检制度的建立，为电网企业信息系统“提高系统可用性、提高系统健壮性、提高各级人员技能素质”的“三提高”目标奠定了坚实的基础。

6.1.1 国内外现状

6.1.1.1 国外现状

（1）大众汽车

德国大众公司始于 1916 年，集团总部在德国，在全球每个重要市场上都建立了自

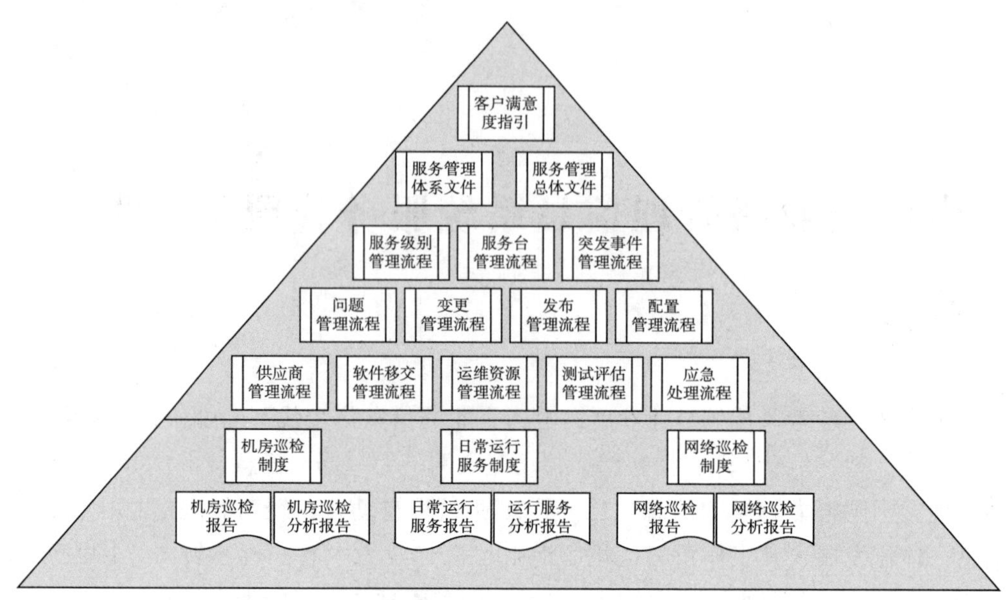

图 6－1　管理规范金字塔

己的销售公司。今天，这个遍及 5 大洲 120 多个国家的销售网络由 27 家销售公司和 3200 家独立的代理商组成，销量较小的市场则通过指定进口商提供服务。在全球，大众集团的员工总数超过 10 万人，在中国的合资公司员工约 3000 人。其引入信息化系统管理服务体系主要服务于生产线以外的 1000 多名员工。大众公司的信息化程度非常高，使用 SAP 系统进行公司内部全面管理，但不包括 IT 服务。

为更好地支持公司 1000 多名员工的 IT 服务请求，并对大约 1200 项 IT 资产进行全面的管理和控制，大众公司决定依照 IT 业界的管理规范 ITIL 来对 IT 部门的服务进行整合，并采用国际上的知名 IT 服务与支持解决方案 HEAT 作为支持平台，实现事件管理、问题控制、变化管理、配置管理等功能，并对客户服务水平管理和流程控制进行规范化运作。

（2）亚马逊

亚马逊的 Amazon Web Services（AWS）于 2006 年推出，以 Web 服务的形式向企业提供 IT 基础设施服务，现在通常称为云计算。其主要优势之一是能够根据业务发展来调节较低可变成本，替代前期资本基础设施费用。亚马逊网络服务所提供服务包括亚马逊弹性计算网云（Amazon EC2）、亚马逊简单储存服务（Amazon S3）、亚马逊简单数据库（Amazon SimpleDB）、亚马逊简单队列服务（Amazon Simple Queue Service）以及内容分发网络（Amazon CloudFront）等。当前，AWS 已经为全球 190 个国家/地区内成百上千家企业提供支持。

亚马逊之所以成为当今全球最大的云服务供应商，得益于其在 2000 年引进了 ITIL 信息服务管理标准体系，经历了数年的耕耘与战略布局，当前，AWS 可以提供大量服务来帮助 IT 管理员、系统管理员和开发人员更加轻松地管理和监控其 AWS 基础设施。

使用这些完全托管的服务可以自动大规模预置、配置和管理 AWS 资源，还可以使用实时仪表板和警报来监控基础设施日志和指标。同时，AWS 还可以监控、追踪和实施合规性与安全性。

6.1.1.2 国内现状

（1）运营商

中国移动集团于 2003 年开展了有关 IT 支撑体系的专题研究，对企业 IT 工作进行支撑的人力资源、组织架构及相关工作流程进行研究。此项研究为中国移动日后开展 IT 服务管理的规划奠定了良好的基础。时至今日，中国移动在进行各省级公司的规划工作。在广东进行 IT 规划时，IT 服务管理就成为了其中的一项重要内容。

中国电信于 2002 年向麦肯锡进行以本地网为单位的企业业务流程再造（BPR）咨询，请 IBM 进行 IT 战略规划（ITSP）。在 BPR 的咨询中，IT 管理流程的再造是其中的重要组成内容。麦肯锡给出的再造 IT 管理流程中涵盖了 IT 组织、人员和七大关键流程。此举标志着中国电信 IT 服务管理走向了规范化、系统化。同时，在 ITSP 中，IT 组织和管控也是其中的重要内容。目前中国电信在集团和各省级公司均成立了专门的企业信息化部，总体负责企业信息化的管理工作。

中国网通于 2004 年形成的《中国网通集团公司信息化系统整体规划（2005—2007 年)》中，对本公司 IT 组织与管控进行了框架性、概要性的规划。内容包括 IT 组织结构目标框架、管控流程、信息化评价体系及安全体系等。据了解，网通集团正在进行 IT 服务管理的进一步细化工作。

总体来说，中国各主要电信企业都已不同程度地规划、开展和实施了 IT 服务管理，并在不断优化和深入。但其中也存在着一些问题，其一是对 IT 服务管理的重视程度，国内各级电信运营公司对 IT 服务管理的认识程度是不一致的，一般来说，集团公司和下属发展较好的省级公司对 IT 服务管理比较重视，其实，目前各电信运营商存在的很多 IT 问题是由不畅通的 IT 服务管理引发的，加强对 IT 服务的管理应得到各级电信运营商的重视。其二是 IT 服务管理走向深入的问题，目前虽然各运营商都进行了 IT 服务管理的规划，但是在实施过程中，会受到长期积累的组织壁垒阻碍。穿越组织架构的墙还需要公司高层的决心、各级部门的思想及工作方式的转变等诸多方面的努力。其三是 IT 服务管理的系统化和规范化，各级电信运营公司在集团公司的统一指导下，要以业界成熟的 IT 服务管理的方法论或最佳实践框架为蓝本，结合本公司的实际情况进行系统化的 IT 服务管理，改变 IT 服务管理零散化、不成体系的状况。

（2）电力行业

上海电力股份有限公司是上海地区最大的发电企业，发电量占上海市场的 30% 以上。公司同时也是上海地区控股和参与管理装机容量最大的发电企业，管理和运营着上海地区 50% 以上的存量电厂。早在 2010 年，上海电力公司可控装机容量就已达到 1000 万千瓦，成为华东主要发电企业之一和上海最大的能源服务企业。其通过实施对信息系统服务管理的相关措施，建立了一套稳定、可靠、高速和安全的网络运维管理综合平台，保证了高效的办公效率和安全的电力服务。在全新的 IT 基础设施实现了集中统一的管理以后，现有的业务系统也将得到稳定的保障。这样一来，既保证了“十三五”期间上海电力股份信息化水平在业内的领先地位，又提升了上海电力股份的网络运维管理能力，从而进一步提升了上海电力股份在未来的行业竞争力做足 IT 服务方面的准备。

（3）中国电财

中国电力财务有限公司（以下简称中国电财）成立于 1993 年，是经中国银行业监督管理委员会批准的一家全国性非银行金融机构。中国电财注册资本金 50 亿元，由国家电网公司控股，各省（市、区）电力公司等 50 家电力企、事业单位共同参股组建。经银监会批准，中国电财拥有东北、西北、华中和华东等多家区域性分公司，注册资本金、资产规模、利润总额等多项指标在国内财务公司行业中均名列前茅，在电力和金融行业树立了良好的企业形象，当选为中国财务公司协会理事长单位。

近年来，中国电财紧紧抓住国家电网公司推进“两个转变”、建设“一强三优”现代公司的重大机遇，坚持不懈推进资金管理平台建设，管理和服务水平大幅提升，总体保持了平稳较快的发展态势，在保障国家电网公司财务集约化的顺利推进以及资金安全、促进资金整体效益最大化、实施产融结合战略等方面发挥了积极作用。另外，随着业务的大幅度增长和和 IT 信息化的逐步深化，集团公司内部的 IT 运维管理也面临着越来越大的压力，以往这项工作都是由 IT 外包服务公司实现的，然而随着业务量的增加，IT 运维服务管理遇到了瓶颈，作为管理方的中电财公司并不能实时了解外包方的工作内容，对工作质量难以把控，而相反地，每年的维护费用却在增加。基于此，中国电财需要搭建一套行之有效的信息化管理平台，将所有运维服务事件以清晰、可识别的方式展现出来，做到服务透明，以此实现服务的标准化、可控化。

通过落地 IT 运维服务管理平台，中国电财建立了以 ITSM 事件管理为核心的统一运维门户平台，构建了一套高效的 IT 服务管理体系，全方位管理 IT 运维情况，保证所有工作有序、可跟踪、可统计，量化、规范化日常工作，实现对企业团队、客户服务及 IT 外包业务的全面管理，量化和评估了 IT 运营质量。

6.1.2 电网企业级管理信息系统服务管理模式及存在的不足

随着计算机技术，特别是网络技术的飞速发展，IT 越来越深入到企业的核心业务之中，影响信息系统服务管理策略的制订和企业信息化战略的发展。这对 IT 环境的可靠性、可用性和快速适应性提出了越来越高的要求，与此同时，IT 环境（包括软/硬件及相关技术）却变得越来越复杂。因此，对于电网企业而言，如何把有限的 IT 资源最有效地作用于核心业务的发展，实现精益化管理，如何最快地获取专业的支持能力与高质量的服务响应，如何实现对系统的完善管理，提高系统的可靠性和可用性，如何提高用户的工作效率，增加最终用户满意度，如何跟上 IT 的发展及时更新相关技术，如何提高对 IT 系统利用的灵活性，如何更好地管理 IT 运营成本以提高服务能力，将会是电网企业级管理信息系统服务管理工作面临的最为严峻的问题。

6.1.2.1 当前电网企业级管理信息系统服务管理模式

当前，电网企业级关系信息系统的服务管理主要集中体现在呼叫中心的管理工作上，主要技术手段则以分布式呼叫系统为载体，其服务管理由各地市分子公司自行管理，服务要求各不相同。在刚刚过去结束的“十二五”期间，电网企业级系统实现了大规模集中部署，各运维服务支持主要人员集中在总部。但上报下达耗时多，传达中偶有个别单位传达错误，影响用户使用。进入“十三五”之后，电网企业的管理信息系统服务管理则强调建立“以客户为中心”的管理服务体系，依托呼叫中心作为枢纽进行统一运作，以实现在“大运维”时期下的服务“大集中”。

6.1.2.2 当前电网企业级管理信息系统服务管理不足

在企业级系统上线初期，虽已统一了信息呼叫电话，但是话务接入仍以分布式为主，公司所属各单位负责受理本单位用户事件，无法处理的事件再次拨打公司总部电话申报处理。这种模式下的服务管理也出现不同的问题，以某公司在 2015 年的服务指标情况为例（见表 6－1）：

表 6－1　　该公司所属单位服务情况的差异

单位	呼叫总量	来电呼损率	一线解决率	响应超时率	按时解决率
A	9525	2%	47.35%	0.29%	99.49%
B	88	0	48.15%	0.93%	95.37%
C	2379	5%	61.75%	0.5%	99.5%
D	659	0	58.84%	4.15%	80.33%
E	202	0	52.41%	0	100%
F	307	0	54.07%	0.33%	99.67%
G	1202	1%	48.92%	0	100%
H	269	0	45.72%	0	100%
I	505	0.5%	69.13%	0.21%	99.58%
J	386	0	35.77%	0.27%	99.73%

注：某公司在 2015 年的服务指标情况（其中单位 A、B、C、D 等分别代表公司所属各单位）。

由表 6－1 看出，该公司所属各单位服务情况差异较大。不仅呼叫量、一线解决率、响应超时率等维度均参差不齐，而且大多数企业级管理信息系统运维服务问题均没有一次性解决通过，这就意味着为解决某一个问题时，所需投入的人力与时间成本将大大增加，精益化管理难以实现。

总体来说，当前电网企业级管理信息系统在服务管理上存在以下几点不足。

（1）基层服务能力不足

企业级系统上线后，系统需求、缺陷、业务咨询、数据核对等服务需求较多，各单位服务人员对系统掌握不足，无法处理需再次申报的事件约占70%。再次申报的事件经供电局信息人员传达协调后，存在理解误差、传达错误等情况，总部运维人员通常需要找用户再次确认；当记录的用户信息不全时，可能出现无法直接联系用户、转述信息延误、转述错误等多种情况，而且解决事件耗时过长；在企业级系统推广应用调研中，部分县级或供电所用户因不了解信息服务申报电话，无法处理系统应用中的问题而搁置不使用系统；部分用户反映申报后1～2周无反馈，无处投诉或了解情况，导致失去反映问题的积极性。以上种种问题，令系统实用化工作较难推进。

为适应企业级系统上线推广，公司采用集中受理信息呼叫服务，总部直接受理基层各单位用户服务需求，直接分派公司项目组或总部运维人员进行协调处理，进一步简化用户服务处理过程，进一步优化服务流程。

（2）服务过程不透明

从接受一个用户需求开始到为用户解决需求为止，用户对整个服务过程及状态不知情。目前服务管理应用于IT服务管理系统中，服务过程及状态可在该系统中监控。虽然在IT服务管理系统中可以查询到服务事件的流转过程，但由于该系统仅面向信息服务人员，用户在申报服务需求后得不到及时的反馈信息，对“谁来处理”“何时开始处理”“承诺处理时长”等方面信息不知情。在规定处理时限内无法解决事件，服务人员将会把该事件单转换为问题，然而产生问题后无人跟进处理进度，导致拉大处理时长，严重降低用户满意度。

（3）系统建设运维服务交接不畅

系统上线初期，常出现以下几种情况：用户咨询或申报事件，坐席人员不了解，无法准确分派给对应运维人员；坐席对账号权限开通流程不了解，用户多次联系问题无法得到解决；系统应用操作问题或客户端安装、浏览器设置等常见问题不能及时处理。部分用户事件出现建设、运维、服务人员责任推脱，大力协调才能处理的情况。鉴于这种情况，公司重点对建设、运维、客服交接工作梳理，理顺各方分工职责，提高工作效率。

6.2　信息系统服务的精益管理思路

为全面贯彻公司的企业理念“诚信、服务、和谐、创新”，全面实现新时期下的战略目标“创建管理精益、服务精细、业绩优秀、品牌优异的国际一流电网企业”，在电网企业级管理信息系统服务管理的工作思路上，必须坚持实施精细服务，并在服务工作开展过程中始终坚持服务型定位，持续提升客户的满意度和信任度。以 ITSM 为主要服务管理的信息化应用载体，融合 ITIL 3.0 的服务体系与标准，不断探索适应当前与未来发展需求的电网企业级管理信息系统服务管理模式，切实做到“以用户为核心，以服务换口碑”，采用集约化的管理思维，规范服务标准，关注服务细节，全面提高企业级信息系统的服务管理工作效率。

6.2.1 服务集约化

集约化服务是实现精益管理的必经之路，通过统一省地县“1000 号”（类似 10086）热线电话，将服务热线的受理模式由各单位分散受理改为公司信息中心坐席集中受理，实现全公司 IT 服务的管理统一和流程统一，顺应企业级信息系统的大集中模式。信息服务集中，用户需求就相应集中，运维人员可全面高效地了解用户使用情况，并有针对性地提供服务，服务团队能更快速提供服务响应，处理过程可控，增加服务过程监督。同时，统一发布故障缺陷公告、提供常见问题处理方法、推送系统客户端、定期巡检等措施主动提供信息服务，减少用户咨询时间。

6.2.2 服务差异化

服务的差异化不仅是对服务对象而言，更是需要从服务发出主体来看。根据岗位工作内容的差异、业务重要性、服务紧迫性不同，对信息服务进行分类，提供人性化、差异化服务。如各单位、各部门秘书对信息服务要求不同，营销、生产严重影响业务开展，业务数据保密级别不同等。开展用户群划分，分别制订不同优先级别，确保每一类用户均有具体优先级别和响应处理时限，提供差异化、个性化服务。对系统不同类型用户分别编制用户使用手册或制作视频文件，便于用户阅读，提供差异化服务能更有效地提供服务，改善用户感受体验。

6.2.3 服务流程化

在经历了大规模的集中式建设后，对应的信息管理系统服务与管理也应具备自动化、流程化，为确保系统投运服务平滑过渡，规范企业级信息系统服务接入流程，投运开始就应统一接入服务台，规范试运行期间信息事件处理流程，强化处理过程的跟踪和闭环，为客户提供标准统一的客户体验。

重点针对企业级信息系统，梳理各系统账号权限，一、二、三线人员各负责范围及服务要求，明确系统需求及问题的申告处理要求和责任人。

6.2.4 服务智能化

互联网时代不断催生出各种智能化终端与应用，因此，对于电网企业级管理信息系统服务和管理方式上也理应体现出智能化。思考如何通过技术与管理手段相结合，实现智能应答、知识推送、智能过程发布、智能事件提醒等功能。具体如表 6－2 所示：

表 6－2　　服务智能化不同功能表

模块	功能点	功能描述	作用
自然语言人机交互	智能咨询	根据用户咨询迅速准确地找到相应答案，并推荐相关问题	机器人能更准确地理解客户问题，并进行精准的业务回答，即便在出现错别字、拼音甚至干扰词的情况下，提供业界领先的客服的机器人智能问答服务，为客服挡掉大量的重复问题和热点问题，帮助企业节省大量人力成本
	智能反问	当用户问题条件不足时，引导用户补充问题完整性，以便准确找到答案	
	智能聊天	能够进行日常聊天对话	
	智能输入	支持拼音、部分错别字输入	
	智能上下文关联	根据与用户聊天场景下的上下文信息关联，推荐用户最关心的答案	
	智能业务导航	针对用户内容推送业务办理地址、指令、知识库等	
	智能交互	用户首先通过机器人进行人机对话交互，当机器人无法完成回复时，转入人工服务	
	语义分析	借助强大的语义分析引擎，对客户发送过来的自然语言形式组成的问题进行语义理解，从而进行业务回答	
专业字典	专业字典导入	提供专业词典批量导入功能，专业词典能够让机器人更好地识别企业特有领域业务，提高机器人客服的识别率和正确率	通过专业字典，能够实现高智能化的自然语句分词，从而帮助人工智能更好地理解问句，以便找到最准确的答案进行回答
	专业字典管理	提供专业词典地增加、删除、修改、查询、权值设定等专业词典地高级功能。便于运维人员对专业词典的维护	帮助管理人员及时维护专业字典，从而保证人工智能问题解答的准确性
	敏感词过滤	过滤敏感词、敏感话题，避免法律和政治风险	可设置企业敏感词典，对于敏感话题给出定制口径回复

续　表

模块	功能点	功能描述	作用
知识库	知识库导入	提供知识库批量导入功能	通过提供批量导入模板，帮助维护人员方便快捷地完成知识库的初始构建
	知识库管理	提供知识库增加、删除、修改、查询、合并等功能	通过知识库管理，能够方便管理人员及时地维护知识库，从而保证知识库的实时性与适用性。保证用户的问题能够及时在知识库中找到对应的解答。提高人工智能客服的问题响应能力
	知识库地图	提供知识库中知识地分类、联系等功能	将长期构建起来的知识库进行梳理并导出分析，以便于进行数据的再利用，提升数据的价值
主题提取	未收录问题主题提取	提供未收录问题主题提取功能，以主题形式统计未收录问题	后台借助人工智能的聚类算法将海量问题进行自动分类汇总，并以主题的形式进行呈现，有助于管理人员及时根据主题化的分析报告进行针对性地维护工作和系统应用调整
	已回答问题主题提取	提供已回答问题的主题提取功能，以主题形式展现已回答问题	
	主题分析	提供主题在线分析功能，提供按给定时间和给定内容在线生成主题的功能，便于及时了解客户关注内容	
	主题展现	提供主题展现功能，以和线图、点线图、雷达图等多种图表展现主题分布、类型、关联等	
关联分析	解答关联分析	提供问题解答的关联分析，除回答用户的疑问外，将用户可能关注的内容也一同提供	通过关联分析，智能地将用户可能关注的内容也一并提供，体现服务的主动性
	步骤关联分析	用户在咨询某一项内容，将其接下来步骤也一同提供	按步骤进行推荐，有助于提升服务的主动性

续 表

模块	功能点	功能描述	作用
外部渠道应用接口	企信接口	提供企信调用接口	通过各种服务接口的开放，扩大人工智能客服的应用广度
	QQ 接口	提供 QQ 调用接口	
	浏览器接口	提供浏览器调用接口	
	微信接口	提供微信调用接口	
	服务接口	提供 WebService、Socket、HTTP 等各种接口服务，便于接入门户网站、网上营业厅、微信营业厅等系统	
	渠道接口	底层协议支持 Web、SMS、WAP 等通信协议	
	数据报表	提供基于业务需求的报表功能	
机器人训练	离线训练	提供机器人离线训练功能，该功能目的是在不方便在线训练时，通过上传训练的方式，进行机器人训练	训练的目的是为了能让机器人更符合企业应用场景的需求，相当于为企业定制化的需求而服务
	在线训练	提供机器人在线实时性训练功能，该功能通过维护人员对知识库、FAQ 库等进行增改等方式，优化机器人识别率和准确率	
智能推荐	图文信息推送	对于某用户询问频繁的主题，推送该主题综述性图文信息	多媒体信息推送，能够获取更好的客户体验
	图文推送接口	提供图文信息推送接口功能	
其他功能	智能提示	在与用户会话开始、发问、回复、结束阶段，进行可定制的智能内容提示	
	防恶意请求	识别并屏蔽用户短时间大量连续自动发问的情况	
	自动退出	一段时间内无会话自动断开	
	满意度调查	问题回复、对话结束后，进行满意度调查，并相应调整答案回复的策略	

随着企业级信息系统的集中上线，用户范围大幅度扩展，地域范围广，市局、县级以及供电所环境不同，需求不同。为了更好地满足系统应用情况，在传统电话服务基础上，开展企信在线客服、终端自助事件申告、智能应答等多渠道服务方式，增加了服务人员与用户的沟通和交互，同时为用户提供事件处理过程查询和知识共享，降低人工客服工作量，提升服务质量。

6.3 电网企业级管理信息系统服务理论及管理模式

6.3.1 服务管理理论体系

6.3.1.1 ITIL 理论

ITIL（Information Technology Infrastructure Library）即信息技术基础构架库，它是一种在全球范围内正在兴起的 IT 服务和支持标准。它以高质量服务管理为核心思想，融合了 IT 服务管理的最佳实践。目前的全球市场上，出现了各种各样的 IT 服务管理方法，如荷兰 Virje 大学软件工程研究中心（SERC）组织开发 IT 服务能力成熟度模型（IT Service CMM），HP 公司开发了该公司实施 IT 服务管理的方法论惠普 IT 服务管理参考模型（HP ITSM Reference Model）等。

20 世纪 90 年代中期，ITIL 已经成为欧洲 IT 服务管理标准。而以 ITIL 为基础的 ISO/IEC 20000 也在 IT 管理领域让 IT 管理工作者有一个参考框架用来管理 IT 服务。ISO/IEC 20000 的出现，意味着 IT 服务管理（ITSM）从指导性理念终于发展成为国际统一的标准，也标志 IT 服务管理在全球的应用进程迈出了历史性的一步。

ITIL 的核心流程和典型模块主要有服务台、事故管理、问题管理、配置管理、变更管理、发布管理、服务级别管理、IT 服务财务管理、能力管理、IT 服务持续性管理、可用性管理以及安全管理。每个 ITIL 流程都包括五大要点：流程目标、基本概念、主要活动、好处与风险以及关键绩效指标与报表。

6.3.1.2 ITSS 理论

ITSS——信息技术服务标准，是在工业和信息化部、国家标准化委的领导和支持下，由 ITSS 工作组研制的一套 IT 服务领域的标准库和一套提供 IT 服务的方法论。ITSS 体系的提出主要从产业发展、服务管控、业务形态、实现方式和行业应用等几个方面考虑，分为基础标准、服务管控标准、服务外包标准、业务标准、安全标准、行业应用标准 6 大类。

1）基础标准旨在阐述信息技术服务的业务分类和服务原理、服务质量评价方法、服务人员能力要求等。

2）服务管控标准是指通过对信息技术服务的治理、管理和监理活动，以确保信息技术服务的经济有效。

3）服务外包标准是对信息技术服务采用外包方式时的通用要求及规范。

4）业务标准按业务类型分为面向 IT 的服务标准（咨询设计标准、集成实施标准和运行维护标准）和 IT 驱动的服务标准（服务运营标准），按标准编写目的分为通用要求、服务规范和实施指南，其中通用要求是对各业务类型的基本能力要素的要求，服务规范是对服务内容和行为的规范，实施指南是对服务的落地指导。

5）安全标准重点规定事前预防、事中控制、事后审计服务安全以及整个过程的持续改进，并提出组织的服务安全治理规范，以确保服务安全可控。

6）行业应用标准是对各行业进行定制化应用落地的实施指南。就信息系统管理服务而言，通常情况下是由具备匹配的知识、技能和经验的人员，合理运用资源，并通过规定流程向客户提供 IT 服务。

6.3.2 服务管理流程规范

服务管理最核心的是“服务支持”（Service Support）和“服务提供”（Service Delivery）两个模块。各流程相互贯穿和作用，形成有机整体，共同建立一个健全的服务管理体系，如图 6－2 所示。

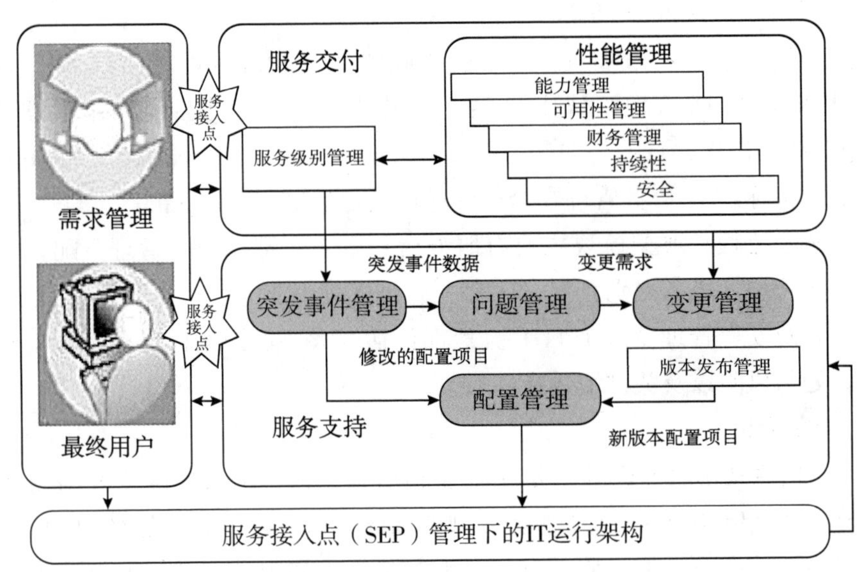

图 6－2　服务接入点（SEP）管理下的 IT 运行架构

公司根据信息服务管理相关要求制订了《IT 服务管理细则》，明确了服务管理范围、流程、角色、权限，明确了各单位及部门的具体职责，明确了服务过程中各项执行要求。

IT 服务范围包括服务器、网络设备、安全设备、存储备份系统、信息机房、数据库、中间件、应用系统、计算机终端及外设（主要包括桌面微机、笔记本电脑、打印机、扫描仪）等。

制订服务流程有事件管理流程、请求管理流程、知识管理流程、服务级别管理流程等，并对事件响应和处理制订了时限要求，如图 6－3 至图 6－6，表 6－3 至表 6－6 所示。

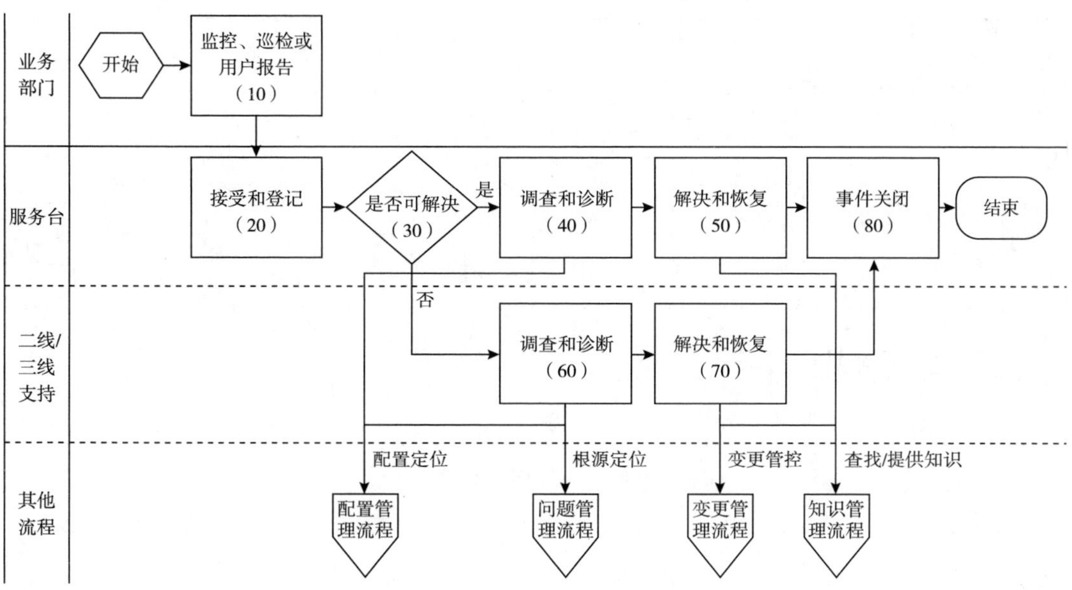

图 6－3　事件管理流程

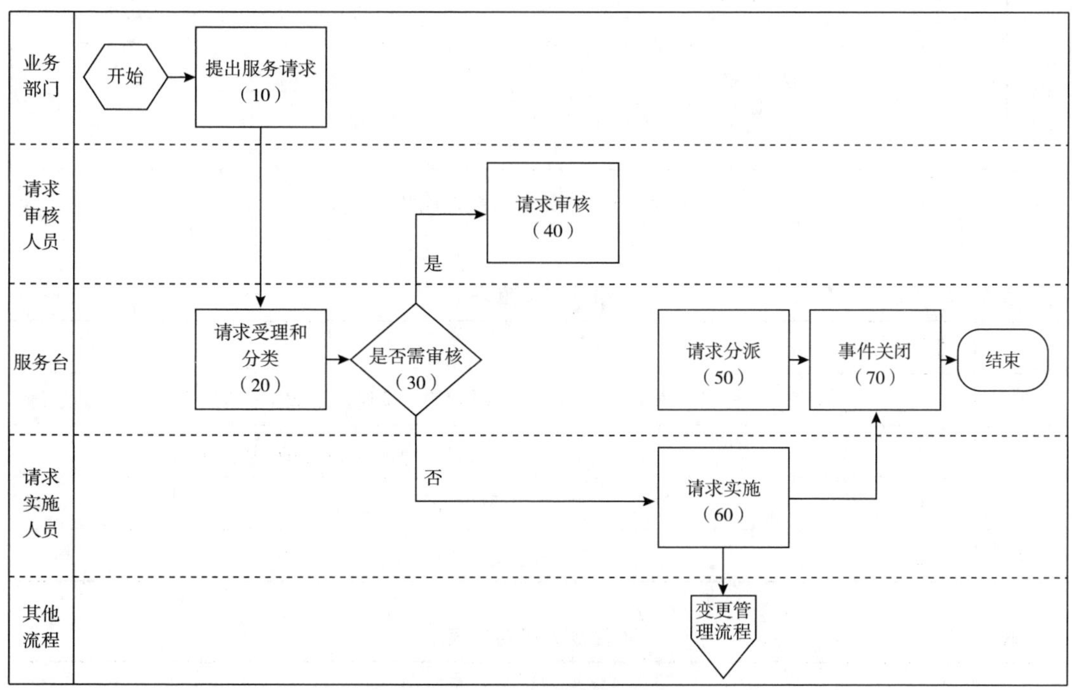

图 6－4　请求管理流程

表 6－3　事件影响度表

编号	影响度	说明
1	高	VIP 用户、所辖运维范围内 1/2 及以上单位
2	中	所辖运维范围内 1/2 以下单位
3	低	个别用户（1～3 人）

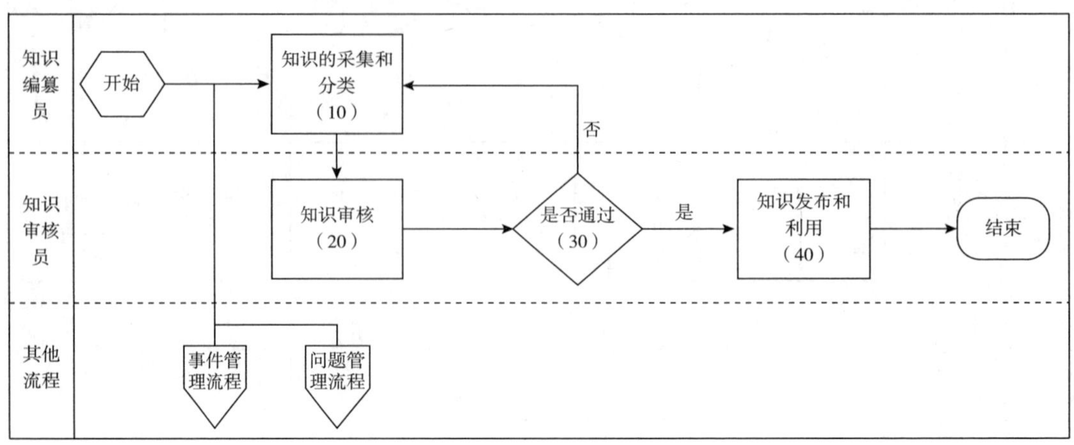

图 6－5　知识管理流程

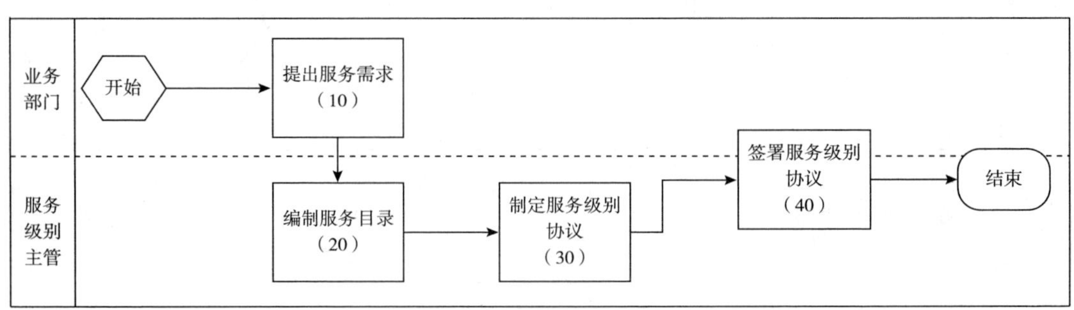

图 6－6　服务级别协议流程

表 6－4　事件紧急度表

编号	紧急度	说明
1	紧急	信息安全事件、关键应用系统、关键信息基础设施故障、VIP 计算机终端故障
2	高	其他应用系统、信息基础设施故障
3	中	非 VIP 用户计算机终端故障
4	低	服务请求、硬件第三方维保等

表 6－5　事件优先级对应表

事件优先级对应		影响度		
		高	中	低
紧急度	紧急	紧急	高	中
	高	高	中	中
	中	中	中	低
	低	中	低	低

表 6－6　事件优先级对应时限表

编号	优先级代码	响应时限要求	解决时限要求	回访时限
1	紧急	20 分钟	4 小时	24 小时
2	高	30 分钟	8 小时	24 小时
3	中	1 小时	48 小时	24 小时
4	低	2 小时	72 小时	24 小时

6.3.3　服务管理接入方式

为减少企业级管理信息系统建设与运维交接不畅，保障信息系统顺利上线，我们结合自身管理特点，为用户提供便利统一的服务申报方式，梳理出系统上线后服务接入流程及接入要求，形成了企业级信息系统服务接入规范。规范主要包含坐席人员选定和上岗考核标准、常见问题处理方法、用户手册、知识库整理、交接培训等主要因素，服务接入流程如图 6－7 所示。

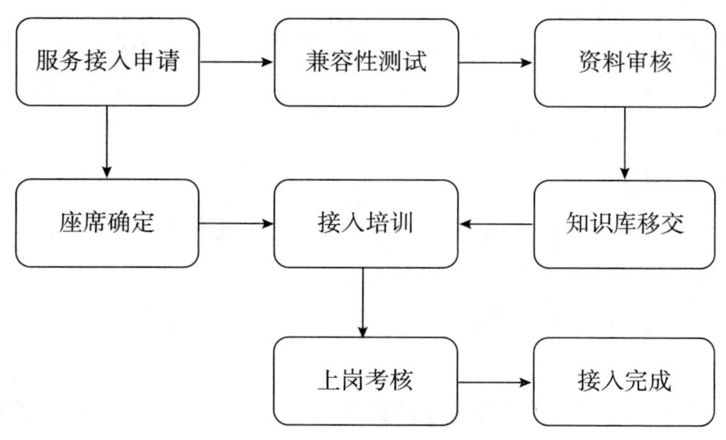

图 6－7　服务接入流程

6.3.3.1　资料准备

资料准备包含业务培训资料和运维服务知识的收集整理两个部分。

业务培训资料包括一线、二线、权限管理三方面。一线人员受理需要了解的信息要求及可处理业务内容及处理方法。二线现场排查需要了解的信息，检查方法，用户桌面 IE 的配置要求等，如有客户端，也包含客户端安装、卸载方法等。权限管理包含系统用户、角色、权限等配置要求、操作顺序以及其他注意事项等。

在系统上线前，项目组需收集梳理一线受理、处理，二线处理，三线处理和维护的知识点，形成文档移交质检组审核。系统上线后，根据事件和问题处理情况，每周更新修改知识点，由质检组负责跟进知识更新情况并督促服务人员核实知识点有效性。

6.3.3.2 上岗考核

在完成岗前培训后，质检组会组织专家坐席进行上岗考核，考试合格者（80 分以上）发放上岗证，不合格者安排补考，补考 3 次不合格者不允许入场，由项目经理重新安排坐席人员。

6.3.3.3 上线准备

由项目经历组织召开上线准备工作会，对系统建设情况、系统功能和性能情况、以后用户使用情况重点说明，核实系统相关信息是否发生变更。涉及业务切换和版本升级的，还需说明业务更新内容及存在问题。

需核实内容如下：

系统全称、简称，IP 地址及访问方式，主要用途，用户群，业务部门，存在问题应对措施，正式上线的时间及相关要求、注意事项。

运维团队构成情况，是否有驻点，驻点位置及人员名单，各单位人员分工。

用户培训情况、用户账号及权限配置情况。

6.3.3.4 定期评价

按照外协人员考核评价管理办法，运维服务质量保障条款等定期开展考核评价，结果定期提交项目组。重点考核指标有：系统呼损率 < 10%、一线解决率 > 50%、响应超时率 = 0、按时解决率 = 100%。

6.3.3.5 系统大版本升级

参照系统上线的标准开展各项准备工作，重点说明升级后的功能修改项，可能产生的缺陷、故障，以及桌面客户端升级等问题。

涉及桌面客户端升级，应在版本升级前安排人员进行升级测试，并制订升级包发放策略。

涉及功能修改的，需要制作功能修改说明文档，提前发给使用人员和坐席人员。

版本升级后需另外安排熟悉版本升级情况的项目组人员（至少 1 名）到服务台处理升级引起的咨询、缺陷、故障等，负责新问题的收集、分析，并提供解决方法，当天无法处理的问题应归类提交项目组研究解决，在 1 周内进行应急处理。根据用户咨询情况，增加培训或制订专题说明文档发放。

6.3.3.6 服务形象宣传

组织多形式培训、开展多渠道客户服务工作宣传活动，有效提升运维服务能力，让服务品牌深入人心。主要通过视频推送、办公门户系统、信息服务网站、海报、宣传短片、电脑屏保、宣传小手册等多渠道进行服务热线以及服务工作的宣传，宣传内容包括热线电话、服务方式、服务范围、服务目录、服务标准等方面内容。

具体实施内容如下：

1）发布公司统一宣传设计。公司信息中心制订公司统一设计的宣传主题、徽标、口号、吉祥物，并将其应用于各项宣传材料中，将便笺、书签、名片、信息服务信封等样式标准化。

2）宣传工作属地化。各下级单位宣传便笺、书签、名片、信息服务信封可按照公司统一设计进行调整，增加本地化的名称、联系方式。

3）完善信息服务目录，统一服务范围和服务提供方式。向用户公布服务目录，让用户更清晰了解“1000号”服务内容、服务名称、服务目标（如服务响应时间、完成时间）、服务范围、服务时间和服务级别和例外情况等。

4）启动“1000号”客户服务统一宣传。在公司及所属各单位，采取以下具体方式开展宣传工作。

第一，“1000号”客户服务宣传短片。在公司本部和各供电局的视频推送系统循环播放，包括不限于大堂、电梯间和走道上的电视终端，至少每两个小时出现一次，至少持续一个月。

第二，各单位在PC端设置屏保开展宣传。通过终端桌面管理软件推送至每位用户电脑终端中，屏保激活时间不得大于30分钟，屏保宣传至少持续一个月。

第三，纸质宣传方式。海报（或宣传板报）、易拉宝、宣传手册这三种纸质宣传方式中至少应用两种。海报（或宣传板报）放置在显眼处展示，其中，“1000号”服务台的办公场地必须放置；易拉宝或宣传手册放置于各单位大堂前台，保持数量不得小于20份，同时，上门服务的二线人员须随身携带各2份，询问用户是否需要。

第四，温馨提示条或便笺。用于服务人员上门提供现场服务时用户不在的情况，在统一设计的温馨提示条或便笺上留下说明，告知用户如何再次联系上门服务。

第五，“1000号”客户服务专用信封。用于新的信息服务用户加入时，服务人员应用便笺将客户的信息设备开机密码、业务系统密码、业务系统常用操作手册以及信息服务指南打印出来装入“1000号”统一设计专用信封，密封后派专人递交给用户，为用户提供清晰的信息服务指引。

第六，信息服务人员名片。用于第一次为新的信息用户提供现场服务时，向用户派发统一设计的“1000号”服务名片，使用户能够通过名片上印制的联系方式便捷地获取到信息服务。

第七，每月之星评选。每月评选服务之星，评选结果制作成海报展示于“1000号”服务台的办公场地。

第八，企信“1000服务号”。公司本部设置企信平台公众服务号，推送服务指南、服务范围、服务方式等宣传内容，建立面向广大用户的宣传窗口。

第九，IT运维服务网站。公司开通IT运维服务网站，展示服务团队、服务承诺、服务目录等宣传内容；安排专人负责与用户沟通交流，为用户提供更为便捷的服务。

第十，其他宣传方式。在公司或本单位开展重大活动时，使用带有“1000 号”客户服务徽标、服务形象和服务范围的温馨提示模板将活动内容实时通过终端桌面管理软件、企业门户和公司邮箱等途径推送给用户，在帮助用户获取公司或本单位重大活动信息的同时，宣传“1000 号”客户服务热线。

6.3.4 服务质量管理

与“产品”不同，“服务”的提供贯穿于和客户的互动中。只有当服务被提供时，才能体现其存在的价值。服务的质量取决于服务提供者与其客户间互动过程中某些协议的实现程度。客户如何感知服务的优劣，服务提供者如何考虑所提供的服务，两者很大程度上取决于他们的经验和期望。

提供服务的流程是生产和使用的一种组合方式，通过流程使服务提供者和客户同时参与服务的过程。客户对服务的感知主要来自于服务供应的过程。客户通常用以下问题评价服务的质量：

1）所提供的服务是否达到期望？（质量可衡量性）

2）能否在多次服务中得到同样的质量？（质量稳定性）

3）服务所需成本是否合理？（质量与成本）

服务是否达到客户期望主要取决于客户在多大程度上赞同所交付的服务内容，而不是服务提供者提供了多“好”的服务。因此开展有效的和持续的客户对话机制极为重要。

服务质量取决于服务完成客户需求和期望的程度。为了能够提供所需的质量，服务提供者应该持续评估服务经验，了解客户对未来的期望。不同客户考虑的内容和方式都不尽相同。因此优质服务都是为客户“量身定做”的，这也是服务区别于产品的主要特点。

ISO 8402 对质量的定义是：“质量是一个产品或服务就其具有的能力满足确定的或暗示的需求的总体特性。”质量“高”往往意味着产品或服务在某种程度上超过了客户的期望。

在质量得以保证的同时，成本也是客户同时考虑的因素。或者说在就其对服务的期望达成协议之后紧接着的步骤就是对成本达成协议。服务成本必须是合理的——对于服务提供者来说体现其实施成本与合理利润，对于客户来说是建立在对服务市场的合理理解与选择之上。

客户对服务质量评估的另一重要依据是服务的一贯性。如果服务提供者偶然能够提供超出客户期望的服务，但在其他时间却常常令客户失望，则显然不能称之为质量合格者。“持续的质量”是最为重要的，也常常是服务业最难以实现的目标。

服务（或产品）的提供是通过交付行为实现的。而其质量很大程度上取决于组织这些行为的方式。Deming 质量轮提供了一个简单有效的质量控制模型，如图 6 – 8 所示。

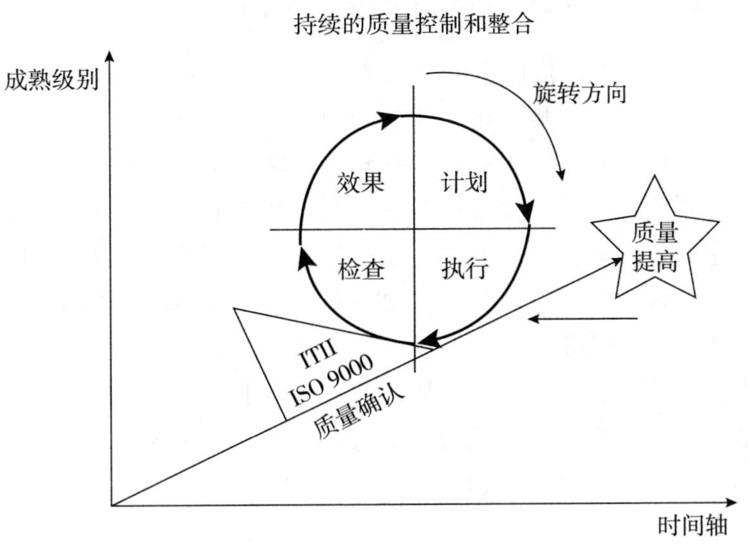

图 6 – 8　Deming 质量轮

这一模型假设要实现有效的质量控制，必须重复履行以下步骤：

计划（Plan）：应该做什么？什么时候做？谁去做？如何做？借助什么去做？

执行（Do）：实施计划的行为。

检查（Check）：确定执行行为是否提供了预期的结果。

效果（Act）：基于检查得到的信息修正计划。

有效和适时地推动此轮旋转，意味着服务行为被按照各自的计划和检查机制分为各子流程。必须清楚谁在组织中负有责任，他们被授权修改哪些计划和程序，不仅为某一个行为，而且为每一个流程。

质量管理（Quality Management）是在提供服务的组织中工作的每一个人的责任。每一个员工必须明白他做出的成果如何影响工作质量，影响其他同事的工作质量，并且最终如何影响整个组织提供的服务质量。质量管理同时意味着持续地寻找改进组织的机会，实施能够改进质量的行为。

质量保证（Quality Assurance）是组织内部的重要政策，用来保证质量管理的实施。它集中体现了一整套质量衡量标准和履行程序，保证组织能够提供持久满足客户期望及相关协议的服务。质量保证确保质量管理所实施的成果处于可维护的状态。

综上所述，本次越秀工商运维项目的服务质量管理，围绕质量系统的服务流程是保证服务质量持久延续的有效方法。

6.4 电网企业级管理信息系统服务管理的特色实践

6.4.1 服务集中对企业级信息系统的推广应用

随着企业级信息系统的推广应用，系统应用范围逐步扩大，使用人员越来越多，但是系统上线初期运维人员相对集中于公司总部，对下属各单位的应用情况掌握不够，为此，建立了统一呼叫中心平台，提供 7×24 小时电话服务，保障用户信息畅通，制订统一呼叫流程，明确拨打方式、工作流程描述、系统流程变更管理等规范，明确服务台与中心各科室、供电局、县级服务人员处理协调要求，实现服务调度省地县联动。公司签订信息服务承诺书，划分用户级别和服务类别，明确服务内容、响应时限、完成时限等标准，服务范围以“一站妥”方式向用户提供服务，统一分派协调信息人员处理。制订统一的客服接入、话务接听、工单录入、问题管理服务人员行为规范等标准，规范服务用语、服务行为、现场服务流程、等各项要求，提高服务规范性，规范用户申报问题的记录、分派、跟踪及结果反馈，为各单位提供统一标准的服务。

统一话务受理方式如图 6－9 所示。

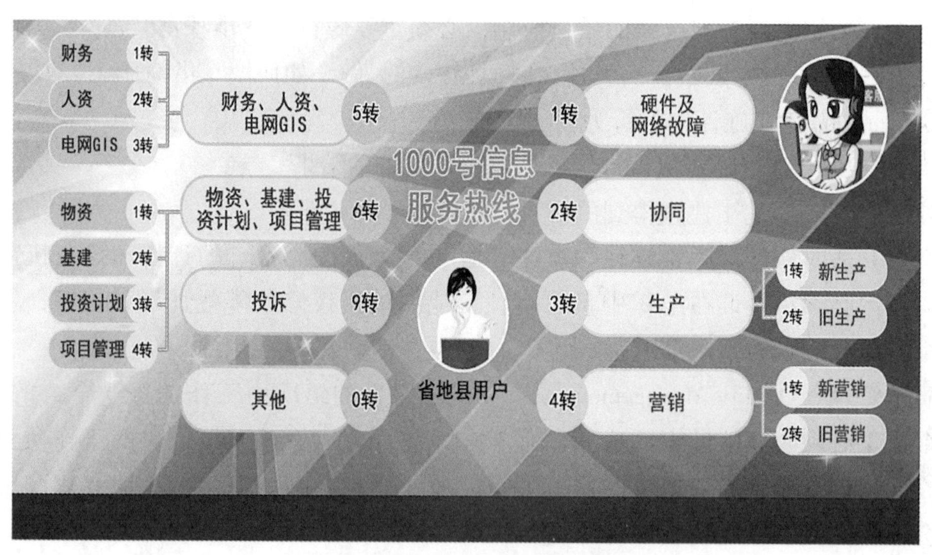

图 6－9 统一话务受理方式

IT 呼叫平台除基本的话务接听、转接、录入、历史消息情况、客户职务称呼提示等功能外，应同时提供坐席管理人员监控信息，实时显示不同技能组话务情况、等待人数，动态调整专业坐席上线人数，资源灵活配置，保证信息服务不受影响。

除传统电话外，在线客服也同步受理，提供了多个服务受理渠道，在线客服支持远程视频操作，实现用户面对面的解答，较单纯的语音解答更人性化。在线客服也同步提供常见问题的处理方法，供用户自行查阅，如图 6－10 所示。

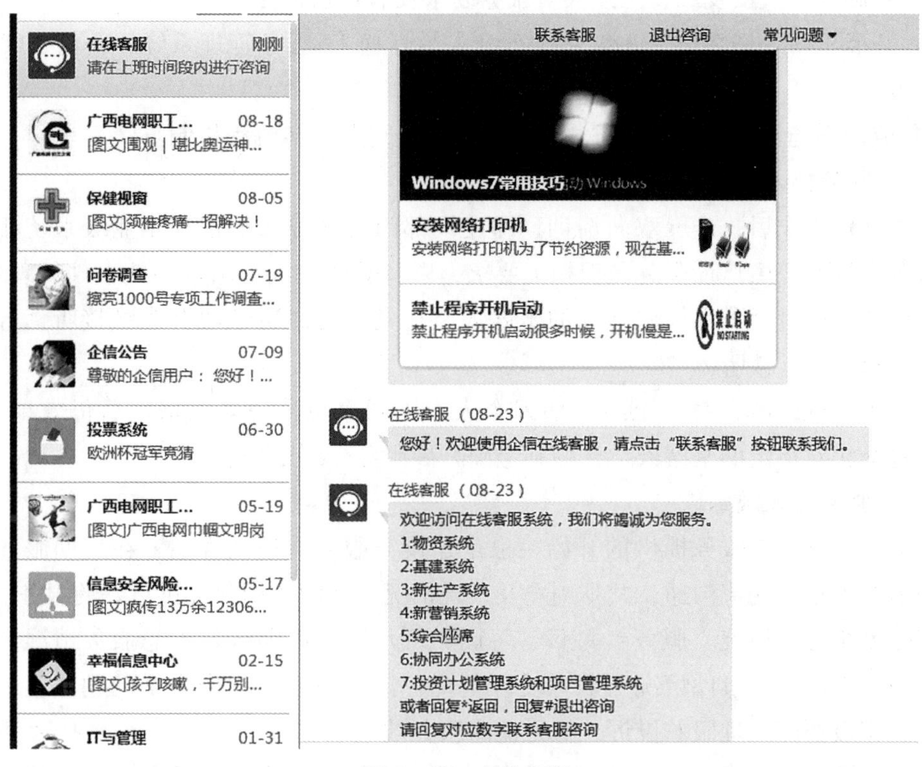

图 6－10　在线客服

对应不同信息系统设置不同的坐席人员，熟悉本系统业务，制订坐席受理规范，统一信息记录处理要求。统一呼叫平台后，服务台每月受理企业级系统电话约 15000 个，处理事件约 12000 起，并根据系统故障、检修、应用情况统一发布相关信息，及时通知用户。

6.4.2　企业级信息系统建设与服务交接案例

6.4.2.1　服务接入准备

在系统完成初验后，建设部门项目负责人向服务台主管提出信息系统接入申请表，应在系统上线前 1 个月开展接入准备工作。具体包含以下几点。

1）确定业务主管部门、信息部、供电局信息中心、信息建设部门的分工及相关沟通要求。

2）开展终端兼容性测试，了解系统功能测试和性能测试情况。

3）根据用户群预估话务量，设置专业坐席、坐席备岗及三线运维人员，确定人员名单。

4）明确服务规范培训及系统业务相关要求，根据要求准备培训材料，制订培训计划。

5）明确坐席人员及二、三线人员服务要求及考核指标。

6）开展坐席入场登记，并为三线运维人员开通 IT 服务管理系统、企信、IT 呼叫系统账号。

7）梳理系统常见问题处理方法，确定问题处理及运转流程机制。

6.4.2.2 服务接入培训

完成准备工作后，开展双向培训，即建设部门为服务人员培训企业级系统相关知识；服务人员对坐席培训服务受理相关要求，以及对建设人员培训系统事件处理要求。坐席人员考核通过后可入场。到场的坐席人员首先进行跟班学习和尝试接听话务，基本满足要求后独立接听。

如财务系统坐席在系统上线初期因个人原因频繁更换，多次培训后仍效果不佳，经协调选择相对稳定的坐席人员，顺利上岗开展服务受理工作。

6.4.2.3 服务接入跟踪

服务接入意味着服务提供的开始，也是建设与服务沟通的开始。在后期服务过程中，还需要大量的交流沟通，共享用户及系统情况，共同为用户提供更好的服务。

根据系统运行情况，服务台每日、每周、每月等按周期统计汇总服务情况，反馈建设部门，提供用户事件情况及服务受理情况，汇总服务过程中主要问题，组织各类协调会，积极协商处理服务投诉，努力提高服务效率。

财务系统接入后多次出现呼损率高的情况，也接到用户反映话务忙无法拨入，在详细查看抽取了呼叫信息记录后，发现每月下旬为话务高峰期，是其他时段的 2 倍，因此需要考虑是否通过增加坐席的方式进行调整，以便满足话务的顺利接听。

营销系统接入客服后，不定期出现话务忙情况，经过对话务分析发现，无规律出现的高峰多与系统缺陷有关，如无法正确打印缴费单据问题。为顺利受理事件，特安排备岗坐席 2 名，在话务忙时切入以及时补充，同时也协调项目组开展缺陷排除处理。

6.4.2.4 服务数据应用

信息服务数据分析应用，重点从系统和用户两个角度开展。数据分析按照月度、季度开展数据对比，关键数据波动情况，对于突变数据重点分析。每月对系统故障、检修、升级等情况重点关注，及时跟进用户情况反馈运维、建设单位，加强了建设、运维、服务间的协同工作。

对企业级信息系统进行重点分析，从用户单位分析，可以发现各单位使用差异，从而有针对性地开展业务培训。从系统事件分类可以看出系统缺陷情况，影响范围等，从而重点跟踪，提升问题等级，加快响应处理速度，为用户提供更加优质的服务。

增加对关键用户、重要用户的服务分析，分别按月提交分析报告，分析常见事件类型、发生频率、故障原因等，制订预防、应急措施，做到主动服务。

每周针对企业级信息系统导出周报，按照终端环境、系统故障、账号权限、使用咨询、系统缺陷、数据处理、功能需求等类型进行统计，提交项目组分析，为系统优化改进提供支持。

服务台开展日报表统计每日各企业级信息系统服务情况，关注系统排队情况及呼损情况，日常监控坐席服务状态，调配坐席人员，如表6－7、图6－11至图6－13所示。

表6－7　各坐席组呼入情况统计（＊月）

日期		综合	协同	财务	南宁	人资	电网GIS	物资	基建	投资计划	培训与评价	4A	新生产	新营销	备注
	请求呼入数														
	坐席呼入数														
	坐席呼入未接听														
	坐席呼损率														
#######	排队数统计														
	排队放弃数统计														
	系统呼损率														
	坐席在岗人数														
	平均话务量														
	请求呼入数														
	坐席呼入数														
	坐席呼入未接听														
	坐席呼损率														
#######	排队数统计														
	排队放弃数统计														
	系统呼损率														
	坐席在岗人数														
	平均话务量														

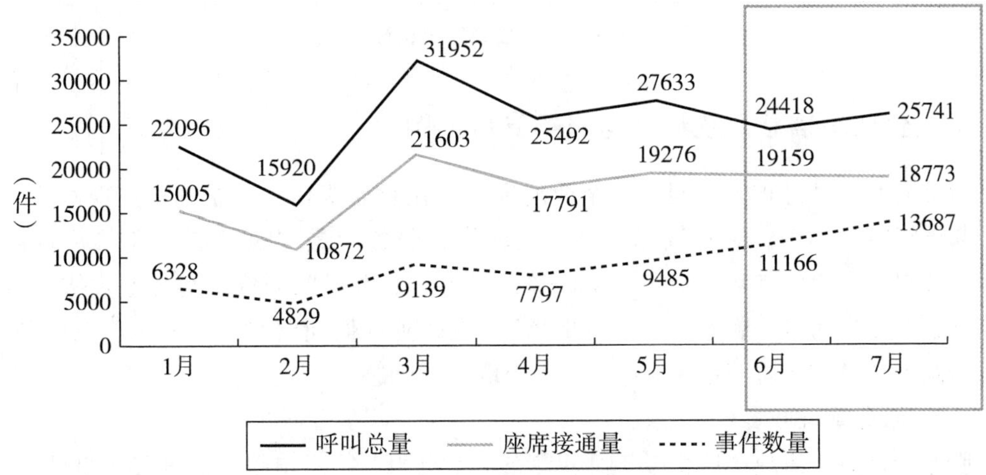

图6－11　总体话务情况

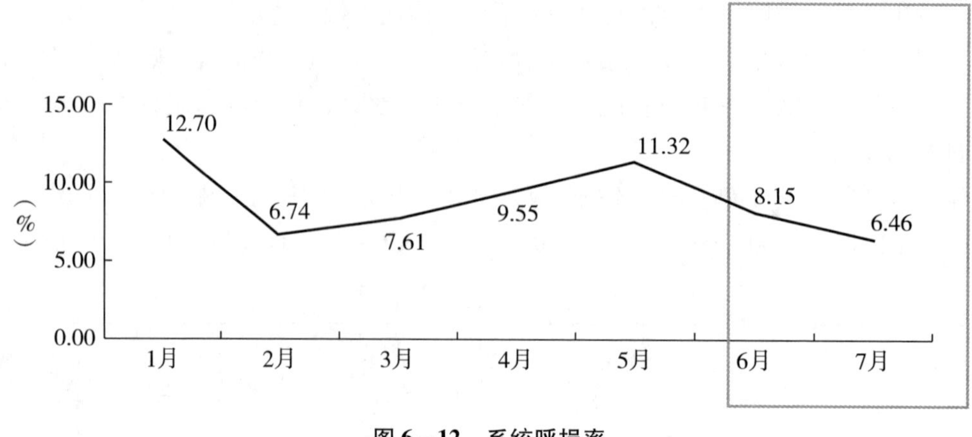

图 6－12　系统呼损率

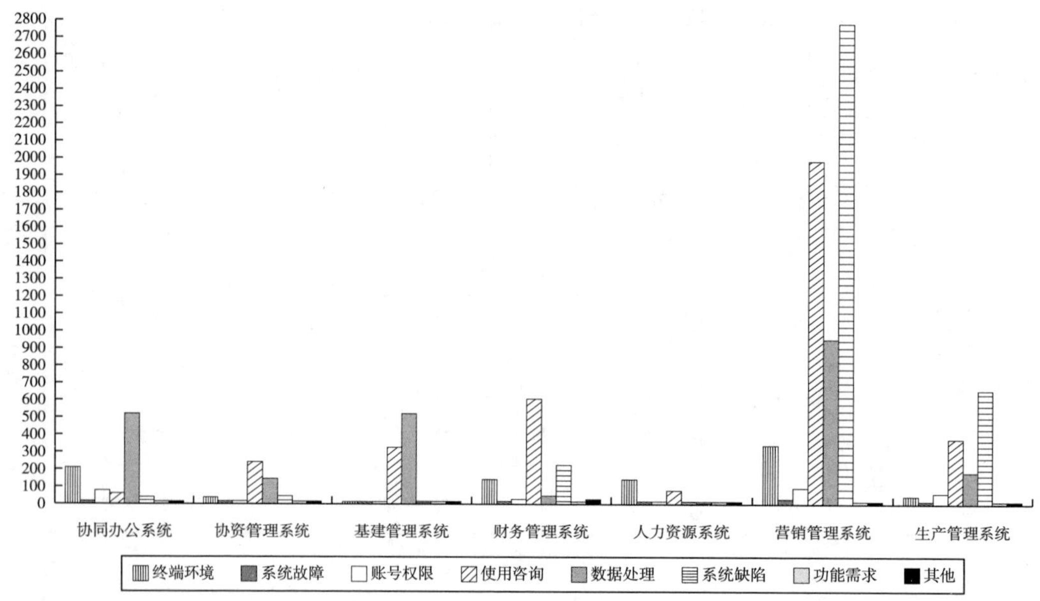

图 6－13　信息系统统计

6.4.3　企业级信息系统运维与服务支持案例

运维与服务息息相关，服务是企业的窗口，在企业级信息系统的推广应用中，服务台起着纽带的作用。对建设和运维人员而言，服务台是“过滤器”和“扩音器”，可以处理很多客户的询问和请求，从而节约了资源，并及时向客户传递有关服务的各种情况；对用户而言，服务台是“导航器”，在碰到任何问题时，只需要联系服务台，然后由服务台进一步协调跟踪，避免了多点联络的问题。

6.4.3.1　服务管理职责

服务管理主要体现在信息服务对外发布、信息服务需求申报、信息服务事件处理、信息服务内部协调、信息服务质量把控等方面。

(1) 统一服务受理

在信息化系统越发灵活、复杂的今天，用户所面临的问题也是多种多样，可能涉及不同的应用、不同的资产。但是建立了服务台之后，用户可以将任何 IT 应用相关的问题直接反映到服务台，减少了各单位多层传递引起的信息错漏和迟缓。服务台受理服务请求的渠道包括：统一服务电话、企信在线客服和网站或终端自助服务等。

(2) 一线技术支持

即使最高级别的现场技术支持，也不会比使用者现场自己解决问题更加快速。服务台非常重要的一项任务就是根据知识库的记录，帮助用户现场恢复使用，一般来说，30% ~50% 的故障支持请求，都应该在服务台得到解决。

(3) 协调、跟踪和反馈

一旦服务台无法帮助用户直接解决问题，就必须根据服务协议所规定的时效，提出分派二线技术支持的要求，并且在服务完成之前持续跟踪。如果服务进程中出现任何异常，必须立即向客户进行反馈，并启动升级机制。

(4) 记录、分析和总结

服务的价值来自于长期的积累，如果不对过往的技术问题、服务记录进行总结归档，就使得服务失去了参考的依据，从而无法获得持续发展的动力。服务台作为所有服务请求的接口，必须保持准确的记录和科学的分析。

为了在服务期间，帮助采购人建立服务的监控管理力度、沉淀一套较为全面的知识库系统，每月审核项目组的问题处理情况，整理后录入知识库，及时整理并发布专用系统《维护手册》，持续提高服务质量。

6.4.3.2 服务运维关系

服务在运维各环节中均起到协调沟通、协助等作用，贯穿企业级信息系统信息服务全过程。服务和运维密不可分，相互配合。

日常事件及请求管理中，服务人员对罕见的、知识库中没有的事件进行处置，则需协调运维人员协助排查处理。

在突发故障出现时，服务人员需转交调度人员主持应急抢修和故障处理、分析整改工作。服务人员负责向用户通报处理进展。

在知识梳理应用中，服务人员需要学习运维经验，掌握常见问题处理方法。运维人员需及时将系统功能、应用等变更情况通知到服务人员，培训新出现问题的应急处理方法，讨论制订服务人员对事件、问题的记录要求，减少后期与用户的重复沟通。

企业级系统在系统上线提供常见问题处理办法，每月根据本月的故障、缺陷、用户指导、系统版本更新等工作情况整理修编常见问题以及处理方法，为服务人员提供日常服务知识库。

6.4.3.3 服务支持案例

服务与运维协调主要体现在每日早会、应急处理、月度例会等。每日早会由运维和服务相关人员参加，由服务人员汇报服务情况、调度人员汇报值班运维情况，重点关注前一日的事件申报处理情况、累计未解决事件、服务指标情况、运维巡检情况、风险影响预估、作业执行情况、当前系统缺陷情况和运维故障处理等。经过讨论分工，确定服务及运维相关配合事宜，如表6－8、表6－9所示。

表6－8　　作业执行情况

<table>
<tr><td>分类</td><td>当月计划量</td><td>到时应执行作业总量</td><td>已批票（处理中）</td><td>已超时，未结票</td><td>按时完成</td><td>变更计划后完成</td><td>超时完成</td><td>取消执行</td><td>应执行，未批准</td><td>按时完成率</td><td>计划准确率</td></tr>
<tr><td>计划作业</td><td>57</td><td>38</td><td>14</td><td>0</td><td>12</td><td>0</td><td>0</td><td>1</td><td>11</td><td>92.31%</td><td>92.31%</td></tr>
<tr><td>分类</td><td colspan="2">当月申请</td><td colspan="2">已完成</td><td colspan="2">执行中</td><td colspan="3">属信息部或业务部门下达任务（免考核）</td><td colspan="2">当月临时作业占比（考核指标<10%）</td></tr>
<tr><td>临时作业</td><td colspan="2">0</td><td colspan="2">0</td><td colspan="2">0</td><td colspan="3"></td><td colspan="2"></td></tr>
<tr><td rowspan="2">作业计划问题分析</td><td colspan="2">已超时，未结票</td><td colspan="2">超时完成</td><td colspan="2">应执行，未批准</td><td colspan="3">取消执行</td><td colspan="2">其他情况</td></tr>
<tr><td colspan="2"></td><td colspan="2"></td><td colspan="2"></td><td colspan="3"></td><td colspan="2"></td></tr>
</table>

表6－9　　本周重点关注作业

序号	计划开始时间	计划结束时间	作业编号	作业内容	执行情况
1	2016－09－01 08：00	2016－09－07 23：00	ZYJH－046100－16082900001		
2	2016－09－07 01：00	2016－09－07 05：00	ZYJH－046100－16082500031		
3	2016－09－01 08：00	2015－09－06 23：55	ZYJH－046100－16083100001		

6.4.4 服务质量管理在企业级信息系统中的应用

开展质量检查，提高服务质量。通过对录音、工单、指标的质检跟踪，监控服务呼损率、事件响应超时和处理超时等复合工作要求，受理并协调处理用户投诉事件，发现工单积压情况等突出问题，提出有效整改措施，促进服务质量提升。质检按照公司日常制度标准开展，包含《IT服务管理细则》《服务人员服务用语工作指引》《服务人员行为规范典型业务指导书》《系统数据录入规范工作指引》《企业级信息系统事件详细分类说明》《终端系统事件分类说明》《计算机终端初始化配置作业指导书》《建转客服工作指引》《企业级信息系统问题管理工作指引》等。严格把关服务人员制度的执行情况，并纳入质检范围。重点从服务人员着装、受理态度、工具配置、巡检完成情况等方面开展，对照服务承诺书，验证日常服务情况是否符合承诺要求。

质检总体方向分为四大部分。

第一，日常行为规范。包含纪律、着装要求、日常考勤（到岗情况、在线情况）。信息服务行为规范指导书的要求，结合实际情况制订规则、细化检查内容并明确检查标准。

第二，操作规范性。工单、话务质量、现场服务等。参照质检工作指引的要求，根据现状细化质检关键点的检查内容，明确检查标准，包含专家坐席。

第三，培训效果跟踪。新进人员和新上线系统均开展服务培训，定期开展知识交流培训，以及服务流程等调整培训，质检人员重点跟踪培训情况，反馈培训效果，便于调整培训计划。

第四，投诉情况汇总。根据用户投诉及投诉处理情况梳理信息服务存在的问题，提交服务主管，组织讨论改进措施。

质检结果反映了服务人员的工作质量、效率、状态等，用于绩效考评及奖励依据；质检结果也反映用户服务需求，以及服务过程情况，通过结果分析发现规律，推断服务趋势，预防突发事件，做好应急措施。全面推行绩效管理，结合服务指标、行为规范、知识贡献度以及日常工作表现等，突出“奖优罚劣”，有效激发服务人员的工作积极性和主动性，开展了各类劳动竞赛，鼓励服务人员认真开展各项工作，加深对应知应会知识的掌握，营造比学赶超的工作氛围。

6.5 小结

在主导“大运维”模式下的电网企业级管理信息系统服务体系下，必须加强团队建设，开展多种形式的专题探讨、服务分析和个人访谈等，鞭策后进，鼓励先进；而在日常工作开展时候，综合考虑常态轮岗体验和日常合作，增强团队凝聚力；通过开展知识竞赛、技能水平评比等活动，不断锤炼业务技能和服务技能，充分发挥服务总协调的职能。最后，在秉承“客户为中心”的服务理念，坚持以客户的标准为标准，努力超越客户的期待，擦亮“1000 号”服务品牌的前提下，还应充分考虑精益管理的内容，以支撑日益增加的电网企业级管理信息系统的服务需求，为电网企业信息系统的高可靠性、高安全性、高稳定性保驾护航。

7　电网企业级管理信息系统运维调度管理及实践

7.1　引论

7.1.1　电网企业实行管理信息系统运维调度管理的必要性

随着国家信息化战略部署的逐步推进，在电力企业中，信息化支撑作用日显突出，信息与业务的融合程度将大幅提高，信息运行发展面临重大机遇与严峻挑战，如何提升信息运行保障能力已成为当前需要解决的重要课题。由于业务的特殊性，电力企业对于信息系统运行的可用率、运行率等指标要求更加严格，如何更加有效地推进信息运维主业化、集中化和专业化进程，实现从面向设备、以技术为核心的运维方式向面向业务、以服务为核心的方式转变，建设电网企业级管理信息系统运维调度管理体系已成为当务之急。

7.1.2　运维调度管理模式与传统运维管理模式优缺对比分析

在传统的运维管理模式中，存在着管理模式被动、粗放，运维资源难共享，运维效率低，响应速度慢等诸多弊端。

弊端之一：缺少对作业计划的严格管控流程，传统运维管理模式对作业计划的管控被动，存在着“需要时才计划，问题出现了才分析”等粗放管理的问题，进而造成作业风险高，用户体验差。

弊端之二：应急响应能力差，响应速度慢，传统运维管理模式中，IT 运维人员多是“救火队员”，哪里有问题就扑向哪里，出了问题才进行抢修，无法提前发现，提前处理，信息系统难以处于长期稳定有效的运行状态。

电网企业级管理信息系统运维调度管理体系的建设可以实现科学合理的组织架构和职责分工，明晰工作关系与工作流程，提升运维队伍的专业化水平，提升整体 IT 运维管理的有效性；整合公司各类 IT 运维资源，从目前的分散型向集约型转变，提升运维资源的配置效率；建立科学有序的管理流程和规章制度，实现管理方式由职能管理向流程管理转变，粗放型向精益型管理转变，提升运维管理及作业的规范性。应用先进、实用、高效、全覆盖、自动化、智能化的 IT 运维管理工具，搭建统一高效的 IT 运维管理平台，由被动管理向主动管理转变，提升响应速度和运维工作效率。

7.1.3 国内企业运维调度管理模式探索现状

7.1.3.1 国家电网的运维管理模式

2011 年 3 月，国家电网公司总部调控中心、京沪陕三地灾备中心相继投运，各网省调控中心开展推广建设阶段。同时，公司统一组织开展调运体系建设工作，初步建立总部、三地灾备中心和网省公司之间纵向联动机制；调度、运行、检修、客服和三线之间横向协同机制也正逐步形成。

国家电网公司信息调度分为总部（包含三地灾备分调）、网省公司（包含各直属单位）两级信调。总部调度对象包括京、沪、陕三地灾备、华北电网等 27 家网省公司、国网信通公司、25 家直属单位。各级信息运行检修机构、客服中心、安全督察以及三线外围支持也在调度对象之内，如图 7－1 所示。

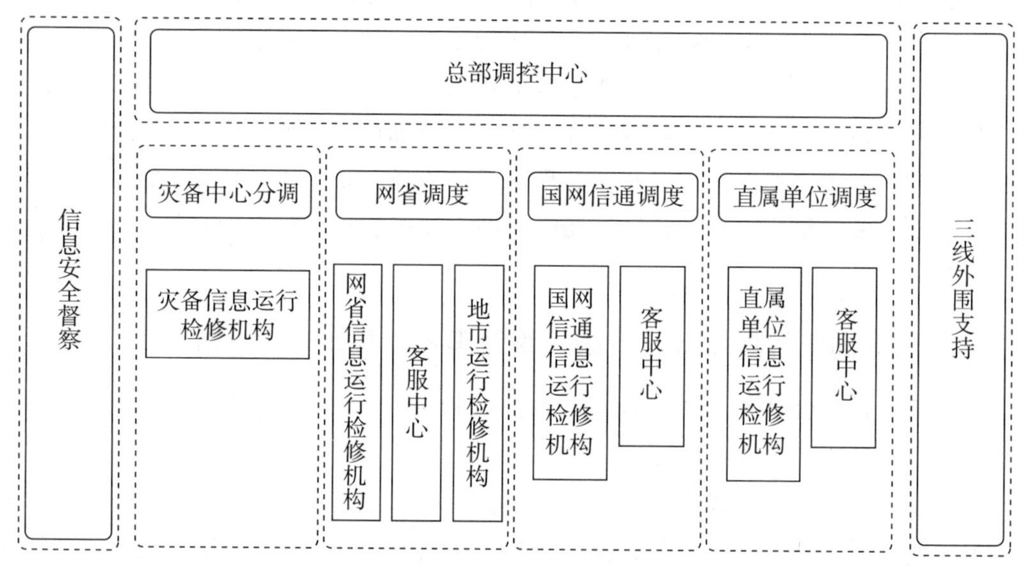

图 7－1 运维管理模式

7.1.3.2 辽宁电网的运维调度管理模式

依据国家电网公司信息系统调度运行体系研究的成果和“十二五”规划的相关精神，结合辽宁电力运维现状和目标要求，辽宁电网提出从组织保障、制度规范和技术支撑 3 个方面规划辽宁电力信息系统调度运行体系。推进信息运维主业化、集中化和专业化进程，实现从面向设备、以技术为核心的运维方式向面向业务、以服务为核心的方式转变。组织保障、制度保障和技术保障 3 个方面提出如下目标。

（1）设计科学合理的 IT 运维管理组织架构和职责分工，明晰工作关系与工作流程，提升运维队伍的专业化水平，提升整体 IT 运维管理的有效性。整合公司各类 IT 运维资源，从目前的分散型向集约型转变，提升运维资源的配置效率。

（2）建立科学有序的管理流程和规章制度，实现管理方式由职能管理向流程管理转变，粗放型向精益型管理转变，提升运维管理及作业的规范性。

（3）应用先进、实用、高效、全覆盖、自动化、智能化的 IT 运维管理工具，搭建统一高效的 IT 运维管理平台，由被动管理向主动管理转变，提升响应速度和运维工作效率。

辽宁电网的运调模式中，调度运行部门的职责是全省信息系统调度指挥管理、运行方式编制和修订、信息系统调度管理、调度运行工作规范化以及标准化建设、信息系统运行的技术管理、信息安全管理、信息系统运行监控、缺陷管理和运行分析等工作。信息检修部门的职责是计划检修、临时检修和紧急抢修等工作的管理，检修工作计划的编制和执行，设备维护及保管，备品备件管理，信息化项目建设的配合和验收测试等。客户服务部门的职责是服务台建设与管理、客户服务请求的受理和进度跟踪、服务质量管理、客户服务工作的统计分析和业务系统相关的信息发布。综合管理部门的职责是信息系统的资产管理，报表管理等综合管理和信息系统调度、运行、检修、客服工作的考核评价管理，如图 7－2 所示。

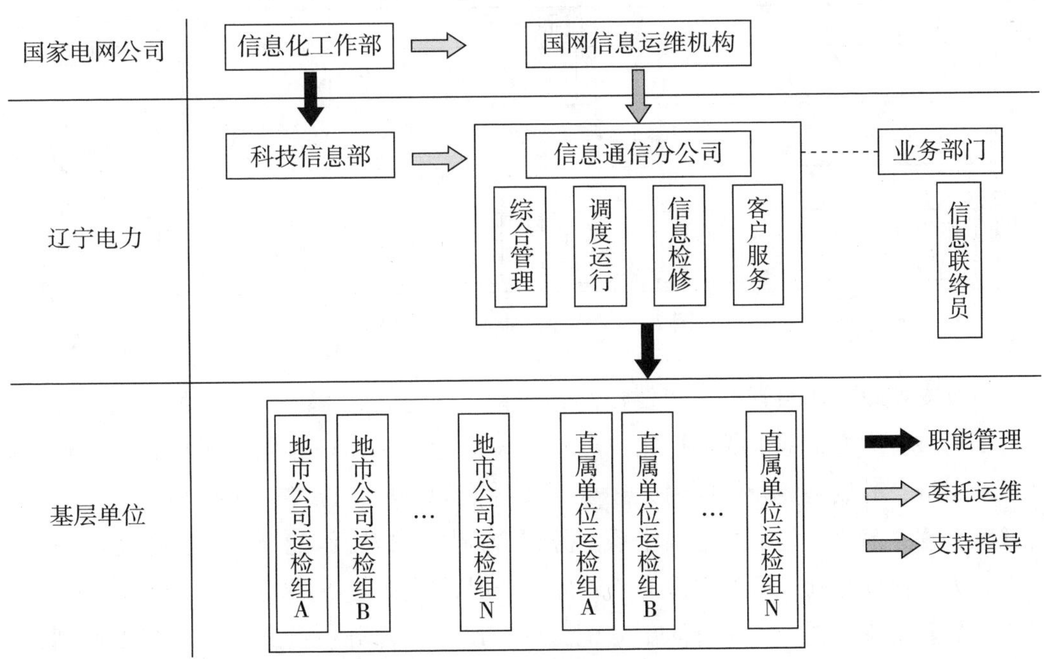

图 7－2　运维调度管理模式

7.2　运维调度管理模式精益化管理思路

7.2.1　运维调度管理模式建设思路

在建立运维调度管理模式运维模式时，要完善整个运维体系，对每个运维部门的责任进一步划分，建立良好的运维管理模式。在建设运维队伍时，要保证具备调度运行、信息运维、客户服务、综合管理 4 项基本职能，以主业化、专业化、集中化为建设原则，完善运维模式建设，加强运维管理的水平，有利于提高运维模式的运行效率。各个部门的任务都非常重要，因此要进行相应监督，提高部门工作效率。另外，各个部门之间既是独立工作，也是相互联系的，不能完全分割开，要加强部门之间的交流，保证良好的信息互换，建立科学、合理、有序的运维模式。具体信息运维调度业务体系，如图 7－3 所示。

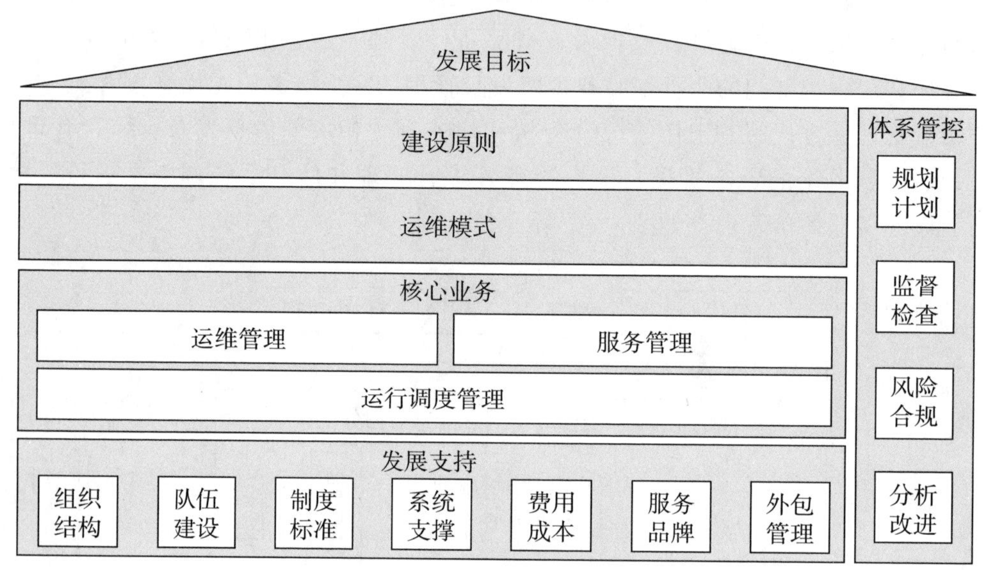

图 7－3　信息运维调度业务体系

发展支持以及体系管控。想要提高运维模式的运行效率，必然要加强对企业中运维资源的整合力度，并不断进行完善。在建设调运体系，培养内部运维管理队伍，以及不断引进各种战略资源的同时，还要对支撑资源进行不断整合。提高运维模式的运行效率，建立高效、稳定的运维体系，需整合外协人员协作配合。在主业化原则的基础上，为了保证基础性运维支持工作的良好开展，需要充分发挥外协人员的技能优势，对原有的队伍进行整合，完善队伍分配工作。以“内部分包模式”作为分配原则，主要对有统一规范标准，应用上较为简单，主要以技术管理为主的基础性工作。例如客户服务、运行监控、机房管理等应用，这些应用有着统一的操作规范，并且应用上也较为简单，不需要太强的专业性，可以有效发挥人员优势。而另一些如营销、ERP、生产等专业性较强的系统，则可以通过“业务总包模式”委托“两院一公司”辅助管理人员进行集中运维。

在运维管理模式中，借鉴电力调度的管控方法，以“作业计划管理”“方式安排”“运行监测与分析”“运维调度指挥”四大业务为核心，通过作业计划管理、请求管理、事件管理、问题管理、发布管理、变更管理、运维任务管理等流程开展，从统一组织架构、统一人员队伍和统一标准流程方面全面开展信息调度建设工作，实现“统一调度、一体化运行”融合目标。采取多种措施，强化调度意识和标准制度体系，固化运作模式和业务流程，如图7－4所示。

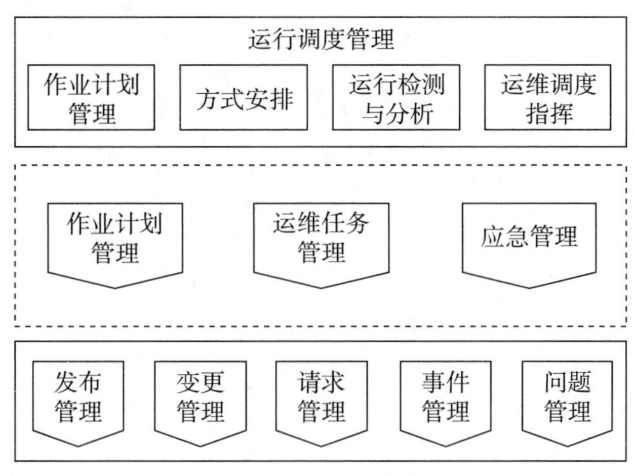

图7－4　运行调度管理

7.2.2　运维调度管理模式组织结构及岗位职责

在运维调度管理模式中，为了能够从组织上进行保障，建立科学、完善的IT运维管理组织，明确责任制度，规范工作流程，保证内部各个部门之间的良好合作，提高整个团队的工作效率和专业性，确保整个运维模式的科学有序，因此要对信息系统的调度、运维、建设、服务等业务功能进行专业化分工，设置网省地三级信息系统调度。遵照“统一调度、分级管理”和“集中化”的原则，实现信息系统协同保障、一体化运行。按照规范机构、明晰职责的专业化分工原则，信息运维机构内部设置信息调度、信息运维、信息建设、信息客服部门，分别承担信息的调度、运维、建设、客服工作。

（1）信息调度部门的工作包括：方式管理、作业计划管理、调度值班及应急管理等。

（2）信息运行运维行维护部门工作：负责缺陷管理、环境准备、缺陷的消缺、检修计划的编制、申报和执行，现场监护及检修完成后的验收工作。

（3）信息建设部门：负责信息系统的建设、实施、验收及培训等相关工作。

（4）信息客服部门的工作则是通过统一的客服电话受理全省信息客服请求，负责用户桌面维护工作，全面协助和解决用户使用。

在运调管理模式中，实现“分级管理”制度，在公司总部及各分子公司配备运行方式人员及调度人员，成立运行调度团队，加强各运维专业之间的统筹协调工作，形成“网省地三级调度管理制度”，公司总部运行调度团队承担总部信息系统运行调度管理职责，负责公司总部信息系统及 IT 设备的运行方式及调度指挥管理工作，统筹管理各分子公司作业计划，各分子公司运行调度团队承担本单位及下属单位的运行调度管理职责，负责本单位及下属单位信息系统及 IT 设备的运行方式及调度指挥管理工作，接受公司总部调度机构的调度指挥，如图 7－5 所示。

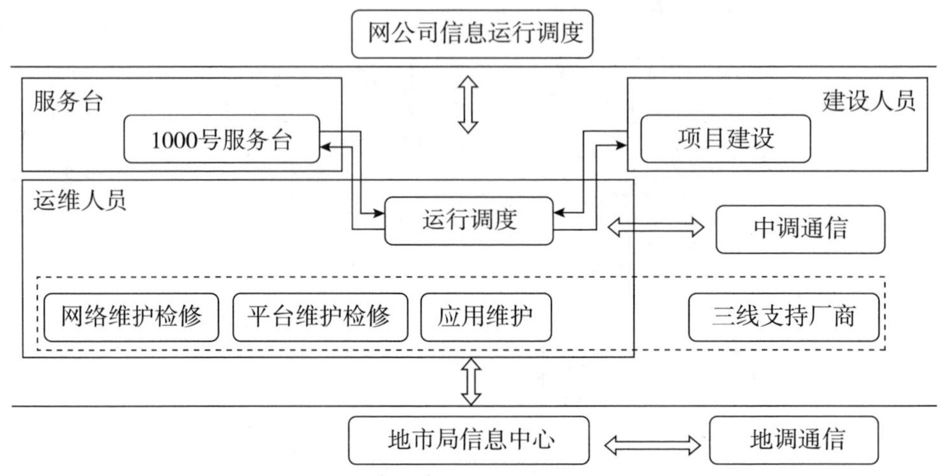

图 7－5　运维调度管理模式组织结构

7.2.2.1　运行方式人员职责

在运调模式中，运行方式人员负责编制本单位信息系统及 IT 设备各类资源统计规则和管理要求，负责汇总统计各类资源统计数据，编制各类资源统计数据报表，协调组织本单位信息系统及 IT 设备资源管理工作开展；负责在建在运信息系统状态统计与分析；负责信息系统和 IT 设备资源使用状况分析、预测工作，编制资源增长扩容计划方案；负责组织编制复杂变更的变更方案，如系统投运、退运、迁移或者其他涉及多个专业的复杂变更；负责组织变更委员会审批复杂变更的变更方案；负责对本单位信息系统及 IT 设备的相关资源申请进行统筹安排，组织制订方式方案；组织开展运维业务管理、资源管理和运行安全性、运行稳定性分析工作，组织开展运维工作的安全管理、风险管理。

7.2.2.2　调度人员职责

在运调模式中，调度人员负责编制、审核、发布本单位作业计划；负责协调、指挥三线人员处理事件、问题、变更及发布等运维工作；负责跟踪及协调处理各类故障，在紧急情况时组织协调运维队伍执行应急预案；负责运维过程中省地间任务的上传下达；组织运维人员参与应急预案编制，指挥运维人员参与应急演练；负责本单位信息系统及 IT 设备运行状态监测，跟踪与督促各运维班组及时处理告警信息。

7.2.3　运维调度管理模式中的作业计划管控

在作业计划管控中，调度许可并监督每天的信息类计划作业的实施，对计划作业按日、按周、按月进行管控。要求各单位指定运行方式人员负责组织系统管理员填报下月作业计划申请。涉及系统投运发布、程序升级的作业在月度作业报送前，需要通过安全测试（确认无高、中风险）、性能测试、功能测试，提交申请并附上测试报告。涉及在运信息系统的作业需在申请作业计划的同时申请开通运维审计系统与信息系统临时运维权限。提交影响信息系统可用性的作业计划申请前，要先获得业务部门同意。

各单位应在当年完成下一年年度计划编制并上报。

各单位当月应完成下月月度计划编制并上报。

对未列入年度、月度计划的作业可申请临时作业，由作业管理专责负责组织填写申请表并提交本单位负责人审核后，提前一周提交公司信息中心汇总。

作业计划按日管控，通过 IT 服务管理类系统进行实时监控。严格依照“无计划不派工，无方案不开工，无监护不施工”的原则进行管控，作业计划的实时管控由调度指挥及运行监控与分析来进行实际落地，如图 7－6 所示。

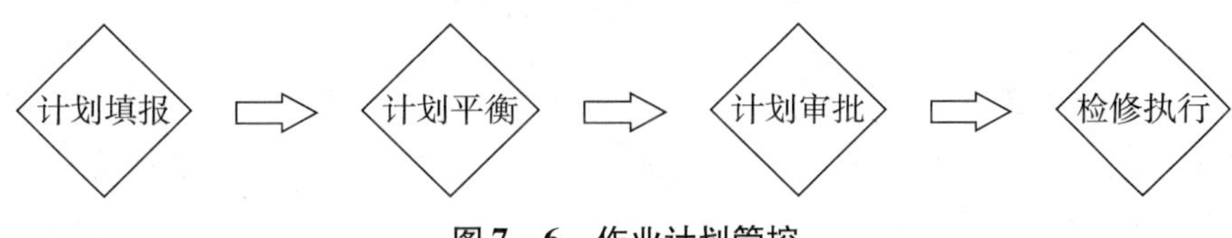

图 7－6　作业计划管控

作业计划严格实现闭环管控，严格做到“无计划不派工，无方案不开工，无监护不施工”，作业计划严格执行日管控，从 IT 服务管理系统、作业计划管控表等对作业计划进行严格管控，查看昨日已做的检修计划，今日要开工的检修计划，即将到期的检修计划，对遗留问题，是否关闭关联的变更票，是否有其他注意事项，是否是重大检修计划，通过企信、电话、邮件等进行通报，监督，如图 7－7 所示。

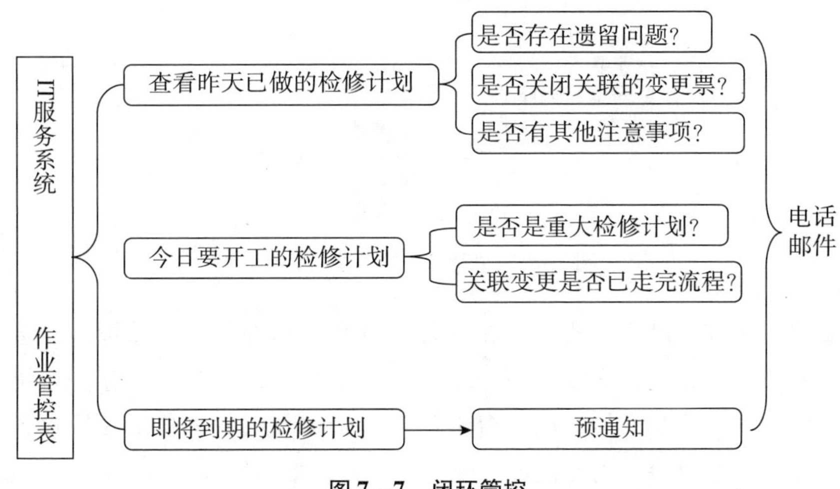

图 7－7　闭环管控

运行方式人员依托 IT 服务管理系统、作业计划管控表等对作业计划进行日管控、周管控、月管控、对作业计划执行情况进行详细分析，对作业计划的取消、通报等情况进行全方位监督把控，如图 7－8 所示。

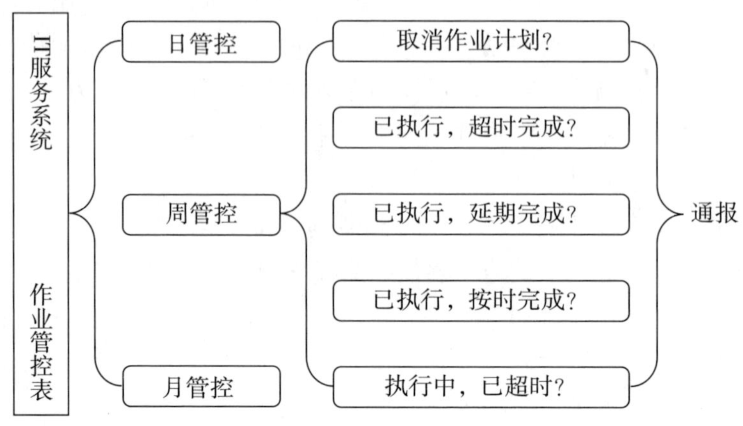

图 7－8　分周期把控整理

7.2.3.1　“两库一主人”

“两库”指信息安全风险库和信息作业基准风险库。“主人”是指应用系统（设备）的指定管理者，是应用系统（设备）的指定负责人。开展“两库一主人”的工作目的是为了明确设备主人职责，能够对作业项目提前开展作业风险分析，并制订有效的风险控制措施，如图 7－9 所示。

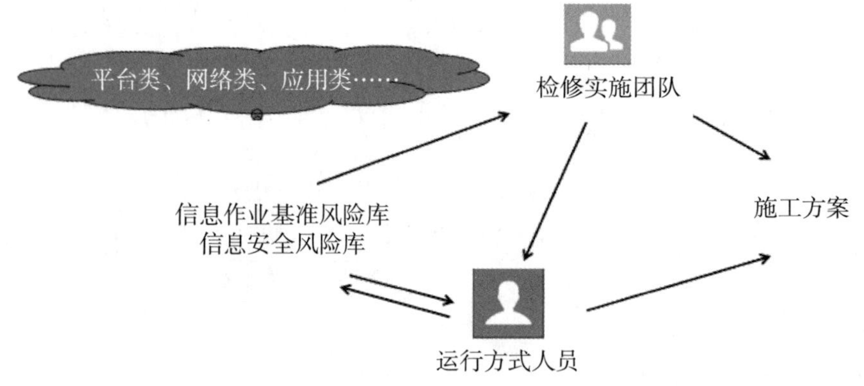

图 7－9　“两库一主人”运行链

目前信息系统安全风险主要集中在项目建设和运行维护两个阶段。信息系统大集中后，在大建设、大平台、大运维背景下，单个信息系统的建设工作、系统应用层维护工作、网络基础设施及其他资源平台维护工作均由不同的人负责，导致各负责人很难在总体上把控系统风险，需要指定系统设备主人，整体管控系统风险。

信息安全风险库是电网企业信息中心整体信息安全水平而汇总得出的差距、短板和不足，包含各操作系统的风险细项及系统漏洞扫描结果。

运行方式人员负责对“两库”进行滚动完善修编，检修实施团队编写施工方案时对照“两库”内容进行充分的风险评估，风险控制措施在方案中写明，作为作业交底和施工操作的依据。现场“写与做”相统一，信息作业基准风险库主要包括四个方面的信息作业：网络、安全、存储和虚拟平台。

7.2.3.2 作业标准时长库

在作业计划管控过程中，作业计划申报的准确性是管控的关键点之一，如作业计划申报不准，将存在作业执行超时，作业计划执行时间不确定等诸多问题。作业计划申请时间的准确与否决定了在作业计划管控的可行性，而作业计划的申请时间准确性的决定性要点是对作业操作的各步骤时长的估计，为保证作业申报的准确性，电网企业对作业的标准时长必须进行核准确定，作为作业计划申报与审核的依据。

对作业标准时长的确定，应采用“系统”+“操作”的原则开展，对重要的企业级信息系统，应专门制订系统专用的系统标准时长表，对每一步操作的标准时长进行详细要求，对普适性的系统，可制作通用的标准时长表，在指定标准时长的同时，还应指定作业计划的最高时长，在作业计划申报过程中，应不低于标准时长，不高于最高时长，最终统一形成的“作业标准时长库”在作业计划的申报审批过程中作为依据，如表7－1、表7－2所示。

表7－1　企业级应用系统标准时长表

序号	应用系统	操作	标准时长	作业计划最高时长
1	营销系统	应用重启	50min	120min
2	营销系统	数据库备份	8h	24h

表7－2　普适性应用系统标准时长表

序号	操作	标准时长	作业计划最高时长
1	应用重启	40min	80min
2	数据库备份	8h	24h

7.2.3.3 作业计划分级审批

在运维调度管理模式中，为能够确保信息系统安全规范运行，将作业检修的影响降低到最小，应对作业计划实行分级审批制度，根据电网企业作业标准要求，信息运维作业应分为简单变更、标准变更、复杂变更、紧急变更4类。

简单变更为作业风险等级为低，不影响业务及用户体验，且可完全按照作业指导书操作步骤开展的作业，由各运维组长在IT服务管理系统中对工作内容审核、分派后执行，操作无须安全监护人。

标准变更为作业风险等级为中，作业影响范围仅限于单个系统，无须跨专业协作开展的例行操作的维护类、小版本升级类作业。

（1）单个关键应用系统的月度或季度例行维护（功能模块消缺、文件清理、漏洞消缺、小版本升级等）。

（2）作业内容属“临时计划”范畴，对关键网络与基础设施的临时维护不会导致业务中断的作业。标准变更由工作负责人至少提前 24 小时在 IT 服务管理系统中申报，由各运维组长审核、运行方式人员审批、运维组长分派后执行。未能按此要求开展的作业需中心运维分管领导签字批准后方可通过审批。标准变更作业应指定具备持证上岗资质、熟悉本项工作的人员担任安全监护员，并在工作方案中明确。

复杂变更为作业风险等为高或重大，影响用户范围大，需多专业协作配合开展的作业，由运行方式人员至少提前 48 小时组织各组讨论工作方案后，由工作负责人至少提前 24 小时在 IT 服务管理系统中申报，由各运维组长审核、运行方式人员审批、中心变更委员会批准、运维组长分派后执行。复杂变更根据作业风险等级、影响范围分为需科长审批的作业及需科长、中心分管领导共同审批的作业两级。对于中心分管领导审批的复杂作业，科长需要履行现场到岗到位监督指挥；对于科长审批的作业，组长需要履行现场监督指挥；若本人不能到岗到位的，应指定具备一定经验和资质的人员替代，如图 7－10、图 7－11、图 7－12 所示。

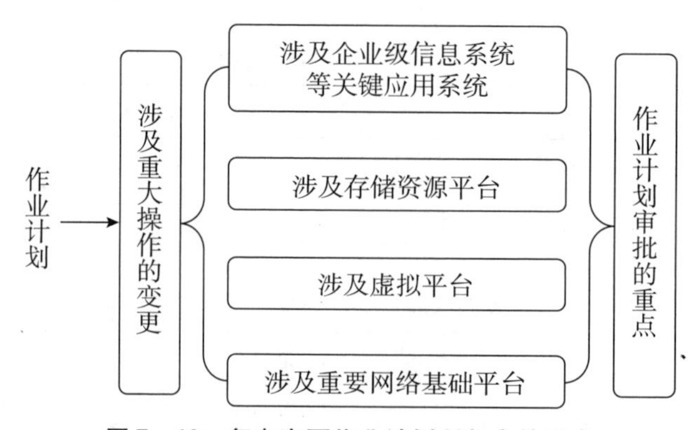

图 7－10　复杂变更作业计划所包含的重点

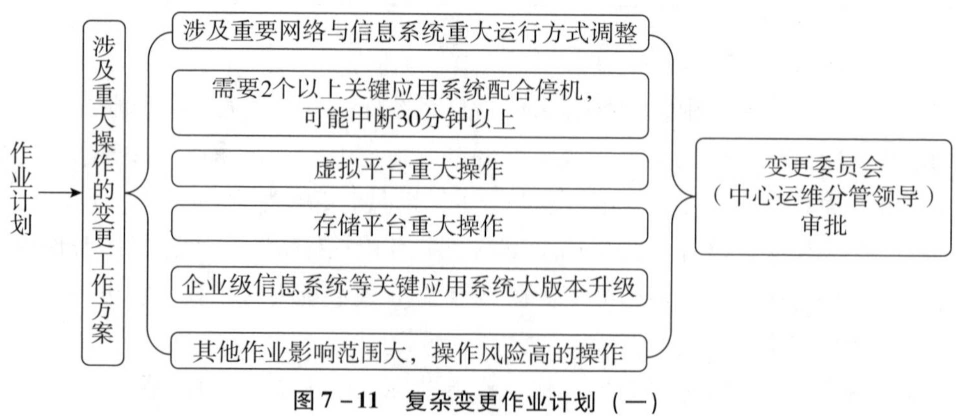

图 7－11　复杂变更作业计划（一）

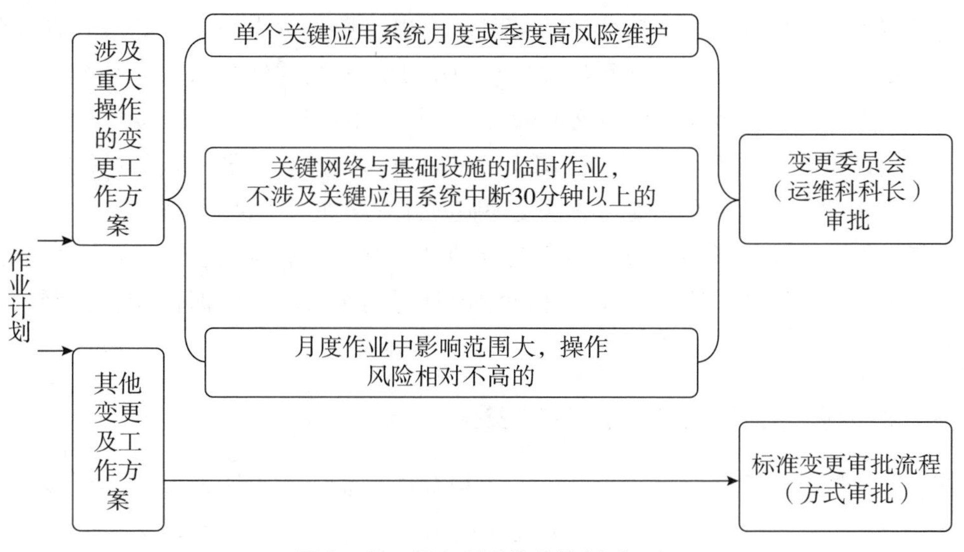

图7－12 复杂变更作业计划（二）

紧急变更是指事件发生后，如不立即进行变更会带来严重的后果的情况下执行的变更。网络与信息应用系统因故障已停运，或发现重大缺陷需立即处理否则将导致关键应用系统停运的事件，经调度值班台确认许可后先行故障处置，故障修复后在IT服务管理系统中补填事件单，如故障处置涉及方式变更则需补填紧急变更票，进行故障分析、出具故障简报并制定及落实整改措施。

在作业计划制订过程中，各系统管理员需要与业务部门做好沟通，对企业级信息系统进行程序升级等影响用户使用的作业在申报计划时应明确具体执行时间，开展风险分析并提出控制措施，确保信息作业工作方案分级审批规范有效执行。

每一项作业计划都应指定实施方案，实施方案应确保翔实有效，在实施方案操作步骤中应明确，作业执行中影响用户体验的重要节点在操作前应电话通报调度值班台，得到调度许可后方可执行；操作完成后应立即开展业务校验工作，并向调度值班台通报执行结果及遗留问题。

在施工开始前由工作负责人组织召开“工前会”，根据施工方案清点到场人员、布置工作任务、明确安全风险及管控措施。

当施工过程中存在疑问时，应立即停止作业，组织技术人员对施工方案进行讨论后重新修编工作方案，由工作负责人、技术负责人、安全监护人、施工人员、调度值班人员签字确认后方可继续施工，施工结束后由调度值班人员对变更后的工作方案（签字版）存档备案。

工作结束完成业务验证后，由工作负责人组织召开“工后会”，对本项工作的完成情况进行总结，并组织在IT服务管理系统中填写“处理情况”并进入回顾环节，变更主管根据作业复杂程度进行24～48小时回顾后关闭变更单。如在回顾环节发现有遗留问题需立即解决，在通过调度值班台许可后，按事件管理流程开展消缺作业。

不能按计划完成的变更应在计划结束时间前由工作负责人向调度值班台办理延期手续，调度值班人员可直接许可不超过 8 小时的不影响关键网络与应用系统可用率的工作延期，如超出许可范围，由调度值班人员向调度组组长申报办理。

对作业计划进行收集、汇总和协调、审批及发布，并对计划的执行情况进行汇总报告。收集年度计划、月度计划，并且受理临时计划增加、调整等业务。

定期对作业计划执行情况进行分析与评价；加强作业风险管控，从源头抓起，严格管控信息作业计划准确性，要求作业计划填报时间与实际操作时间相符，严禁无计划作业。

7.2.4　运维调度管理模式中的方式安排

在运维调度模式管理中，方式安排工作是对信息系统的现阶段及下一阶段的状态的统计、分析、判断的汇总的工作，是确保网络与信息系统安全稳定运行，全面支持电网企业业务运作和发展的重要保障，也是信息专业检修、开发、运维等多项工作的重要参考依据，调度方式安排工作应采取“统一审批、分级管理、合理规划、动态调整”的原则开展，省公司信息管理部门统一审批全省信息方式安排的工作，省级信息中心运行方式人员负责省公司方式安排工作，各地市级单位信息运维部门负责开展本单位及所辖县级单位方式安排相关工作，方式安排工作涉及变更管理、请求管理等内容。

7.2.4.1　年度方式安排

年度方式安排是对现有运行资源的统计基础上，对下一年度的网络与信息系统的最合理的运行方式进行合理规划的工作。

年度方式安排工作开展的原则应综合考虑网络与信息系统的安全性、稳定性、可靠性和经济性。年度方式安排工作应能保证网络与信息系统的运行方式尽可能处于最优运行状态。

年度方式安排工作应切实对当年的运行情况进行翔实地统计分析，涵盖电网信息系统的机房、网络、基础平台、应用系统四方面，在机房方面，应全面覆盖当年的机房定置、电源系统、空调、消防、监控等方面开展工作；在网络方面，应对网络核心汇聚、网络接入、负载均衡、安全设备进行切实有效的统计分析；在基础平台方面应对服务器、存储、资源池；在应用系统应对系统、中间件等进行切实有效的统计分析工作；同时应同时在四方面开展缺陷分析与风险分析工作。

年度方式安排工作应对下一年的常态运行方式有翔实地制订，对风险预控措施有切实防护手段。

年度方式安排应在当年年底完成次年度方式内容，如图 7－13 所示。

7.2.4.2　月度方式安排

月度方式安排是对年度方式安排的补充调整，是方式安排工作动态调整的有效手

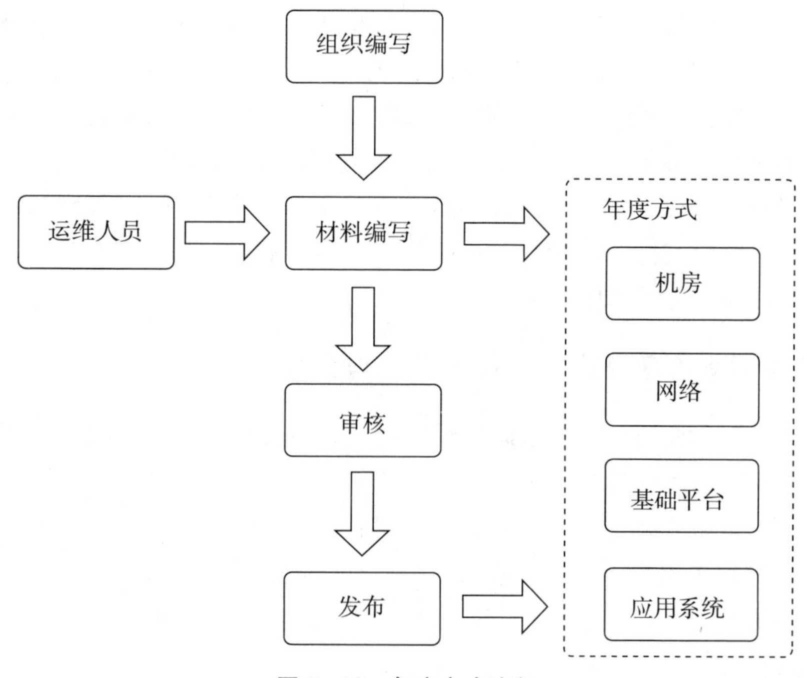

图 7－13　年度方式流程

段，在现有运行资源的统计基础上，对年度的网络与信息系统的方式安排进行合理调整，保证网络与信息系统以最合理的运行方式进行工作。

月度方式安排工作开展的原则应综合考虑网络与信息系统的安全性、稳定性、可靠性和经济性。年度方式安排工作应保证对网络与信息系统的运行方式尽可能处于最优运行状态。

月度方式安排工作应切实对当年的运行情况进行翔实的统计分析，涵盖电网信息系统的机房、网络、基础平台、应用系统四方面进行切实有效的统计分析工作；同时应同时在四方面对本月新增加的缺陷进行分析与风险分析工作。

月度方式安排工作应对下一月的常态运行方式有指导作用，对风险预控措施有切实的防护手段。

月度方式安排应在当月月底完成下月方式内容。

7.2.4.3　常态方式安排

常态的方式安排工作包括了变更管理中的方式安排与请求管理中的方式安排。

在变更管理中，要求变更申请人至少提前 1 天发起变更，发起变更时应确定变更类型，并由运行方式人员进行确认。根据不同的变更类型（简单变更、标准变更、复杂变更、紧急变更），执行不同的流转策略，实行分级审批制度，涉及重要网络与信息系统重大运行方式调整，需要 2 个以上关键应用系统配合停机，可能中断 30 分钟以上，对虚拟平台、存储平台进行的重要操作，企业级信息系统等关键应用系统大版本升级以及其他作业影响范围大，操作风险高的操作需经中心运维分管领导审批；单个关键应用系统月度或季度高风险维护，关键网络与基础设施的临时作业，不涉及关键应用系统中断30分钟以上的，月度作业中影响范围大，操作风险相对不高的，由运维科科长审批；当变更作业涉及综合数据网等业务时，省公司信息中心运行方式人员及各地市单位信息运维部门协调本单位系统运行部相关技术人员配合开展。

在请求管理中，运行方式人员接到从服务台流转来的软硬件资源类别的请求后，对请求内容进行统筹安排，并下派方式单分派给相应的请求实施人员进行处理，在实施人员完成后，应在方式单填写完成情况。

7.2.5 运维调度管理模式中的运行监控与分析

信息领域的运行监测与分析是通过对系统运行指标以及运维活动指标的统一运行监测与评估分析，通过分析的结果，对识别潜在缺陷并进行预警。系统运行指标包括应用系统可用率、服务器CPU使用率、服务器内存使用率和数据库运行指标等；运维活动指标包括巡检、故障、缺陷、应用维护等任务的处理量、处理时效等，运行监控与分析包括值班监控、日常巡检、缺陷管理、机房安全管控等内容。

7.2.5.1 运行监控

（1）值班监控

在值班监控中，应设立信息调度台，调度台应执行双人值班制度。信息调度台负责7×24小时值班工作，值班监控是“运行监控与分析”的核心工作之一，信息运行全日制值班工作主要涉及值班交接班、值班巡检与监控、故障管控、作业管控、缺陷管控、事件单管控、机房安全管控、知识及资料管理8项具体工作。实行“五班三值”的运行值班方式。每班2人，正、副值各1人；执行7×24小时轮班。三值的值班时间安排为早班（9：00—15：00）、中班（15：00—21：00）、晚班（21：00—次日9：00），调度值班人员休息时间为下班时间至下一轮值班开始前的时间间隔。

值班监控应注重用户体验，在运维过程中可能影响用户使用的运维操作及结果通过调度及时联系服务台反馈用户。调度正、副值应严格按照值班排班表进行值班。调度值班交接人员须提前15分钟到岗进行交接班，调度值班员主持交接班。交接内容包含但不限于以下内容：网络与信息系统运行情况、重要操作、告警处理、故障处理、缺陷处理、作业计划执行情况、值班话务情况等，并在IT服务管理类系统进行交接班记录。

1）机房巡检：①对公司楼信息机房巡检；②对机房温度、湿度、电源等环境进行巡检。

2）信息系统巡检：①对信息系统可用性进行巡检；②对信息系统性能进行巡检。

3）信息安全巡检：①对公司内外网速进行实时监控；②对公司内外网业务抵御攻击情况进行巡检。

4）信息设备巡检：①监测信息设备负载率；②对信息设备告警进行巡检。

(2) 日常巡检

在运调模式管理中，应每日应安排值班人员对本单位系统运行情况进行监控并接听值班电话，调度联络人手机及值班电话应保证24小时在线，同时在工作时间实时关注，在有需要时协调各级单位资源配合信息调度台完成工作。

信息调度台对本部信息系统及IT设备的运行状况进行实时监控，定时对关键应用系统、互联网出口、监控系统等进行巡检。

信息调度台负责在非工作时间段受理话务服务热线，并按用户需求协调二、三线支持人员或各单位信息调度员进行处置。

巡检流程如图7-14所示。

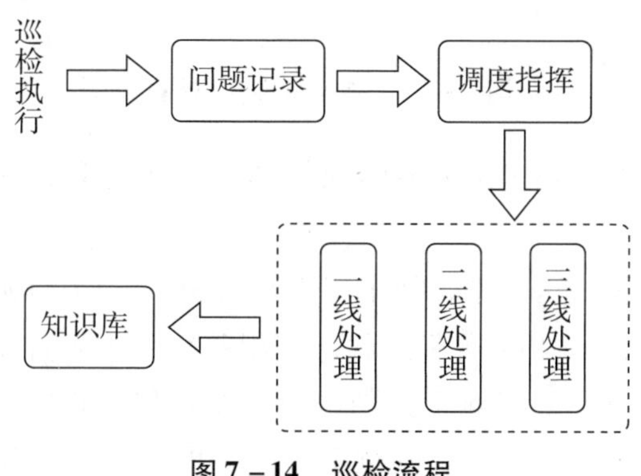

图7-14　巡检流程

(3) 重要保供电的特巡特维

在运维调度管理模式中，借鉴电网生产领域的先进经验，信息运行单位根据“设备巡视工作规范”中的特殊巡视项目，按巡视设备细化、完善过程记录表单的作业项目及步骤，规范特殊巡视检查工作。该方法在重要企业级信息系统率先探索与应用，通过开展特巡特维工作，系统性能、稳定性和用户体验水平等均明显提高，收到了良好的成效，如图7-15所示。

电网企业特巡特维工作中，根据系统实际巡检内容，建立特巡特维巡检卡，依托IT服务管理系统进行特巡特维工作的计划、实施、监督、回顾等工作。强化“三抓一特巡”机制，确保信息系统安全稳定。即抓好源头管理，减少或杜绝系统“带病”上线；抓细风险管控，确保化事件于萌芽；抓实能力提升，提高驾驭信息系统水平；开展特巡特维，及时排查影响系统运行的隐患和缺陷。对排查出来的中等及以上风险，限期完成整改。推行信息作业计划分级审批、审核机制，确保监督把关到位。进一步发挥信息调度协调指挥作用，确保紧急状态下一线、二线、三线人员快速到岗到位，联合作战，提高事故处理效率。

为了改变目前被动的运维现状，电网企业信息中心借鉴安全生产部门的成功经验，针对企业级信息系统开展特巡特维工作。通过全面辨识系统运行中可能存在的各类风

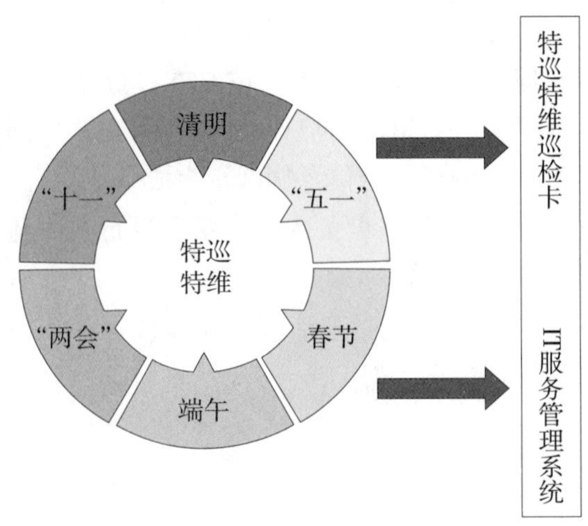

图 7－15　特巡特维管理模式

险，制订了管控措施，并将措施纳入到日常巡视、维护计划，重点解决长期存在或经常出现的问题。

重要应用系统上线运行后，基于技术层面导致用户使用不畅的问题（如网络异常、服务中断、性能低下等）日益突出。为此，应用系统、软硬件平台、网络与安全、数据与灾备、机房环境、桌面环境 6 个方面进行了全面风险识别，详细分析各个风险点之间的因果关联，评估各风险点的影响范围、危害程度，梳理出 21 项运维风险，其中高危风险 9 项、中危风险 8 项、低危风险 4 项。

特巡特维风险管控方法在企业级信息系统运维工作规范、风险梳理、员工技能传递以及工作效率提高等方面收到了较好的成效，对提升各单位整体信息系统运维水平很有帮助，值得借鉴。结合运维经验，提出以下几点建议：

1）相对于生产系统来说，信息系统特巡特维工作的开展还处于探索阶段，在风险识别、特巡特维措施制订等方面难免有考虑得不全面、不合理的地方，需要在执行过程中做好记录，通过分析比对不断进行总结优化。另外，为配合信息系统运行中程序更新、配置变更，或者运维工具、运维手段的改进等工作，也需要适时对特巡特维工作进行改进与优化。因此建议每半年或者每年对特巡特维工作进行 1 次优化调整。

2）刚性执行到位是特巡特维工作的重中之重。一分布置、九分落实，在制订特巡特维工作规范后，运维人员必须按照巡视内容逐一执行到位，切不可出现流于形式的不负责任行为。必要时可将巡视内容融入作业指导书予以固化。

3）开展特巡特维工作过程中发现的问题可纳入缺陷管理，并采取提级处理的措施进行管控。短期内无法处理的缺陷，应安排专人密切监控，防止缺陷恶化。

（4）机房安全管控

在运调模式中，严格管控机房安全是设备安全的重要前提，调度值班员负责对机房的进出登记和审核，对进出人员身份进行核查，并带领进入机房，不得将机房卡擅自提供给他人使用。

调度值班员负责对外单位施工人员进行资格审查，已获得信息中心施工资质的才能进入机房进行施工，急需进行施工作业的，应申请临时作业资格后方可进入机房，机房现场如图 7－16 所示。

图 7－16 机房

机房现场作业执行机房持证施工规范，调度值班员负责施工证的核实、发放和回收。施工前，调度值班员负责进行机房现场安全交底，与工作安全负责人共同确认现场工作范围，布置好围栏，确认“不许”事项。施工中，调度值班员应对不安全行为及时制止，对引起故障的作业要求立即回退和恢复，并组织调查。施工后，调度值班员与工作安全负责人共同核实现场清理情况，确认人员完全撤离机房后关闭机房门。

对与外单位人员共同开展的作业，工作安全监护人要由中心相关人员承担，工作安全监护人在作业期间应全程陪同监督，不得擅自离开。

（5）故障管理

在运调模式中，如发生故障，调度值班员应组织尽快确认故障发生时间、影响范围和故障现象，形成初步故障定位和处理意见，立即通知相关运维人员和运维班组组长处理故障，确定故障处理时限，并全程跟踪故障处理情况。在故障达到应急预案启动条件时启动相应的应急预案，指挥协调运维资源。

发生故障后，调度值班人员在故障确定后的 15 分钟内短信或电话向平台运维科、监控服务科科长、安全运维专责、服务主管、调度组组长汇报故障情况，包括故障发生时间、影响范围、故障现象和运维人员通知到位情况；确认故障恢复后的 15 分钟内，也同样利用短信或电话进行汇报，包括故障恢复时间、影响范围和故障原因。

非业务时间段发生远程无法解决的故障时，调度值班人员应要求相关运维人员在30分钟内到达现场进行应急处置，无法与相关运维人员取得联系时，应及时联系相应运维小组组长协调处理；单个运维小组无法处理时，应及时联系平台运维科、监控服务科科长进行汇报协调解决。

确认故障不能够立即修复的，调度值班人员应协同服务台，在15分钟内利用话务语音等方式及时通知用户，必要时在门户发布通知。

故障发生后，调度值班人员应组织人员按照现场处置方案进行处置，处置完成后，在IT服务管理类系统进行处置记录；如经现场处置后，仍有遗留问题的，应要求相关负责人员申请作业计划，并纳入缺陷管控。

故障处理流程如图7－17所示。

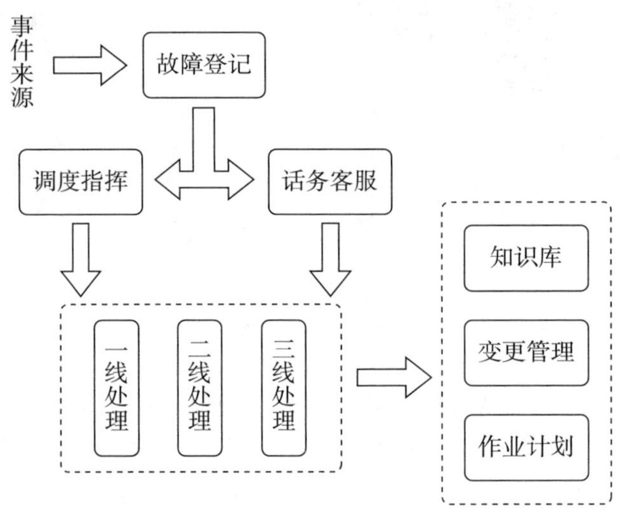

图7－17　故障处理流程

（6）缺陷管理

缺陷是指信息系统发生的异常或存在的隐患（包括信息安全漏洞），这些异常或隐患将影响信息系统的安全运行、性能、寿命或服务质量。缺陷按照其严重程度分为紧急缺陷、严重缺陷和一般缺陷；按照来源分为软件缺陷和硬件缺陷，软件缺陷主要包括协议缺陷、程序缺陷、配置缺陷等。

1）紧急缺陷：也称Ⅰ类缺陷，是指信息系统发生直接威胁安全运行并需立即处理，否则随时可能造成信息系统故障、信息安全事件、设备损坏、人身伤亡、大面积服务中断、火灾等事故的缺陷，紧急缺陷原则上应在24小时内消除。

2）严重缺陷：也称Ⅱ类缺陷，是指信息系统尚可继续运行，但情况严重，已影响系统效率的正常发挥，不能满足正常运行需要，或不及时处理会引发事故，或存在高级风险安全漏洞，威胁信息系统安全运行的缺陷，严重缺陷原则上应在48小时内制订方案，7 日内消除。

3）一般缺陷：也称Ⅲ类缺陷，是指性质一般、情况轻微，短时间内不会恶化为重大缺陷、紧急缺陷，或存在中级风险安全漏洞，对运行虽有影响但尚能坚持运行的缺陷，一般缺陷发现后可及时处理或列入月度作业计划。

在运调模式中，调度值班员对监控和巡检发现的信息中心各类缺陷进行梳理、登记并协调处理，记录、统计，定期回顾消缺情况。对于紧急缺陷或严重缺陷，调度值班人员发现后 15 分钟内向上级汇报，应协调相关运维人员立即分析缺陷原因，提出解决办法。缺陷发现后，调度值班员负责担任涉及信息系统后台缺陷或隐患问题的问题经理。调度值班员（问题经理）经过审核、分析和判断，将问题分派给相应的一个或多个专业问题分析专家处理，对紧急缺陷，组织协调处置工作。

缺陷管理流程如图 7－18 所示。

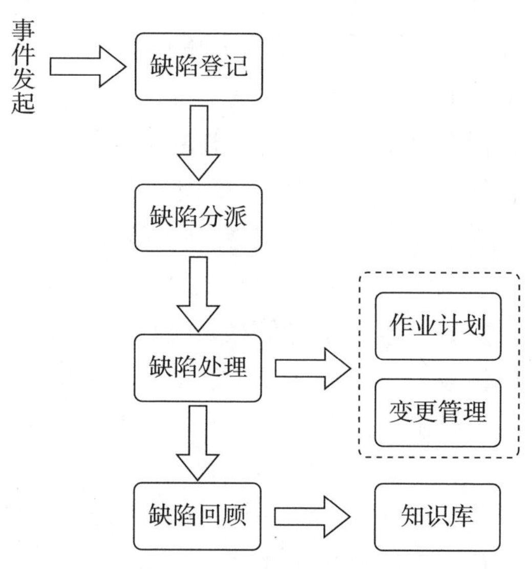

图 7－18　缺陷管理流程

7.2.5.2　运行分析

公司运行方式人员每月开展运行调度分析，在公司信息运维月报中针对信息运行调度、缺陷管理、故障处理进行分析汇总，通过值班日志、故障快报、缺陷分析记录等内容对存在问题提出整改要求。

7.2.6　运维调度管理模式中的调度指挥及应急指挥

7.2.6.1　运维调度总体原则与内容

信息调度台负责对变更作业、故障处理、应急演练和应急抢修等作业的执行过程进行协调跟踪及指挥，运维调度指挥工作开展涉及事件管理、缺陷管理、变更管理、应急管理。

信息调度台负责公司级的运维调度指挥业务。所有可能导致公司级信息系统、网络与安全系统运行方式改变（系统停运、性能降低、服务异常等）的操作，在执行前，必须电话通知信息调度台，经调度台值班人员许可并下达调度令后方可执行，操作完毕后，同样应电话通知信息调度台进行确认。

（1）事件、缺陷处理中的调度指挥

信息调度台负责受理经客服及系统管理员初步判断可能为故障、缺陷等的事件；调度台通过调查和判断，对事件进行调度处理，或根据需要分派给相应事件处理人进行处理。

事件处理人确认事件为缺陷的，应提交信息调度台，升级到缺陷处理环节。信息调度台收到事件升级的缺陷后，确认缺陷等级，经过审核、分析，分派给相应的缺陷处理负责人进行处理，并对缺陷按处理时限进行监督跟进。

运行方式人员定期对缺陷整改情况进行统计、分析，对缺陷多的信息系统进行重点分析，确定全面的整改措施，保障信息系统安全稳定。

（2）应急管理中的调度指挥

企业客服在收到大量同类型事件单，初步判断为故障时，应流转到调度进行应急处置，并接受信息调度台指挥，统一口径向报单用户进行回复。

当系统管理员巡检发现信息系统或 IT 设备运行异常时，应在 IT 服务管理类系统中进行记录，并电话通知信息调度台，在调度台的指挥下开展处置工作。

信息调度台值班人员监控发现网络与信息系统异常时，应下达调度令，要求管理员进行故障确认，若故障涉及公司所属各单位设备，由调度台通过各单位值班电话下达调度令，要求值班人员进行确认，收到调度令人员应在收到调度令后 15 分钟内反馈现场情况给信息调度台。

公司所属各单位信息调度联络人应接受信息调度台调度指挥，同时在有需要时协调本单位及所辖县级单位信息人员配合公司信息中心开展工作。

若故障涉及综合数据网等通信、自动化业务，信息调度台负责与中心调度台之间进行沟通协调；公司所属各单位信息调度联络人负责与本单位通信、自动化联络人之间进行协调，并将工作进展反馈信息调度台。

当信息调度台值班调度人员确认故障发生后，应尽快确认故障发生时间、影响范围和故障现象，形成初步故障定位和处理意见，下达调度令，要求必要的二线及三线人员开展故障处理，并全程跟踪故障处理情况。

故障达到信息运维应急预案启动条件时，调度台值班调度人员应组织各专业运维人员执行信息运维应急预案。

故障恢复后，信息调度值班人员应组织业务校验工作，确认业务恢复正常后，及时指挥“1000 服务台”通知用户。

在确认故障发生、结束的 15 分钟内，及处理过程中的其他关键节点，信息调度台值班调度人员应在使用短信及企信平台“信息专业应急管控群”对事件进展情况进行发布。

故障达到信息运维应急预案启动条件时，信息调度台按实际情况每隔 2 小时或 6 小时在企业信息平台信息专业应急管控群汇报故障处理的最新进展。

信息调度人员应定期协同和指挥各运维专业人员参与应急演练，通过演练完善信息运维应急预案及各系统的现场处置方案。

公司信息调度台在工作时间紧急情况下通过“信息专业应急全控群”及短信下达调度令，公司所属各单位当天值班人员或调度联络人应在调度令下达后的 15 分钟内安排人员在企业信息平台进行响应，协调本单位及所辖县级单位资源配合信息调度台完成工作，信息调度台在非工作时间通过短信、手机下达调度令，公司所属各单位当天值班人员及信息调度联络人应协调本单位及所辖县级单位资源配合信息调度台完成工作。

以上指挥工作如图 7－19 所示。

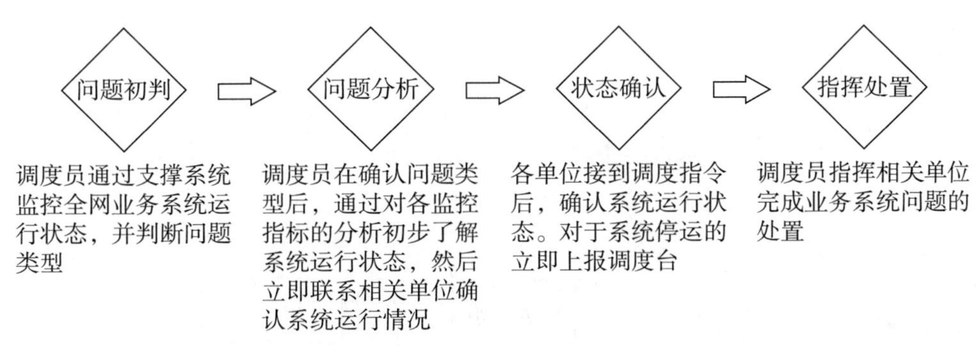

图 7－19　应急调度指挥

7.2.6.2　多级运维调度沟通机制

企业级信息系统都具有省级集中部署、省地县三级应用的特点，部分系统甚至为网级集中部署，形成大集中、大运维的格局，网省联动是快速解决问题的关键。在运维调度模式中，通过网省联动，实现问题闭环和信息系统数据质量、服务指标的可控在控，确保系统运行稳定。

信息中心通过落实好“网省地”信息调度三级联动机制，有效提升了协调沟通和工作效率，进一步夯实了信息系统安全稳定和畅通运行的基础。网省联动，确保系统稳定运行；纵向贯通，确保工作执行到位；横向协同，可以打破通信专业壁垒。

在“网省地”信息调度三级联动机制中，各单位收集本单位电力调度管理人员及调度中心值班电话，信息调度台负责维护公司本部通讯录，公司所属各单位信息运维部门负责维护本单位及所辖县级单位通讯录。

各单位信息运维部门应建立通信、自动化横向协同机制，在每月月初对本单位系统运行部当月作业计划进行了解分析，将可能对综合数据网造成影响的作业计划汇总上报信息调度台协同邮箱。

各单位信息运维部门应每周沟通本单位系统运行部，对可能对综合数据网造成影响的临时作业，通过协同邮箱或企信及时上报信息调度台。

公司本部信息运维工作需公司所属各单位配合（企业级信息系统版本大升级，防火墙策略开通、公司网络准入版本升级等）时，由信息调度台通下达任务；公司所属各单位信息调度联络人应在任务下达24小时内进行响应后，调度本单位及所辖县级单位相关资源实施任务；任务完成后，信息调度联络人应向信息调度台反馈实施结果。

多级调度流程如图7－20所示。

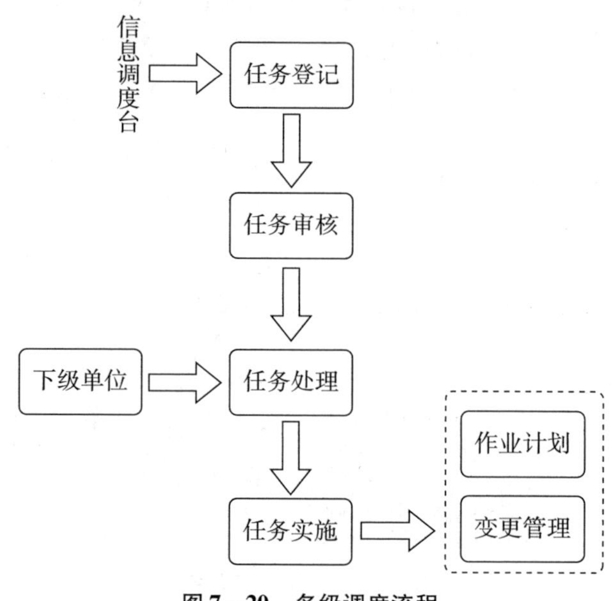

图7－20　多级调度流程

7.3　小结

我国电力企业通过调运检体系的建设，能够形成符合未来要求的组织机构，清晰明确的责任主体，全面覆盖的运维资源，使信息运维实现主业化，有组织、有责任、有人员，并通过结构清晰的制度保障和高效的技术平台提升企业的运维管理水平。随着电网企业信息化建设的推进和信息系统的整合，信息系统逐步集中，调运检体系的建设能够进一步促进信息运维的主业化和管理水平的专业化，最终实现信息运维的主业化、集中化和专业化。

8　电网企业级管理信息系统运维技术共享中心

8.1　引论

公司信息化规划实施进展顺利，信息化建设有了重大进展和显著成效，尤其是企业级信息系统全面推广应用。然而，这不可避免地令信息系统的规模和复杂度越来越大。公司对运维人员编制的限制，引入了较多的外协驻场运维人员，运维效率和管理模式被提到前所未有的重要位置，对如何管控 IT 服务、IT 资源、IT 团队人员、IT 知识的要求也越来越高。由于企业级信息系统建设带来了系统管理集中、服务集中和技术人员集中等一系列的变化，本公司通过 ITIL 理论的指导，构建了信息运维技术共享平台，在提升信息运维服务管理水平、业务运作能力等方面做出了不少探索尝试。

8.1.1　国内外现状

近几年，大多数企业按照资源整合和数据集中的原则，重点打造企业级信息系统和业务数据中心，将业务由多级分散处理逐步转变为总部和省地两级集中处理，但是仅仅考虑到资源共享、数据共享，没有涉及服务共享、运维共享、知识共享、团队共享等理念。信息系统集中建设后，这些企业主要按照 ITIL 理念统一运维、服务管理体系架构，统一运维服务团队，建立总部、网省、地市三级运维模式，但没有考虑如何实现服务共享、设备共享、运维团队共享、知识共享，也没有建立一套相应的保障机制。

8.1.2　当前工作模式及存在的不足

由于各自条件以及历史原因，电网企业省、地、县三级对信息系统运维工作采取了不同的组织形式、管理方式和运行模式，在工作职责、组织机构和运维人员上各不相同，所以项目在推进过程中遇到不少实际问题。

8.1.2.1　IT 整合难度加大

企业级信息系统大集中部署必然涉及数据处理与交换、应用系统集成、通信网络改造、关联技术应用等各环节，各环节之间既有一定的独立性又相互关联、相互影响，从国内外数据中心的建设现状看，尚缺乏完备的集中数据中心设计标准和成熟的设计经验。系统集中部署后，面对复杂的 IT 基础架构，以及日益增多的 IT 环境和应用系统，传统的维护管理在系统维护、技术支持、运行管理等方面均暴露出诸多的缺陷，远远不能满足企业信息化快速发展的需要。

8.1.2.2 运维转型压力大

随着电网资产系统、营销系统、财务系统、人力资源系统等企业级信息系统陆续上线运行，用户对信息系统依赖度增加，对信息系统的要求更高。原系统分散部署期间，不少业务尚未实现信息化依然走纸质流程，只需保障信息系统 7×8 小时运行即可满足用户的需求。然而，系统集中部署后，主营业务基本实现信息化，就要求信息系统 7×24 小时不间断运行，且系统故障影响范围由地市扩展到全省，必然令省级信息运维部门面临了巨大的压力和挑战。同时，由于运维资源大部分集中在省级信息中心，地市供电局信息人员参与企业级信息系统运维少，运维转型压力大，发展路径需拓宽。

在运维管控方面，受信息人员配置不足制约，现场作业安全管控仅依靠工作负责人机制，受人为因素影响大，极易出现作业方案编审不到位、作业监管不到位、作业执行不到位等现象。这种原始粗放式管理的弊端日益突出，亟须引入现代精益化管理手段。

8.1.2.3 服务质量管理能力不足

传统的用户服务支持多为以技术为导向，交互性薄弱。信息技术人员在应用系统运维和网络运维方面存在一定的运维平行层，技术人员之间运维支持的结合与交互不够明显与主动。同时，现阶段所提供的用户服务支持多以技术性为主导，用户个人难以开展自我学习或通过简单操作解决问题。

8.1.2.4 知识共享管理机制尚未建立

虽然在企业已建立了信息运维知识库后，但信息运维知识的编制、评审、发布、应用等流程环节尚未固化，各单位信息传递方式不同，存在无法收到和收到流程不一、要求不同等情况。

8.2 电网企业级管理信息系统运维技术共享中心的精益化管理思路

近年来，国内外各企事业单位都十分重视信息化建设，把加快信息化建设作为提高生产经营管理水平、促进业务流程优化、加强内部控制、提高决策质量和效率的重要手段。随着企业信息化的进一步深入发展，企业关注的不再是用什么样的网络管理产品，而是用什么样的 IT 运维产品能够真正提高 IT 运维的效率，实现其价值，从而实现企业 IT 效益的最大化。

为推进企业管理精益化，本公司深入落实“十三五”信息化规划，坚持“管理创新、服务创新、技术创新”，建设“随需而动、运调协同、资源共享”的运维技术共享机制，优化电网信息化运维服务体系，加强电网信息化运维与服务管理，提升信息化人员的运维技术水平和服务水平，强化信息化保障，促进公司信息化建设进入“应用优化、平台强健、保障全面”的新常态，如图 8－1 所示。

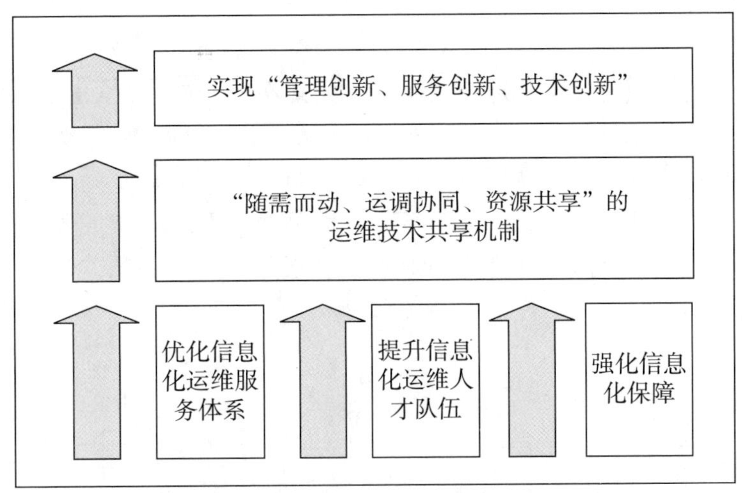

图 8－1　信息运维技术共享中心建设思路

运维技术共享中心的精益化管理思路，必须考虑到技术、流程、人员等要素，通过有效的运维管理流程和体系才能良好地落地执行，而基于“网省调度、两级三线”的信息化运维体系，则主要用于实现四个“转变”。

第一，分散管理向集中管理转变。建立公司系统统一的运维体系，在全公司范围内规范运维技术服务模式，对企业级信息系统所涉及的各种运维、支持和服务进行集中管理。集中运维模式是指在应用系统大集中以后，由公司本部的运维单位完全负责系统的运维工作，下级单位不设置运维团队，或者下级运维团队只负责网络、用户终端的运维，不负责大集中系统的运维。其特点在于运维资源的集中和共享，能够减少事件处理环节，进而缩短事件响应时间；利用统一集中管理的模式，能够有效加强运行管理的可控性，进一步降低安全风险，实现管理效率和管理质量的提升；也有利于上级单位对基层部门的系统应用情况的统一监控、集中管理。

第二，事后处理向预前维护转变。信息系统运维模式从事后处理向预前维护转变，从事后应急抢修向实时监测主动维护转变。公司主要利用 IT 监控系统、用户体验平台、故障定位系统等技术手段，以业务视角展现运维对象，实现实时预警和快速故障定位的应用监控管理。

第三，运维管理由粗放式向集约化、精益化转变。改变各基层供电单位单独向厂商、服务商购买服务的模式，通过统一招标采购的模式，签订集中规模的技术服务协议，取得对公司有利的价格和服务承诺，帮助公司信息化运维管理向集约化、精益化转变。

第四，面向设备向面向 IT 服务转变。全公司范围设置统一 IT 服务接入服务台，按属地化原则进行“两级三线”信息运维服务，整合全省运维服务资源，完善省、地运维服务联动流程，地市供电局利用远程技术支持县公司业务，促进各项运维工作从单纯面向设备向面向技术服务转变。

8.3 电网企业级管理信息系统运维技术共享中心工作内容

国内外尚无对信息系统运维技术共享中心进行完整定义，本章对信息系统运维技术共享中心的定义是以“用户服务”为核心，借鉴 ITIL 理论和共享服务中心理念，搭建运维信息共享服务平台，主要包括知识共享、服务共享、团队共享、资源共享等内容，如图 8-2 所示。

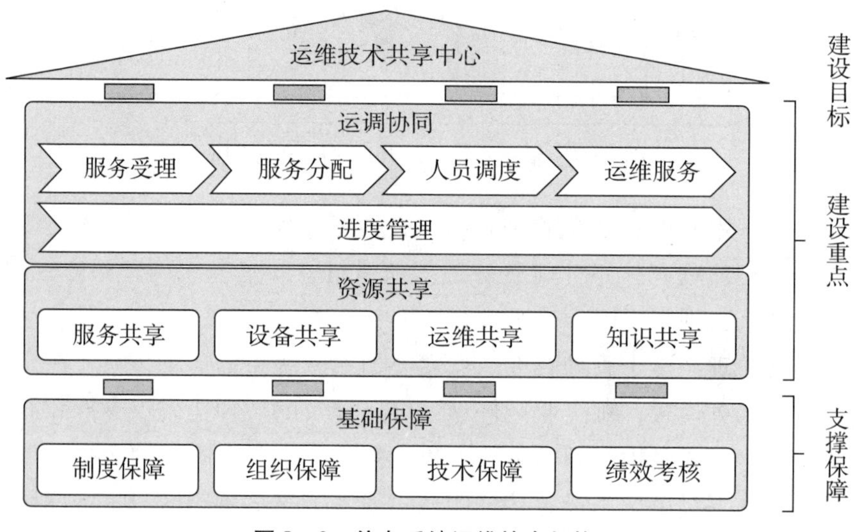

图 8-2 信息系统运维技术架构

信息系统运维技术共享中心的管理遵循“统一规划、集中管理、信息共享、合理激励”的机制，以推动运维技术共享中心持续、有效地运转。统一规划，即运维技术共享中心作为一个统一的知识共享平台，应该统一规划，按照统一的标准对共享中心进行建设，按统一的标准对运维信息分类、存储、发布，保障共享中心建设和管理规范化、标准化。集中管理，即共享中心对运维信息实施集中管理，按照统一的标准对共享中心的信息进行统一的分类、存储和发布，保障信息的唯一性和准确性。信息共享，共享中心主要实现服务共享、设备共享、运维团队共享、知识共享等，方便技术人员及时解决信息化的问题，提升用户满意和用户体验，保障各项工作的顺利开展。合理激励，共享中心需要大量运维技术人员提供知识来源，设置合理的激励，鼓励运维技术团队将日常工作中总结的经验和技术形成文档，共享到技术中心，充实知识库的资源，才能有效地挖掘优秀的经验和技术，更有效地提高运维技术人员的能力和技术水平。

8.3.1 共享内容

8.3.1.1 服务共享

服务共享是对运维服务进行统一集中的管理，有利于对运维服务进行有效的追踪和进度管控。通过运维技术共享平台搭建呼叫接入热线和信息中心之间的信息桥梁，对运维服务工单进行集中管理和信息共享。通过共享服务平台，对全省的运维服务进行进度管理，指挥供电局信息人员为企业级信息系统提供远程运维服务支持，科学调度资源对运维服务集中的地方进行攻坚。

服务共享的工作流程主要为服务受理、服务分配、人员调度、运维服务、进度管理等流程环节。服务受理，而呼叫接入工作人员受理用户的信息化问题，并通过远程支持，或者编写服务工单，上交共享服务中心。服务分配，即技术共享中心对服务工单进行归类统计，按照服务工单的地域属性完成服务的分配。人员调度，即合理调动全省运维技术人员，分配服务工单，及时上门处理信息化问题。运维服务，即运维技术人员按照服务工单的要求，到用户现场解决信息化问题。进度管理，即通过共享服务中心对问题库的处理进度进行监控和管理。

同时，在全公司范围内实施统一的信息技术服务标准。基于ITIL流程，组织人员制订统一的IT服务公约、服务用语、服务流程、用户反馈机制、服务请求和反馈模板，在不同地域为用户提供无差别的技术服务。

8.3.1.2 设备共享

设备管理是对本区域信息运维部门管辖范围内的IT设备，包括服务器、台式电脑、网络设备、安全设备及其他电子化设备进行统一维护管理，搭建IT资产管理数据库用于存储资产的各类静态和动态信息。公司定期组织开展IT服务管理系统中的IT资产配置数据质量核查整改、开展配置变更管理，梳理现有IT资源，统计出可利用的IT资源。

应急物资调拨是设备共享的重要组成部分，通过IT资源异地调拨机制的建立，支持异地项目的建设和紧急运维服务，避免IT设备的重复采购，提高IT资源的利用率。其由公司信息中心统筹管理，对全省信息化设备进行分类梳理，并在技术共享平台进行登记，实现信息化设备集中管理和信息共享。将信息化设备与属地化的运维技术团队建立关联关系，优先安排属地化的运维团队到现场处理信息化问题。

8.3.1.3 运维团队共享

信息化设备（运维服务资源池）的区域性分布致使运维人员与团队也是区域性分布。建立运维技术共享中心有利于整合全省运维技术资源，主要通过远程技术支持、区域人员互通互助等多种形式推进运维团队共享。运维团队共享主要涉及信息化专家库、第三方运维团队共享、自主运维团队共享三个方面。

8.3.1.4 知识共享

知识管理包括编制、审核、发布和应用四个环节，将运维团队在日常工作的知识、经验、技术等隐性知识变成公司信息化的显性知识，形成公司信息化知识库。经验的总结、维护和共享是提高信息人员运维技能水平、增强单位凝聚力的重要手段。建立有效的管理机制，将宝贵的经验从各个技术人员头脑中逐步沉淀为知识，并将这些知识固化在系统中的重要方式，更是提升区域信息中心运维能力、运维质量和运维效率的关键因素。

知识共享是在全省范围内收集、整理和传递信息化运维知识和经验，有效支持全省运维技术人员快速解决信息化运行问题，降低运维成本，同时，通过最佳运维实践的推广，提高公司运维团队的技术水平，逐步形成自己的核心技术，支撑公司业务战略的实现。

信息运维人员在多年的工作实践中，在各类信息化设备、系统运维方面积累了丰富的知识和经验，为了将分散的知识集中化，实现知识共享，需建立信息系统运维知识库平台。通过对知识管理的大量研究，并从技术实现的各个方面进行了深入探索，构建出了一种能适应设备运维、尤其是信息系统运维业务特点，将运维相关知识和经验的收集、维护、评价、使用和传播有机联系起来的管理机制和运行平台。通过共享服务平台完善知识分类体系，按知识属性对运维知识进行分类整理，形成本企业电网知识库目录，优化知识库结构。运维知识库，涉及知识分类体系、文档版本管理、用户权限设置、文档权限设置、文档模板管理、用户管理等。

多途径推广知识点，提升知识共享。公司梳理和汇总形成各主题的运维问题知识分类，并进行实用化应用；建立常态培训机制，通过公开讲课的形式，实现了运维知识的共享；建立信息推送机制，将评选出来的优秀知识点通过企信向运维技术人员进行消息推送；建立即时讨论机制，建立运维服务知识讨论企信群，及时分析、讨论运维服务中遇到的问题及解决方案，如图 8－3 所示。

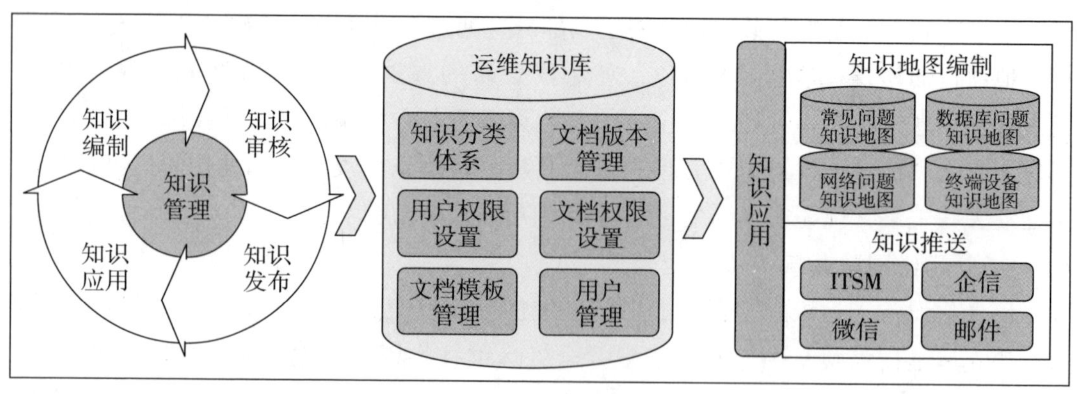

图 8－3 知识共享体系架构

8.3.2 支撑保障机制

8.3.2.1 标准制度保障

标准制度层面，完善信息化运维工作标准，将共享服务中心的管理要求及运维服务协同管理职责分工进行明确，运维工作标准涉及电力信息标准体系的技术标准、管理标准和服务标准，具体类别有：信息网络运维标准、应用系统运维标准、基础平台运维标准、信息运维服务管理制度、运维调度管理业务指导书、运维知识管理业务指导书等。

8.3.2.2 组织保障

建立统一的运维体系工作职责界面，重点明确省、地两级机构的运维关系，确定省、地、县三级运维的工作职责，如图 8－4 所示。

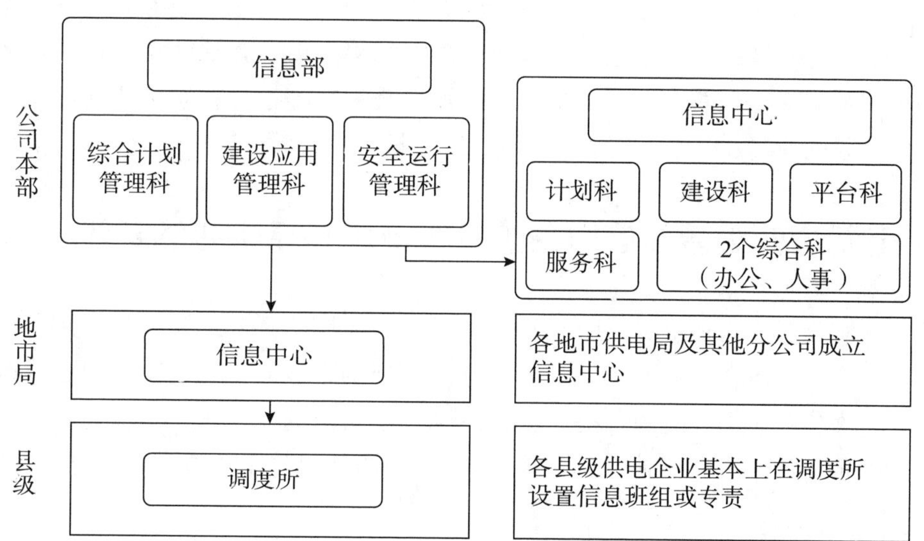

图 8－4 电网企业信息专业组织架构

8.3.2.3 技术保障

运维技术共享中心的实施，不仅需要管理上和体系上的支持，同样需要信息化系统的支撑。因此在最终实现服务共享的运维管理模式之前，同样需要相关运维系统的建立。

完善 IT 运维服务支持平台。优化运维调度协同管理指挥平台，将 IT 服务系统与 IT 监控系统、运维审计系统进行资源整合，提高运维调度的效率。利用企业信息社交工具、短信平台、邮件系统等互联网移动端将最佳运维实践知识及时推送到运维技术人员，提高学习效率。

通过 ITSM 对全省信息化设备进行集中管理和集中监控，通过预警机制，提高信息化运维的准确性，保障企业级系统的稳定运行。

1）建立统一的监控平台，提高定位故障点的准确率，缩短故障处理时间。

2）建立统一的网络管理监测平台，实现信息通信系统运行状态的统一监测和分级管理，加强各级运维部门之间的密切协作，保障信息通信系统的安全稳定运行。

3）完善并基于 IT 服务呼叫统一接入平台，深入分析分类呼叫量变化情况，提前发现企业级信息系统运维及服务中的问题，实现信息服务共享功能。

4）建立统一的 ITIL 管控平台，为信息服务管理提供客观、严谨、可量化的标准和规范，以合理的成本向用户提供最优的服务。

8.3.2.4 绩效考核

建立统一的考核量化标准，对安全管理、网络运行管理、数据备份管理、网络值班制度、应急预案制度、运维负责人及岗位人员业务素质等运维工作重要环节进行考核评价。考核指标主要有呼叫服务、知识管理、运维调度三大类，其中呼叫服务涉及呼入接通率、呼入项目占有率、在线等待时长、平均处理时长、服务态度投诉率、服务工单填报及时率等指标；知识管理涉及知识文档提交数、知识文档审核通过率、知识文档审核及时率、知识推送的次数、推送知识获赞数等指标；运维调度涉及服务响应及时率、服务处理及时率、用户满意度、客户投诉率、服务工单完成率等指标。

8.4 电网企业级管理信息系统运维技术共享中心的实践

为了落实公司“大运维、大服务”的信息化运维服务要求，借鉴 ITIL 理论和共享服务中心理念，按照“省市联动、共享服务”的原则，全面优化调整公司运维服务的管理模式，强化专业支持能力，提高信息运维技术团队的专业水平，保障企业级信息系统安全稳定运行。本公司制订了专项工作方案，将运维技术共享中心运用到实践中。

8.4.1 主要目标

以“大运维、大服务”为目标，以“用户服务”为核心，建设电网运维技术共享中心，实现运维共享、知识共享、服务共享，推动管理、服务、技术创新。

在运维共享方面，开展运维技术共享行动，组建运维技术共享工作组，安排专人采用巡检等方式，为公司提供远程运维服务支撑，实现各供电局自主处理营销、生产系统 10% 以上的非程序变更类问题。

在知识共享方面，搭建知识共享平台，建立知识编制、收集、评选、汇编、分享、应用、激励机制，推进知识应用。在各基层单位设立知识审核员，每季度评选本单位优秀知识点至少 1 次，各基层单位提交的优秀知识点被公司评选后收录率达到 20% 以上。

在服务共享方面，公司各单位信息服务事件响应超时率为 0%，按时解决率达到 100%。各单位每年为公司或其他单位提前发现至少 3 起信息运行中潜在的问题并获确认。

8.4.2 工作步骤

8.4.2.1 开展平台建设

（1）完善平台建设，提供共享支持

通过完善IT服务管理系统、IT服务呼叫系统、IT监控系统、企业信息交流平台（以下简称企信）等工具的功能，推进系统实用化，建设信息运维技术共享大平台。

一是依托IT服务管理系统，开展信息运维服务情况分析，提前发现运维服务中的趋势及问题。实现知识收集等功能。

二是依托IT服务呼叫系统，深入分析分类呼叫量变化情况，提前发现企业级信息系统运维及服务中的问题，实现信息服务共享功能。

三是依托IT监控系统，开展日常巡检。通过监控指标，深入分析潜在故障，开展“啄木鸟”活动，发现潜在问题，实现信息运维共享功能。

四是依托企信平台，完善知识库建设，实现知识移动查询、评选、分享、激励等功能。

（2）建设实操环境，推进测试工作

搭建知识点测试实操环境。公司信息中心负责搭建营销、生产等企业管理信息系统实操环境，各供电局搭建桌面、网络实操测试环境。

8.4.2.2 促进知识共享

（1）开展知识管理系统开发，支撑知识共享

开展知识管理系统的规划与开发，实现知识编制、收集、汇编等功能。基于企信平台开发知识管理系统，并在企信平台与IT服务管理系统之间开发接口，实现知识库在企信和IT服务管理系统之间的信息传递与数据共享。同时在IT服务管理系统上开发多维度搜索引擎、知识点赞、点赞率排名、互动讨论、信息推送等系统功能，实现知识移动查询、评选、分享、激励等功能。

（2）建立知识管理机制，加强知识库建设

一是建立知识编制机制。编制知识管理业务指导书，明确知识管理目标、范围、管理原则、管理机制、业务流程、激励机制等核心内容，统一各类知识管理相关作业表单。编制知识点模板，确保知识点的编写全面性和规范性。编写知识点统一模板，模板中包括关键词、错误现象、错误原因、纠正方法及纠正措施等内容，便于规范、完整地总结知识。要求知识点图文并茂，可读性及操作性强，用户能按照知识点独自完成操作，促使知识实用化。

二是建立知识收集机制。在保证数量基础上，公司对知识的管理侧重抓质量转变。各单位二、三线人员每人每月至少在IT服务管理系统上录入1个知识，以《优秀信息运维知识汇编》为模板，每条知识要体现规范性、实用性、专业性、图文并茂等。各单位设置知识库管理员至少1名，负责对每条知识进行审核，对不合格的知识进行退

回和修改。公司信息中心设置至少 2 名知识管理员，对公司知识点进行审核，从问题的典型性、技术的先进性和操作的规范性等多个方面进行审核。

三是建立知识评选机制。各单位每半年至少组织 1 次本单位优秀知识评选，并向公司推荐，公司每年组织开展 2 次优秀信息运维知识评选，将入选的优秀知识纳入信息专业评价加分项。各单位在评选周期内所推荐知识点的优秀率均达到 20% 以上。

四是建立知识汇编机制。各单位每年至少组织编制 1 次本单位优秀知识汇编并上报，公司每年发布 2 次优秀信息运维知识汇编。

（3）多途径推广知识点，提升知识共享

各单位通过多途径推广知识点，例如通过建立知识地图、早会培训、信息推送、论坛即时讨论等多种途径推动知识共享，形成交流学习的氛围，推广应用信息运维知识，提升运维能力。公司通过信息运行月报，每双月发布 1 次。各基层单位每月至少组织 1 次本单位知识分享会；公司每年至少组织 2 次知识分享会，并发布公司知识分享会内容。

一是根据不同需求建立各主题的知识地图。如常见运维问题知识地图、统一呼叫接入在线支持问题知识地图、企业级信息系统的运维知识地图、数据库运维知识地图等，将知识库中与某个主题相关的知识点进行梳理和汇总形成知识地图，方便运维人员进行学习和搜索。对修编完善形成汇总的知识点进行实用化应用考核机制，在原分类基础上再进行细化分类，比如哪些面对普通用户，哪些面对信息人员，哪些知识点可以应用在系统检修操作上，对在执行系统检修、漏洞修复等月度计划或者其他检修工作中关联到知识点的，必须执行知识点的操作，形成对知识的应用和完善。

二是建立早会培训机制。争取本单位培训教育经费，根据“谁编写、谁分享”的原则，利用每天早会时间，由知识点编写人对全体员工进行培训，通过公开讲课的形式，一方面实现了运维知识的共享，另一方面极大地提高了知识点的质量和水平。同时争取公司培训经费，对每个运维知识培训师发放授课费，调动运维人员学知识、用知识、写知识的积极性和主动性。通过早会开展知识公开课。

三是建立信息推送机制。各单位将评选出来的优秀知识点通过邮件、企信、微信、短信等多种途径向运维技术人员进行消息推送，加快优秀知识点的传播效率。

四是建立即时讨论机制。各单位建立运维服务企信群等社交论坛及移动即时通信平台，由各专业的共享小组组长做群主，实名登录，组织各专业的运维技术人员及时对运维服务中遇到的问题及解决方案进行讨论，集思广益，加深运维技术人员对信息化问题和解决方案的理解，对活跃的人员给予绩效奖励，实现优秀经验的传播和利用。

（4）建立知识激励机制

各单位建立知识贡献激励机制，争取经费奖励提供优秀知识的人员，激发广大员工贡献知识的积极性。要求各单位报送知识贡献奖励方案，对获评公司优秀知识的人员给予年度绩效加分，激发员工知识编制分享积极性。公司对做出较大分享贡献的单位和个人给予精神及物质奖励，形成合理的奖罚机制。对点赞率高和转发率高的知识点贡献人员进行表彰奖励。

8.4.2.3 加强服务共享

（1）共享常见问题知识点，提升一线解决率

一是开展企业管理信息系统浏览器兼容性配置测试。各供电局按职责分工每季度发布生产、营销、人力资源、财务管理等信息系统的浏览器兼容性说明；公司信息中心根据IT服务呼叫受理数据分析情况，每月发布其余信息系统的浏览器兼容性说明。公司信息中心组织通过到供电局现场检验等方式开展验证，每月底发布企业管理信息系统浏览器兼容性说明；公司每月发布企业管理信息系统浏览器兼容性说明，并向上级部门反馈。各供电局开展测试并在1周内反馈。信息中心组织开展研究，将浏览器兼容性说明固化到程序中，实现企业管理信息系统浏览器兼容性配置的统一推送。

二是公司每季度组织专家对优秀知识进行评选，选出具有共性的、普遍性的知识点，编制形成《优秀知识点汇编》，通过企信、信息共享系统等专栏发布，在用户拨打“统一服务热线”求助后，由“统一服务热线”前台话务员在线进行解答和指导，或者通过企信“工作圈”等方式将故障问题解决办法的链接分享给用户，引导用户自行解决故障问题，提升一线解决率，从而加大对信息共享平台系统的宣传，逐步引导用户应用信息共享平台自行解决IT故障问题。

（2）开展跟班学习，提高应用水平

一是跟班学习营销、生产系统自主运维技能。各供电局开展营销、生产、人资等系统远程服务共享试点，至少安排1位运维技术共享团队人员到公司信息中心跟班学习信息系统运维知识。公司信息中心及外协单位做好授课等工作。各供电局运维技术共享团队成员试点开展专业坐席服务，通过提供信息咨询、企业等工具远程解决用户问题，自主处理本单位营销、生产系统10%以上的非程序变更类问题。各供电局每月报送本单位服务共享工作情况报告，报告中应包括如下内容：本单位企业级信息系统应用情况，问题处理情况跟踪，服务共享工作组专业坐席服务，通过提供信息咨询、企业等工具远程解决用户问题的数量及完成情况（见表8-1）。

表8-1　公司××单位信息运维技术共享工作情况报告表

运维服务共享工作组工作总体情况								
提供方					检查方			
报送单位	×年×月	共享工作组成员	运维服务共享工作类别	共享工作内容	事件处理情况跟踪	检查单位	检查责任人	检查情况

二是跟班学习平台、应用、网络管理及信息安全防护技能。各单位每年至少安排 1 人赴公司跟班学习，学习时间为 1 个月，学习内容包括平台、应用、网络管理及信息安全防护技术等，信息中心负责开展培训。公司每年 12 月收集下一年度各单位跟班学习计划，公司信息中心负责编制跟班学习人员培训方案。

（3）开展“啄木鸟”行动，发现存在问题

各供电局安排信息运维技术共享工作组成员，协助信息中心开展运维服务、信息安全工作、信息安全防护情况开展“啄木鸟”行动。

一是各供电局安排信息运维技术共享工作组成员每天至少 2 次通过 IT 监控、IT 服务管理系统，用户体验系统，对本单位及信息中心的运维工作开展日常检查。对于变化环比超过 20% 的指标要进行分析，提高运维服务数据分析水平，从单纯数量统计层次提升至问题发现和状态预测，发现公司企业级信息系统运维服务中存在的问题。

二是安排信息运维技术共享工作组成员，通过春季信息安全检查活动，根据南网公司安全合规要求，开展交叉检查，协助提高公司信息安全工作水平。

三是强化值班监控，及时响应服务需求。各供电局安排信息运维技术共享工作组成员，协助公司信息中心开展远程巡检工作。如每天至少巡检公司企业级信息系统 1 次，每 30 分钟巡检 IT 服务管理系统 1 次，每日上、下午下班前巡检 IT 服务管理系统 1 次，及时掌握本单位及公司信息中心事件响应和解决情况，提醒公司信息中心及时响应事件，必要时（在事件响应时间快到期）应登录 IT 服务管理系统，代替二、三线人员响应事件，保障事件响应超时率为 0%，按时解决率为 100%，同时跟踪事件解决进度，督促及时解决事件。

8.4.2.4　推动团队共享

（1）组建共享小组，整合人力资源

一是各单位组建共享团队，设置信息运维技术共享工作联系人、知识评审员、营销及生产自主运维人员、远程巡检人员、“啄木鸟”工作分析人员。公司建立信息运维技术共享工作联系人、知识评审员、营销及生产自主运维人员、远程巡检人员、“啄木鸟”工作分析企信群，并发布共享信息。二是各单位开展企业级信息系统应用问题交流，每月按《公司××单位信息运维技术共享工作情况报告》格式，报送所发现的企业级信息系统应用问题及处理思路，公司每月通过月报发布问题列表及后续跟踪结果。

（2）加强人才培训，提升团队技术

按信息专业领域来设置技术专家，涵盖服务器、网络、安全、操作系统、数据库、存储等各方面，定期进行专业知识脱产培训，培养公司—市局—县级三线专家，组织各供电局专家进行各类考试。

发挥“高手在民间”的作用，对供电局理论水平高、解决问题能力强的员工进行重点培养，形成特色的信息服务团队，重点解决企业级信息系统实用化过程中遇到的难题。公司组织部分供电局开展综合数据网测速、IT 资产清查试点、桌面虚拟化应用等工作。

（3）集中力量攻坚，解决技术难题

一是各供电局结合标杆班组建设工作，主动开展技术难题攻坚，针对运维服务情况，每单位每年组织完成1个以上技术难题的攻坚工作。

二是公司计算机技师协会、技术专家工作室之间每年至少开展2次技术交流，各专家工作室所在单位每年结合公司信息运维技术共享工作提出至少3条以上建设性意见，其他单位每年至少与专家工作室交流1次。

三是公司信息专业技术团队做好支撑工作，团队成员所在单位积极支持开展技术攻关。

四是各单位通过支部联建、结对共建等活动，将运维知识共享活动纳入专项工作中。通过新员工培训计划，每年至少开展1次面向新员工的运维服务知识培训。

五是鼓励员工对运维服务知识进一步提炼，以论文等形式发表在公司信息刊物上，公司信息刊物每年刊载至少5篇源自知识点的实践指导性强的论文。

六是企业级信息系统要注意从源头解决问题，减轻二、三线人员维护压力。各供电局分方向有侧重地集中精力攻坚研究，共享经验，取长补短。要求公司信息中心将近年来用户故障请求进行归纳、分类，查找产生的原因，由职能部室牵头，发挥公司技术团队作用，对运维服务中的技术难题，集中力量进行攻关，从源头解决问题，减少日常维护，让二、三线人员有更多时间投入到系统实用化和数据质量提升工作中。

8.4.2.5　**完善资源共享**

（1）提高IT资产数据质量

各单位加强IT资产核查工作中的数据质量、IT服务管理系统中的IT资产配置数据质量管理，加强IT资产管理及回收，跟踪IT资产使用情况，与人力资源部门建立定期联络机制，及时掌握人员岗位变动情况，按时清理回收IT资产，对各单位现有IT资源进行梳理，统计出可利用的IT资源，公司每月抽查IT资产数据质量情况。

（2）提升应用系统数据质量

一是开展应用系统数据质量专项工作。各供电局对本单位4A账号、PKI、协同办公系统（以下简称协同）邮箱通讯录、企信通讯录数据质量管理开展自查，公司组织各单位通过远程方式交叉检查，复查4A账号、协同邮箱通讯录、企信通讯录数据质量情况，记录发现的问题。

二是信息中心研究数据校验手段，加强本单位4A账号、协同邮箱通讯录、企信通讯录数据质量管理，抽查其他单位4A账号、协同邮箱通讯录、企信通讯录数据质量情况，记录发现的问题。

（3）完善资源调配能力

一是各单位开展资源清点，明确备用资产，整理备用设备和备件表。

二是建立公司信息中心与供电局、供电局与县级供电企业的故障抢修IT资源临时借用机制，实现计算资源、存储资源的便捷共享，由公司运维技术共享中心统一调度指挥。

8.4.2.6 加强综合数据网联动协同

结合当前省、地、县三级联动、信息与通信两专业协同的运调职责分工模式初步建立的情况，重点管控涉及综合数据网的故障处理的作业计划及协同联动工作中可能出现的疏漏，加强上下联动及专业协同。公司信息中心搭建测速平台，各单位学习先进供电局经验，开展综合数据网测速工作，记录所辖供电所、营业厅通过综合数据网连接到县级供电企业、供电局、公司信息中心等省、地、县三级的速度。一是开展综合数据网测速，信息中心协同先进供电局组织各单位完成全公司的综合数据网测试培训。二是完成测试并向职能部室提交整改计划。三是解决综合数据网带宽问题，与通信专业开展协调，解决带宽不足的问题，各单位解决本单位局域网内部网速不足问题，通过局例会解决整体带宽不足的问题。

8.5 小结

企业信息化系统的扩大，以往的单一式系统运维模式已经逐渐难以满足管理的需要，这种以面为单位向广度扩展的系统运维模式，不仅增大了维护人员的工作量，同时也不利于服务质量的提高，更容易导致人员工作积极性的懈怠。而随着服务共享的运维管理模式的兴起和在企业中的初步应用，已经能够感觉到技术共享的管理模式为系统运维工作带来的便利、清晰和迅速的效果。随着技术共享的管理模式不断的深入应用，在不久的将来，我们将会提升技术服务的能力，优化系统运维管理，得到用户的认可与肯定，使 IT 服务水平更加卓越。

通过信息运维技术共享中心建设，达到了以下目的：运维工作流程化与规范化；建立和维护同业务之间的良好和快速响应的关系；在合理的时间和成本范围内，可以方便地开发和增强以满足未来的需求；有效、高效地使用现有信息系统资源；在合理的成本范围内，改进运维的整体质量；建立内部评估及改进机制，实现运维工作的持续改进。

9　电网企业级管理信息系统用户体验

9.1　引论

当前，在“统一管理、统一规划、统一标准、统一建设”原则的指导下，电网公司信息化工作得到了全面推进：完成了全网一体化企业级应用系统建设及信息集成平台推广实施；信息化基础设施不断完善，信息化对业务和管理的支持在深度和广度上得以全面提升；信息系统运维服务体系进一步完善，信息化运维服务水平不断提高。

随着信息化建设的全面展开，电网公司信息化工作重点逐渐从系统建设转向系统运维和业务保障，为了保障业务应用系统的正常、平稳运行，信息中心建设了网络监控系统、业务监控系统、IT 资源监控系统等多种保障平台以及统一的电话服务热线。然而，面对数量众多、结构复杂、规模庞大的业务应用系统，实际工作中有些业务应用系统的故障场景还是让运维人员感到力不从心，例如：用户发现业务系统的某些功能不能正常运行，需通过“1000 号”电话反映后，运维部门才得知业务系统发生故障；在服务器资源占用率接近警告阈值时，运维部门不能确认用户使用业务系统时的响应时间是多少，是否已经出现长时间等待而无法忍受……

上述这些故障场景是运维工作中经常面临的问题，归纳起来可以发现，这些问题都源自以用户的角度所感受到的业务系统的服务状况。过去我们实现了机房动力环境、网络、服务器、数据库、中间件等 IT 基础设施、软硬件平台的实时监控和自动告警，在一定程度上减轻了 IT 运维人员的工作负担，提高 IT 运维工作效率，但总体而言，IT 运维还停留在面向 IT 设备级别，主要关注 IT 基础设施的健康状况和一些技术指标，如主机 CPU 利用率、内存利用率、磁盘剩余空间、网络丢包率等，而这些指标并不能直接反映应用的健康状况，更难以全面了解信息系统的用户体验状况。近年来，电网企业提出了“成为服务好、管理好、形象好的国际电网企业”战略目标，向“服务型定位”转化。信息部门秉持“以客户为中心”的理念，逐步从单纯关注 IT 设备转变为重点关注信息系统的用户体验。这既体现了“以客户为中心”战略的内在要求，又指明了电网公司系统运维管理的发展方向，从而与现有运维监控技术手段形成互补，相辅相成。

为此，本项目针对电力企业业务系统的用户体验展开调查研究，同时参照国内外用户体验研究成果和最佳实践，发现电网公司业务应用系统功能基本满足业务需求，但系统设计风格各异，用户体验水平有待提升，主要问题表现在以下几点。

第一，没有系统的用户体验评价指标体系和评价方法，对用户体验水平缺少全面的、客观的认识。

第二，能够有效监控系统运行状态和性能，但缺少用户体验水平的监控手段，只能被动响应用户体验问题。

第三，在系统规划建设方面，没有统一的用户体验设计规范指导系统设计和开发，导致系统界面风格不一，使用方式各异，平台性能参差不齐。

为全面提升电网公司系统用户体验水平，需要从构建用户体验评估指标体系、开发用户体验监控平台、编制用户体验设计规范三方面着手，如图 9－1 所示。

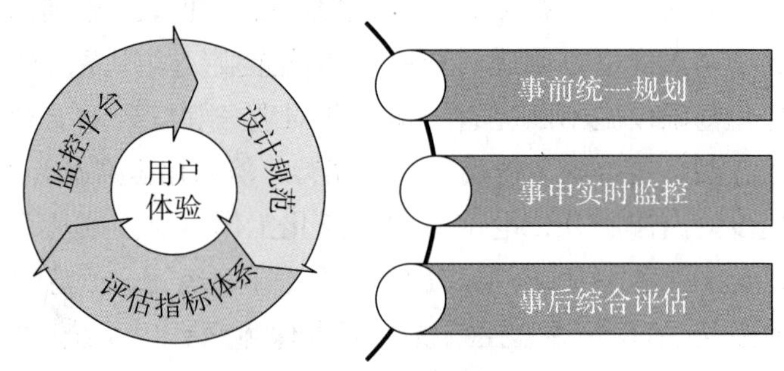

图 9－1　用户体验需求分析

通过用户体验设计规范实现事前统一规划，保证系统设计风格和使用模式的一致性；通过用户体验监控平台实现事中实时控制，及时发现并解决用户体验问题；通过评价指标体系实现事后综合评价，了解用户体验水平，明确用户体验改进方向。从而形成用户体验的闭环管理，持续提升用户体验水平，改善用户满意度，促进运维服务管理的精益化。

9.2　用户体验

9.2.1　用户体验国内外研究

随着“以客户为中心”的服务理念不断深入以及体验经济的来临，用户体验在各个行业受到越来越多的关注。为此，国内外学者和专家对用户体验进行了大量的理论研究和实践探索。下文将从用户体验定义、模型、评价及监控等方面综述相关理论和方法及应用案例，如图 9－2 所示，作为用户体验监控研究项目的参照依据。

9.2.2　用户体验定义

用户体验的概念最早起源于 20 世纪 40 年代的人机交互设计领域，以可用性（Usa-

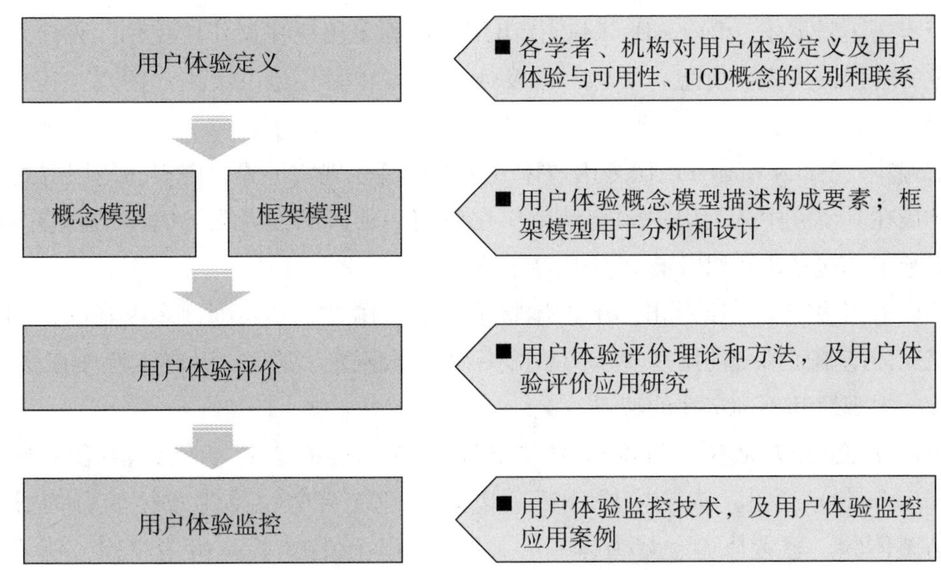

图 9－2　用户体验研究综述概览

bility）和“以用户为中心的设计”（User－Centered Design，UCD）为基础。在 20 世纪 90 年代中期，用户体验这个词由用户体验设计师唐·诺曼（Donald Norman）所提出和推广而被广泛认知。

用户体验涉及多个学科领域，包括心理学、人机工程学（Ergonomics）、信息与通信技术（ICT）、图形和工业设计、市场营销等众多学科。不同人从不同角度对用户体验进行了定义，但迄今还未达成统一共识。

ISO 9241—210 标准将用户体验定义为“人们对于针对使用或期望使用的产品、系统或者服务的认知印象和回应”。ISO 定义的补充说明有着如下解释：用户体验，即用户在使用一个产品或系统之前、使用期间和使用之后的全部感受，包括情感、信仰、喜好、认知印象、生理和心理反应、行为和成就等各个方面。该说明还列出三个影响用户体验的因素：系统、用户和使用环境。因此，用户体验是主观的，且其注重实际应用。

最具专业性的可用性职业协会（UPA）将用户体验描述为用户与一个产品、一项服务或一个公司进行交互时感知到的各个方面。

维基百科（Wikipedia）将用户体验定义为用户使用一个产品、系统或服务所涉及的行为、态度及情感。

特里斯（Tullis）和阿伯特（Albert）在《用户体验度量》中认为，用户体验是指用户使用产品（包括物质产品和非物质产品）或者享用服务的过程中建立起来的心理感受，涉及人与产品、程序或者系统交互过程中的所有方面。

内森·谢多夫（Nathan Shedroff）将其定义为用户、客户或观众与一个产品、服务或事件交互一段时间形成的物理属性的和认知层面上的感受。

卢卡斯·丹尼尔（Lucas Daniel）指出用户体验是用户在操作或使用一件产品或一项服务的时候的所做、所想、所感，涉及通过产品和服务提供给用户的理性价值和感性体验。

加瑞特（James Garrett）认为用户体验是指产品在现实世界的表现和使用方式。

黄晟在其研究中认为用户体验是用户在使用一款产品或者服务时，结合自身经历所建立起来的包括生理以及心理在内的感受。

从以上诸多定义可以看出，用户体验是一个多属性、多角度、多因素的以用户与产品交互为基础而形成的用户对该产品的一种主观感受。因此，用户体验具有复杂性、变化性、主观性和不确定性的特点。

用户体验可以从不同角度分类，作为一种人类的心理活动，伯德·施密特（Bernd Schmitt）通过“人脑模块分析”以及心理社会学说将用户体验分为感官体验、情感体验、思考体验、行为体验、关联体验。感官体验是诉诸视觉、听觉、触觉、味觉和嗅觉的体验；情感体验是顾客内心的感觉和情感创造；思考体验是顾客创造认知和解决问题的体验；行为体验是影响身体体验、生活方式并与消费者产生互动的体验；关联体验则包含了感官、情感、思考与行动体验的很多方面。然而，关联体验又超越了个人感情、个性，加上“个人体验”，而且使个人与理想自我、他人或是文化产生关联。

从用户体验定义及其发展历程中可以发现，用户体验与可用性、UCD 等概念有着密切联系。在 ISO 9241—11（ISO 9241—11，1998）可用性指南中，把可用性定义为“产品在特定使用情境下被特定用户用于特定用途时所具有的有效性、效率和用户主观满意度”。可用性与用户体验的区别在于，可用性通常关注的是用户使用产品成功完成某任务时的能力，而用户体验则着眼于一个更大的视角，强调的是用户与产品之间的所有交互以及对交互结果的想法、情感和感知。

UCD 是以用户为中心的设计，是围绕产品可用性来设计的一种方法，在过程中注重用户对产品和系统的整体体验。UCD 要求在产品的整个开发过程中注重可用性，并进一步将其贯穿于产品的整个生命周期。UCD 已被国际标准化组织作为正式标准——以人为中心的交互系统设计过程（ISO 13407，1999）而发布。用户体验是一种理念，即以用户为中心的理念。这种理念体现在产品开发流程中就叫做 UCD，UCD 是一种设计方法论。

9.2.3 用户体验模型

随着用户体验研究的深入，不同领域的学者和专家从各自角度提出不同的用户体验模型。大致可分为两类：一类是概念模型，侧重于用户体验的构成要素；另一类是框架模型，主要用于用户体验分析、设计和评价。

9.2.3.1 用户体验概念模型

（1）用户体验5E模型

可用性专业协会（UPA）的前主席Whitney Quesenbery从可用性维度提出用户体验5E模型。如图9－3所示。

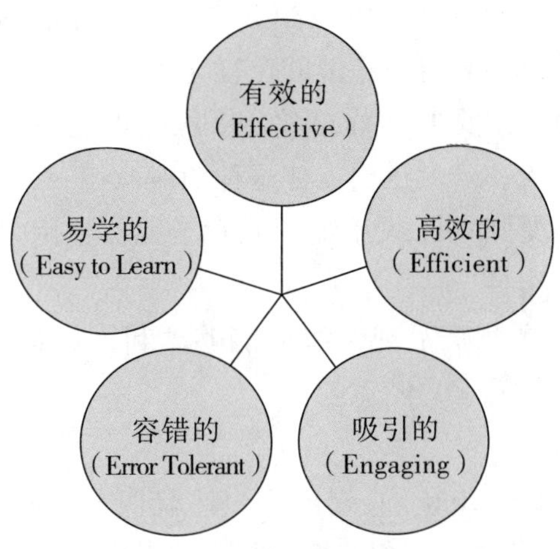

图9－3　用户体验5E模型

有效的（Effective）：用户达成目标的完成度和准确度。

高效的（Efficient）：在完成工作时的速度和准确性。

吸引的（Engaging）：使用界面时的快乐感、满意度和有趣程度。

容错的（Error Tolerant）：产品防止错误的程度和帮助用户从错误中恢复。

易学的（Easy to Learn）：产品如何支持首次使用和更深入的学习。

（2）用户体验蜂巢模型

美国信息构建大师Peter Morville的用户体验蜂巢模型。如图9－4所示。

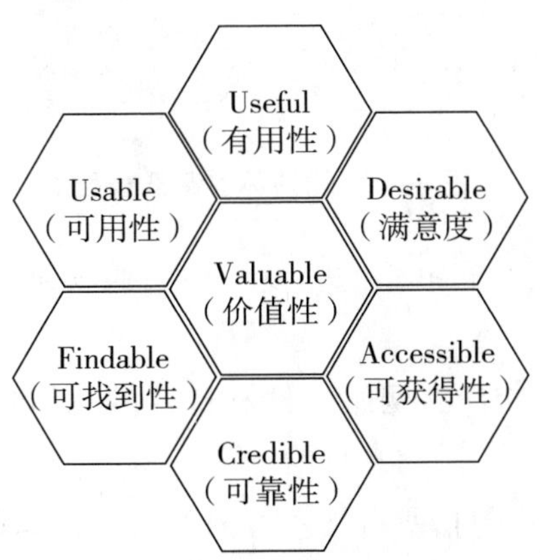

图9－4　用户体验蜂巢模型

有用性（Useful）：表示设计的产品或系统应当是有用的，而不应局限于条条框框设计一些对用户来说毫无用处的东西。

可用性（Usable）：产品或系统应当是高效易用的，可用性是必要的，但还不足够。

满意度（Desirable）：是指产品或系统应当满足用户的各种情感体验，这个来源于情感设计。

可找到性（Findable）：产品或系统应当提供良好的导航和定位元素，使用户能很快地找到所需信息，并且知道自身所在地的位置，不至于迷航。

可获得性（Accessible）：要求产品或系统信息应当能为用户所获得，这是专门对障碍人士而言的，比如盲人，产品也要支持这种功能。

可靠性（Credible）：是指产品或系统的元素是能够让用户所信赖的，要尽量设计和提供使用户充分信赖的组件。

价值性（Valuable）：是指产品或系统要能够盈利，对非营利性产品或系统来说，设计要为用户贡献价值并提升客户满意度。

（3）用户体验花瓣模型

为衡量用户体验，Robert Rubinoff 提出用户体验四个组成要素，即品牌、可用性、功能性、内容，如图 9－5 所示，形似花瓣，称为花瓣模型。

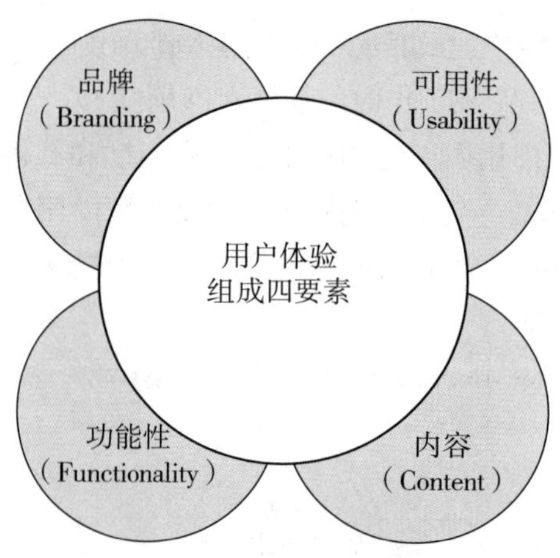

图 9－5　用户体验花瓣模型

品牌（Branding）：包括所有审美的、设计相关的项目，它涉及期望的组织形象与广告的创意设计。

可用性（Usability）：要求所有网站组件和特性的总体易用性，可用性之下的二级主题包括导航和可达性。

功能性（Functionality）：包括所有技术方面的及后台的进程和应用，它让网站为所有最终用户提供交互式服务，而且重要的是，有时意味着前台公众用户和后台管理员。

内容（Content）：指网站的实际内容（文本，多媒体，图像）及其结构，或信息架构。我们关注信息和内容是如何按照定义的用户需要和客户的商业需求组织的。

9.2.3.2 用户体验框架模型

（1）用户体验要素模型

AJAX之父加瑞特（Garrett）早在2000年就在《用户体验的要素——以用户为中心的Web设计》一书中分析了以用户为中心的设计方法（UCD）来进行网站设计的复杂内涵，提出了用户体验要素框架模型，如图9－6所示，从抽象到具体包括战略层、范围层、结构层、框架层、表现层五个层次。考虑到网站应用的双重性：既是应用软件的界面，又是用于信息发布和检索的超文本信息空间，于是从中间把五个层面分开左右两部分，左侧描述软件界面类型的网页，关注的是任务流；右侧描述超文本信息空间，关注的是信息流。该框架模型不仅适用于网站设计，也适用于互联网及软件产品的开发。

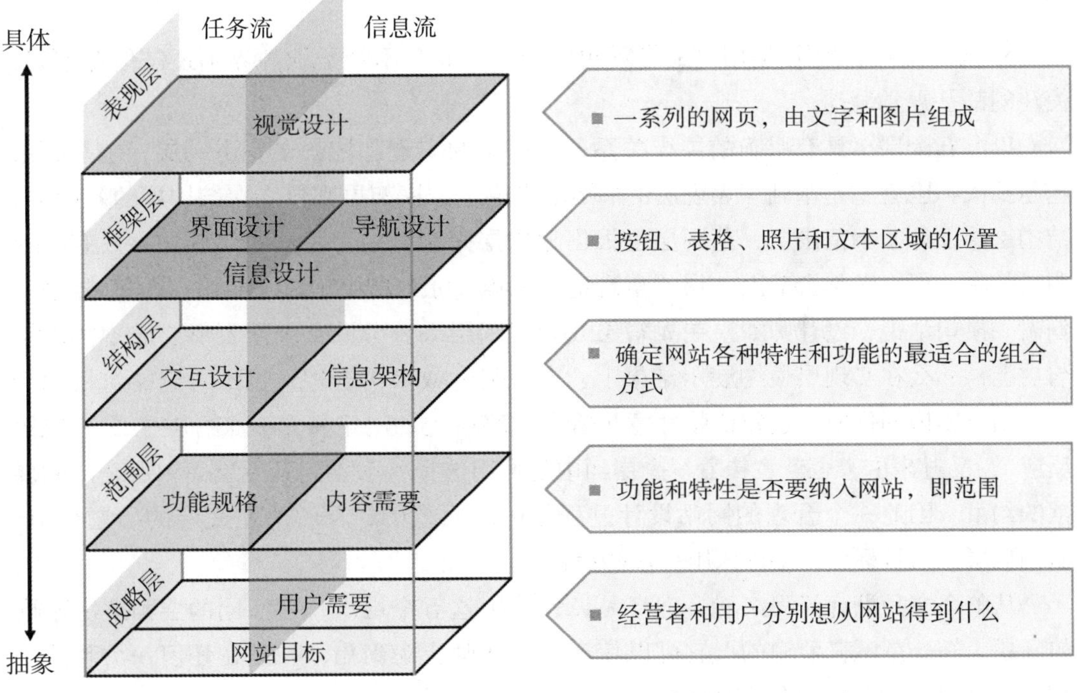

图9－6 Garrett用户体验要素模型

1）战略层。无论是软件产品还是信息空间，战略层所关注的内容都是一样的，战略层包括两方面：一是来自企业外部的用户需求，二是与用户需求相对应的经营者自己的期望目标，可以是商业目的，也可以是其他类型目标。在产品设计之初，最先就要对产品战略有明确认识。一个好的产品战略，是对产品自身目标和用户需求的合理结合。

2）范围层。范围层将战略层得出的产品目标与用户需求具体条目化，将战略转化为可操作的功能描述与内容需求描述。在软件界面方面，关注创建功能规格，即对产品功能组合的详细描述；在信息空间方面，则是以内容需求的形式出现，即对各种内容元素的要求详细描述。

3）结构层。在结构层需要对范围层中界定的产品功能进行交互设计，这里的交互设计包括产品功能组织结构、功能流程步骤。在软件界面方面，结构层将从范围层转变成交互设计，定义系统如何响应用户的请求；在信息空间方面，结构层则是信息架构，在信息空间中内容元素的分布。对结构层的设计，仍然是要从用户角度出发，以用户目的为导向合理设计任务路径。

4）框架层。框架层被分成了三个部分。不管是软件界面还是信息空间，都必须完成信息设计，即一种促进理解的信息表达方式。在软件界面方面，框架层还包括了界面设计，即安排好能让用户与系统的功能产生互动的界面元素；对于信息空间来讲，这种界面设计就是导航设计，即屏幕上的一些元素的组合，允许用户在信息架构中穿行。

5）表现层。表现层是用户最终看到的产品外观，不管是软件界面还是信息空间，关注的都是视觉设计。

以上五个层次具有明确的层级关系，每一层的实现都依赖于它下一层，越是底层越是抽象，也就越是基础。表现层由框架层来决定，框架层则建立在结构层的基础上，结构层的设计基于范围层，范围层是根据战略层来制订的。底层的问题如果没有得到明确解决，那么必然会对上一层的实现造成影响，最终导致整个网页用户体验效果的偏离。换句话说，设计师如果在战略层或者范围层未曾考虑整个网页所要表现的内容与功能，那么在实现层最终展示结果上，即使视觉效果再合理，也不一定能对用户产生网站所期望的价值。这种依赖性意味着在战略层上的决定将具有某种向上的“连锁反应”，反过来讲，也就意味着每个层面中的可用选择，都受到其下层面中所确定的要素的约束。因此一个合理的网站设计过程是由下而上的，在解决完底层的问题环节，明确底层方向目标后，才进入上一层的设计。

从整个产品设计流程来看，把产品设计分为这五个层次，在不同的层面解决不同的问题，好处是不言而喻的。它可以使产品设计师更为聚焦，并且在任何一个环节上都保持以用户为中心的设计理念。

（2）用户体验评价框架模型

德国柏林工业大学人机系统中心教授马尔克（Mahlke）在人机交互研究中强调了情感因素在用户体验中的重要作用，并提出了用户体验评价框架模型，如图 9－7 所示。该模型集成了认知和情感两个方面。

通过对用户体验过程的分析，将用户对交互系统特征的体验分为认知因素和情感因素两部分。认知因素是指有关体验维度的信息处理，包括人机互动的技术特征和非技术特征，技术特征如系统有用性和易用性等；非技术特征如享受性、视觉美感性和内容吸引性等。情感因素一方面包括直接和间接的情感反应，另一方面包括由认知评

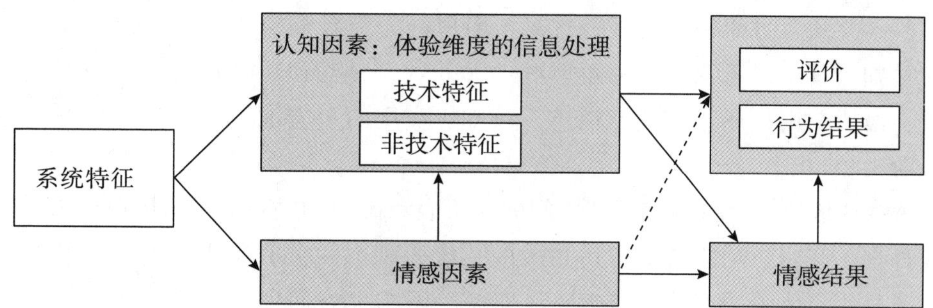

图9－7　用户体验评价框架模型

价过程产生的更为复杂的情感结果。

（3）APEC模型

维亚斯（Vyas）和范德伟（Van Der Veer）提出了设计用户体验的APEC（Aesthetic、Practical、Emotional and Cognitive）框架模型，即“审美、实用、情感和认知”框架模型，如图9－8所示。APEC框架遵循最基本的用户体验原则，即“在用户与其环境交互中通过行为与反馈的关联来交流期望的意思”。为此，APEC框架注重系统与用户的交互特征，并分析了它们之间的关联关系，该框架以交互为核心来理解用户与系

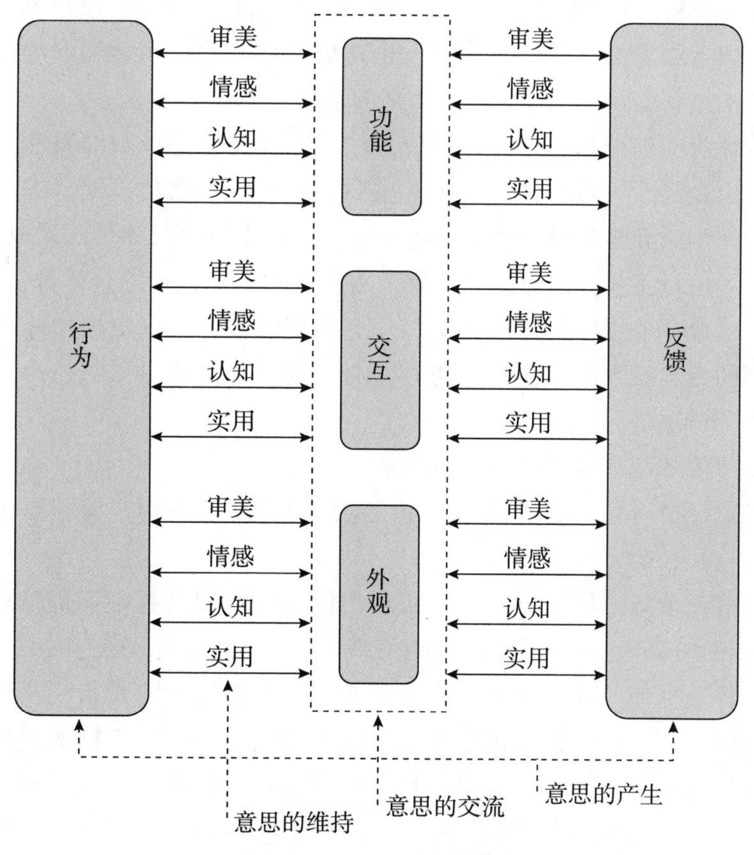

图9－8　APEC框架模型

统的体验，并从三方面进行展开。首先，用户行为和系统感知的反馈为“意思”的产生奠定基础；其次，系统的三种表现形式（外观、交互和功能）对用户与系统的沟通有帮助；最后，用户通过审美、情感、认知、实用四个方面展开交流，从而构建体验的准确含义。

在APEC框架中，行为和反馈之间的箭头表示不同的关联关系。用户行为和系统反馈通过外观、交互、功能三个密切相关的系统表现形式关联起来；而这三种系统表现形式又通过用户体验的审美、情感、认知、实用四个方面发生关联，从而影响这些系统表现形式的交流，帮助用户建立总体的体验。因此，灵活运用这些关联机制来改进用户行为和系统反馈之间意思的交流。

9.2.4　用户体验评价

用户体验是在用户使用产品或系统过程中建立起来的一种主观感受，是多种因素共同作用的结果。为了解、比较、分析用户体验的好坏，需要一套系统的、科学的方法在综合影响用户体验因素的基础上对用户体验进行评价，以明确产品或系统用户体验的改进方向和优化策略，不断提升用户体验水平。

用户体验评价就是针对产品或系统在特定环境下的特定用户/用户群，选定影响用户体验的相关因素或者指标，通过构建评价指标体系，并采用适当的评价方法，将多个因素或指标汇集为衡量用户体验总体水平的过程。

用户体验评价的理论基础是综合评价方法，综合评价是指对多属性体系结构描述的对象系统做出全局性、整体性的评价。按照权重产生方法的不同，综合评价方法可分为主观赋权评价法和客观赋权评价法两大类，其中主观赋权评价法采取定性的方法，由专家根据经验进行主观判断而得到权数，然后再对指标进行综合评价，如德尔菲法、层次分析法、综合评分法、模糊评价法等；客观赋权评价法则根据指标之间的相关关系或各项指标的变异系数来确定权数进行综合评价，如主成分分析法、熵值法、变异系数法、聚类分析法等。

用户体验评价的基本步骤包括以下几点。

第一，确定评价目标，也就是根据评价的产品或系统的用户体验要求以及使用环境和用户群体特征，确定评价目标。

第二，构建评价指标体系，通过分析用户体验影响因素选择评价指标，进一步根据各项指标与用户体验总体关系及指标间关系，明确评价指标层级结构。

第三，指标数据预处理，由于用户体验既包括客观性的定量指标，又包括主观性的定性指标，因此用户体验指标预处理包括两方面内容，一是指标的量化，以使定性指标同定量指标从同一角度说明总体用户体验水平；二是指标的无量纲化，即消除指标之间不同计量单位对指标数值大小的影响，从而进行指标加总。

第四，确定指标权重，权重是指标在总体评价中的相对重要程度，反映了某一指标在指标体系中所起作用的大小，可以通过定量方法或定性方法来设定。

第五，综合评价及结果分析，计算综合评价得分，对评价结果进行分析。

当前，用户体验评价研究也存在定性和定量两类方法。马尔克（Mahlke）认为用户体验的评价方法应集成认知和情感因素，并将研究对象划分为技术因素的有用性和易用性。鲁比诺夫（Rubinoff）基于用户体验四要素，即品牌、实用性、功能性和内容，通过为每个要素设定描述参数及相应的评分机制，提出了一套用户体验的量化方法。

特里斯（Tullis）和阿伯特（Albert）提出绩效度量的概念来评估、测试一个产品的用户体验。它主要对成功率、时间、错误、效率和易学性这五种基本绩效度量类型进行评估，具有一定的普适性，不仅关注参与者所说的，更重要的是将度量结果建立在他们的行为之上。该方法的优点在于量化评估较客观，数据类型固定，便于分析；但其一维的绩效指标在考察目的、功能相差较大的产品时容易产生较大的误差。

浙江大学的尹志博等根据用户体验的层次结构提出了三种量化方法：以行为为中心的量化方法、以体验为中心的量化方法以及以任务为中心的量化方法。以行为为中心的量化方法侧重测量用户体验过程中行为的时间与效率；以体验为中心的量化方法是通过对体验过程中的满意度、情绪反映以及审美反应的综合计算所得到的；以任务为中心的量化方法则是从目标层评测用户体验，并按照“常用”“非常用”“个性常用”这三个评级进行量化。这三种量化方法在实际应用中要结合使用，其优点在于从不同的角度量化评估用户体验目标。但是由于每种方法的测试点不同，无映射关系，其评估结果相对独立。

崔宇等从用户体验目标入手，在尼尔森可用性准则的基础上提出了基于核心体验目标的用户体验量化方法。该方法采用根据评估对象核心任务确定量化标准的逆向过程，不仅使量化结果更加直接和客观，也使其评估目标聚焦于产品用户体验的改善。其特点在于通过量化检测产品内部更迭版本和同类产品的用户体验，辅助决策评估对象的用户体验提升发展方向并指定产品策略。其不足在于，对于量化核心维度的权重计算较为简单，忽略了一些次要因素，并且，整体产品的用户体验度量也需要配合其他主观评价方法。

邱明辉从可用性概念、评价指标、评价方法三个方面对数字图书馆可用性评价研究做了综述，指出：①每一种评价方法都有其优缺点；②评价方法有很多种，应根据不同的评价目的、任务和对象进行选择；③多种方法的组合评价能产生更好的评价效果。

9.2.4.1 指标权重的确定

用户体验的综合评分依赖于各个单项指标的分值以及权重，指标权重取值可由用户灵活配置。确定指标权重的方法包括传统的专家赋值法和层次分析法两种。专家赋值法就是根据专家打分或主观经验来进行赋权。在这里，主要说明层次分析法。

（1）层次分析法概述

层次分析法（Analytic Hierarchy Proeess，AHP）是由美国著名运筹学家、匹兹堡大学教授沙旦（Thomas L. Saaty）于20世纪70年代提出的，是定性与定量相结合的决策分析方法。层次分析法解决问题的思路是：首先，将需要解决的问题按照一定的标准分解为若干相互之间亲合性较小的因素，这种将问题进行分解的行为是可以嵌套的，也就是说，可以不断对分解出来的因素进行再次分解，直到分解出问题最本质、最底层的问题。通过这种分解行为，就可以形成决策的影响因素框架，这是一个层次的结构。其次，是对这次层次结构中的影响因素的重要性进行分析，这个分析最终的结果就是可以决定与决策相关的影响因素对最终决策的重要性。通常采用两两比较后再进行数学处理的方式来进行。

AHP 分析法具有如下几个优点。

第一，简洁性。AHP 的基本原理比较容易理解，运算的步骤也非常简单，使用计算器就可以完成全部的运算。

第二，适用性。AHP 的分析方法比较容易掌握，分析的过程能够使决策者对问题有充分的认识。因此，AHP 应用范围较为广阔，在经济、医疗、地理、军事指挥、科技、设计、法律等领域均有应用。

第三，系统性。AHP 分析法是在对需要决策的问题进行系统的分析、分解的基础上做出的决策，需要研究决策影响因素之间的关系。其对问题的认识较为全面，是一种系统性的决策思维方式。

第四，实用性。从学科方面来看，AHP 隶属于多目标决策分析。但是 AHP 分析过程中将定量的分析与定性的分析结合起来，做到了这两种方式的统一。由于 AHP 分析具有简洁性，综合来讲 AHP 的实用性较强。

虽然拥有诸多优点，AHP 理论还是存在一定的局限性。第一，AHP 只能用于在给定方案之间进行比较，不能给出新的方案。第二，AHP 分析法需要专家支持，比如构造专家评判矩阵等，这样就受到专家的观点或看法的束缚，如果专家的判断不合理，就会对最终评价结果造成影响。第三，AHP 需要对专家构造的评判矩阵进行一致性验证，如果不满足一致性要求，则需要重新构造专家评判矩阵并进行相应的运算，直到通过一致性检验。

（2）层次分析法步骤

AHP 方法的基本思想是：对于复杂的决策问题中一些无法度量的因素，引入的度量标度，通过构造评判矩阵，衡量各因素之间的相对重要性，从而为有关决策提供依据。

算法主要分为以下四个步骤。

第一步，对复杂决策问题的影响因素构建多层次的评价模型。

第二步，根据同一层次上的参数相对于上一级某参数的重要性进行两两比较，构造专家评判矩阵。

第三步，根据评判矩阵，计算各参数的归一化的权重。

第四步，对计算结果进行相容性判断。

算法的详细过程分析如下：

1）对复杂决策问题的影响因素构建多层次的评价模型。

为了便于说明，假设我们已经构建了多层次的评价模型。由于层次分析法是用于判断同一层次的参数相对于上一层次某参数重要的方法，这里将模型简化为单层，如图 9－9 所示。

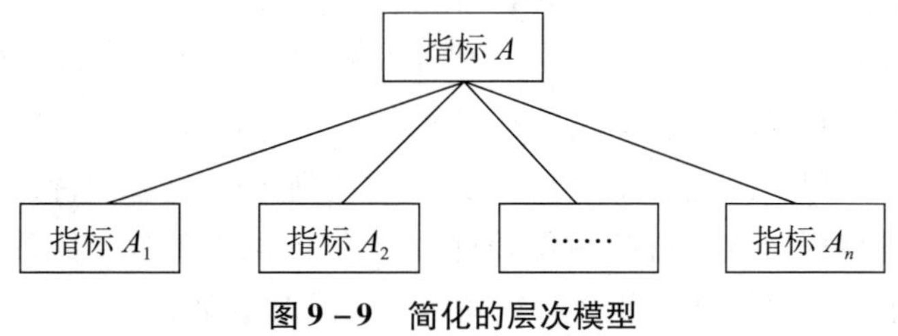

图 9－9　简化的层次模型

2）构造评判矩阵。

假设有 n 个指标，指标 A_1，A_2，…，A_n 相对于上层指标 A 的重要性分别为 w_1，w_2，…，w_n。现将重要性两两进行比较，如表 9－1 所示。

表 9－1　　重要性比较

	A_1	A_2	…	A_n
A_1	w_1/w_1	w_1/w_2	…	w_1/w_n
A_2	w_2/w_1	w_2/w_2	…	w_2/w_n
⋮	⋮	⋮	⋮	⋮
A_n	w_n/w_1	w_n/w_2	…	w_n/w_n

用矩阵来表示这种相互关系：

$$\boldsymbol{B} = \begin{pmatrix} w_1/w_1 & w_1/w_2 & \cdots & w_1/w_n \\ \vdots & \vdots & & \vdots \\ w_n/w_1 & w_n/w_2 & \cdots & w_n/w_n \end{pmatrix}$$

则 $\boldsymbol{B}$ 称为评判矩阵。这个评判矩阵中的元素 b_{ij} 满足下列特征：$b_{ii}=1$，$b_{ij}=1/b_{ji}$，$b_{ik}\times b_{kj}=b_{ij}$。

评价矩阵中的元素 b_{ij} 就表示两个元素的相对重要性，这个重要性也可以称为评判尺度，可以用表 9－2 来定义。

表 9-2　　评价尺度定义

评判尺度取值	定义
1	B_i 和 B_j 同样重要
3	B_i 比 B_j 稍微重要
5	B_i 比 B_j 重要
7	B_i 比 B_j 重要得多
9	B_i 比 B_j 绝对重要
2，4，6，8	介于以上相邻两个指标之间

3）根据评判矩阵，计算各参数的归一化的权重。

若取向量 $W=[w_1, w_2, \cdots, w_n]^T$，则有 $BW=\lambda_{max}\times W$。W 是评判矩阵 B 的特征向量，λ_{max}是 B 的一个特征值。由线性代数可知，λ_{max}是矩阵 B 的唯一一个非零特征值，也是最大的特征根。由此可知，只需要求出评判矩阵的最大特征值及其所对应的特征向量，然后对特征向量进行归一化处理，就可求出 B_i相对于 A 的重要性了。在这里，采用方根法来计算最大特征值及特征向量，计算步骤如下：

①计算评判矩阵 B 的每一行元素的乘积 M_i。

$$M_i = b_{i1}b_{i2}\cdots b_{in} = \prod_{j=1}^{n} b_{ij}, i = 1,2,\cdots,n$$

②计算 M_i 的 n 次方根 $w_i^{(0)}$。

$$w_i^{(0)} = \left(\prod_{j=1}^{n} b_{ij}\right)^{1/n}, i = 1,2,\cdots,n$$

③对向量 $w^{(0)} = (w_1^{(0)}, w_2^{(0)}, \cdots, w_n^{(0)})^T$ 进行归一化处理。

令 $w_i = w_i^{(0)} / \sum_{i=1}^{n} w_i^{(0)}$，进而得到另一个向量 $w = (w_1, w_2, \cdots, w_n)^T$，这个向量就是所求的特征向量。

④计算矩阵的最大特征值 λ_{max}。

$$\lambda_{max} = \frac{1}{n}\left[\frac{\sum_{j=1}^{n} b_{1j}w_j}{w_1} + \frac{\sum_{j=1}^{n} b_{2j}w_j}{w_2} + \cdots + \frac{\sum_{j=1}^{n} b_{nj}w_j}{w_n}\right]$$

4）进行相容性判断。

如果评判矩阵 B 被判断为有偏差，则称 B 为不相容评判矩阵。度量相容性的指标为 C. I.（Consistence Index）：

$$\text{C. I.} = \frac{\lambda_{max} - n}{n - 1}$$

一般情况下，C. I. ≤0. 1，就认为评判矩阵 A 具有相容性，由此计算出来比较权重就是可以接受的。否则需要重复第②步的工作重新构造评判矩阵。此外，如果评判矩阵的维数较大，那么判断的一致性会变差，可以通过引入修正值 R. I. 的方式，这样就可以更为合理地判断高维的评判矩阵。引入修正值后，度量相容性的指标变为：

$$C.R. = \frac{C.I.}{R.I.}$$

其中修正值 R. I. 参照表 9－3 选择：

表 9－3　　　　修正值 R. I. 参照表

维数	1	2	3	4	5	6	7	8	9
R. I.	0	0	0. 52	0. 89	1. 12	1. 26	1. 36	1. 41	1. 46
维数	10	11	12	13	14	15			
R. I.	1. 49	1. 52	1. 54	1. 56	1. 58	1. 59			

通过以上步骤的运算，就可以判断出相同层次的指标对上层指标的相对权重了。

9. 2. 4. 2　用户体验评价调查问卷

针对用户体验评价指标体系中的定性指标，我们设计如下调查问卷，将这些指标定量化，如表 9－4 所示。

表 9－4　　　　调查问卷

调查问卷
1. 系统设计风格符合目标用户的审美习惯，并具有一定的引导性。 A. 非常不赞同　B. 不赞同　C. 中立　D. 赞同　E. 非常赞同
2. 系统 Logo 清晰展示而又不占据过分空间。 A. 非常不赞同　B. 不赞同　C. 中立　D. 赞同　E. 非常赞同
3. 页面布局重点突出，主次分明，一目了然。 A. 非常不赞同　B. 不赞同　C. 中立　D. 赞同　E. 非常赞同
4. 系统页面色彩与品牌整体形象相统一，主色调和辅助色一共不超过三种颜色。有恰当的色彩明度和亮度，能确保浏览者的浏览舒适度。 A. 非常不赞同　B. 不赞同　C. 中立　D. 赞同　E. 非常赞同
5. 动画效果与主画面相协调，打开速度快，动画效果节奏适中，不干扰主画面浏览。 A. 非常不赞同　B. 不赞同　C. 中立　D. 赞同　E. 非常赞同
6. 页面导航的导航条清晰明了、突出，层级分明。 A. 非常不赞同　B. 不赞同　C. 中立　D. 赞同　E. 非常赞同
7. 页面大小适合多数浏览器浏览（以 15 英寸及 17 英寸显示器为主），不存在显示不完全或者显示布局不合理的情况。 A. 非常不赞同　B. 不赞同　C. 中立　D. 赞同　E. 非常赞同

续 表

调查问卷
8. 图片比例协调、不变形，图片清晰。图片排列既不过于密集，也不会过于疏远。 A. 非常不赞同 B. 不赞同 C. 中立 D. 赞同 E. 非常赞同
9. 图标简洁、明了、易懂、准确，与页面整体风格统一。 A. 非常不赞同 B. 不赞同 C. 中立 D. 赞同 E. 非常赞同
10. 各栏目的命名与栏目内容准确相关，简洁清晰易懂。 A. 非常不赞同 B. 不赞同 C. 中立 D. 赞同 E. 非常赞同
11. 栏目层级最多不超过三层，导航清晰，层级之间可伸缩展示。 A. 非常不赞同 B. 不赞同 C. 中立 D. 赞同 E. 非常赞同
12. 对于内容分类，同一栏目下，不同分类区隔清晰，不会互相包含或混淆。 A. 非常不赞同 B. 不赞同 C. 中立 D. 赞同 E. 非常赞同
13. 每一个栏目能确保拥有足够的信息量，能避免某个栏目无内容的情况出现。 A. 非常不赞同 B. 不赞同 C. 中立 D. 赞同 E. 非常赞同
14. 栏目内容是原创性，具有较好的可读性。 A. 非常不赞同 B. 不赞同 C. 中立 D. 赞同 E. 非常赞同
15. 栏目内容有稳定的、较高的更新频率，能吸引浏览者经常浏览。 A. 非常不赞同 B. 不赞同 C. 中立 D. 赞同 E. 非常赞同
16. 文章段落标题加粗，以区别于内文。 A. 非常不赞同 B. 不赞同 C. 中立 D. 赞同 E. 非常赞同
17. 为新文章提供不同标识（如“new”标识），吸引和方便用户查看。 A. 非常不赞同 B. 不赞同 C. 中立 D. 赞同 E. 非常赞同
18. 重要内容在首页设有导读，使得浏览者可以了解到所需信息。文字截取准确，避免断章取义。 A. 非常不赞同 B. 不赞同 C. 中立 D. 赞同 E. 非常赞同
19. 在频道首页或文章左右侧，提供精彩内容推荐，吸引用户浏览。 A. 非常不赞同 B. 不赞同 C. 中立 D. 赞同 E. 非常赞同
20. 在用户浏览文章的左右侧或下部，提供相关内容推荐，吸引用户浏览。 A. 非常不赞同 B. 不赞同 C. 中立 D. 赞同 E. 非常赞同
21. 在页面的醒目位置，提供信息搜索框，便于用户查找到所需内容。 A. 非常不赞同 B. 不赞同 C. 中立 D. 赞同 E. 非常赞同
22. 支持用户打印页面内容。 A. 非常不赞同 B. 不赞同 C. 中立 D. 赞同 E. 非常赞同

续 表

调查问卷
23. 标题与正文有明显间隔，段落清晰。 A. 非常不赞同　B. 不赞同　C. 中立　D. 赞同　E. 非常赞同
24. 采用易于阅读的字体，避免文字过小或过密造成阅读障碍。 A. 非常不赞同　B. 不赞同　C. 中立　D. 赞同　E. 非常赞同
25. 可对字体进行大中小设置，以满足不同用户的阅读习惯。 A. 非常不赞同　B. 不赞同　C. 中立　D. 赞同　E. 非常赞同
26. 页面底色不干扰主体页面内容的阅读。 A. 非常不赞同　B. 不赞同　C. 中立　D. 赞同　E. 非常赞同
27. 页面长度适中，不存在页面过长影响阅读的情况。 A. 非常不赞同　B. 不赞同　C. 中立　D. 赞同　E. 非常赞同
28. 对于长篇文章，进行分页显示阅读。 A. 非常不赞同　B. 不赞同　C. 中立　D. 赞同　E. 非常赞同
29. 为有明确目的的用户提供快速入口。 A. 非常不赞同　B. 不赞同　C. 中立　D. 赞同　E. 非常赞同
30. 为用户提供清晰的网站指引。 A. 非常不赞同　B. 不赞同　C. 中立　D. 赞同　E. 非常赞同
31. 查找相关内容可以显示在搜索引擎前列。 A. 非常不赞同　B. 不赞同　C. 中立　D. 赞同　E. 非常赞同
32. 表单填写尽量采用下拉选择，需填写部分需注明要填写内容，并对必填字段做出限制（如手机位数、邮编等，避免无效信息）。 A. 非常不赞同　B. 不赞同　C. 中立　D. 赞同　E. 非常赞同
33. 表单提交成功后，应显示感谢提示等信息，以告知用户表单提交成功。 A. 非常不赞同　B. 不赞同　C. 中立　D. 赞同　E. 非常赞同
34. 对于交互性的按钮能够清晰突出，确保用户可以清楚地点击。 A. 非常不赞同　B. 不赞同　C. 中立　D. 赞同　E. 非常赞同
35. 用不同的颜色标识浏览过的信息，以区分于未阅读内容，避免重复阅读。 A. 非常不赞同　B. 不赞同　C. 中立　D. 赞同　E. 非常赞同
36. 若表单填写错误，能够指明填写错误之处，并保存原有填写内容，以减少用户的重复工作。 A. 非常不赞同　B. 不赞同　C. 中立　D. 赞同　E. 非常赞同

续 表

调查问卷
37. 用户提问后，后台要及时反馈，后台显示有新提问以确保回复及时。 A. 非常不赞同 B. 不赞同 C. 中立 D. 赞同 E. 非常赞同
38. 当用户在使用中发生任何问题，可通过系统随时提供反馈意见。 A. 非常不赞同 B. 不赞同 C. 中立 D. 赞同 E. 非常赞同
39. 为用户关注的问题设置调查，并显示调查结果，提高用户的参与度。 A. 非常不赞同 B. 不赞同 C. 中立 D. 赞同 E. 非常赞同
40. 搜索提交后，显示清晰列表，并对该搜索结果中的相关字符以不同颜色加以区分。 A. 非常不赞同 B. 不赞同 C. 中立 D. 赞同 E. 非常赞同
41. 尽量减少新开的窗口，避免开过多无效窗口，设置弹出窗口的关闭功能。 A. 非常不赞同 B. 不赞同 C. 中立 D. 赞同 E. 非常赞同
42. 确保资料的安全保密，不留资料泄露的安全隐患。 A. 非常不赞同 B. 不赞同 C. 中立 D. 赞同 E. 非常赞同
43. 无论用户浏览到哪一个层级，哪一个页面，都可以清楚看到该页面的路径。 A. 非常不赞同 B. 不赞同 C. 中立 D. 赞同 E. 非常赞同
44. 对于每一个操作进行友好提示，以增加用户的亲和度。 A. 非常不赞同 B. 不赞同 C. 中立 D. 赞同 E. 非常赞同
45. 对于集团企业及相关企业的链接，应该具有相关性。 A. 非常不赞同 B. 不赞同 C. 中立 D. 赞同 E. 非常赞同
46. 对于流程较复杂的服务，提供帮助中心进行服务介绍。 A. 非常不赞同 B. 不赞同 C. 中立 D. 赞同 E. 非常赞同
47. 系统缺少用户所需要的功能。 A. 非常不赞同 B. 不赞同 C. 中立 D. 赞同 E. 非常赞同
48. 系统有些功能满足了用户的功能需求，但是使用起来不够简单便捷。 A. 非常不赞同 B. 不赞同 C. 中立 D. 赞同 E. 非常赞同

9.2.5 基于 RUEI 监控指标的用户体验评价

用户体验评价指标体系中的定量指标可以通过系统监控工具来进行测量，在这里，通过表 9－5 说明这些定量指标落实到 RUEI 中的哪些监控指标，以指导这些定量指标的量化测量。

表 9－5 **RUEI 监控指标**

<table>
<tr><th>三级指标</th><th>四级指标</th><th>RUEI 指标</th><th>备注</th></tr>
<tr><td rowspan="20">可用性</td><td rowspan="14">页面错误</td><td>内容错误页访问量</td><td rowspan="20">响应超时和无响应均需通过计算响应时间来判断如果能测量计算出响应时间，但该响应时间超过一定的阈值，则说明响应超时；如果无法测量计算响应时间，则说明无响应</td></tr>
<tr><td>内容错误页访问量（%）</td></tr>
<tr><td>内容正常页访问量</td></tr>
<tr><td>内容正常页访问量（%）</td></tr>
<tr><td>错误页访问量</td></tr>
<tr><td>错误页访问量（%）</td></tr>
<tr><td>网络错误页访问量</td></tr>
<tr><td>网络错误页访问量（%）</td></tr>
<tr><td>网络正常页访问量</td></tr>
<tr><td>网络正常页访问量（%）</td></tr>
<tr><td>服务器错误页访问量</td></tr>
<tr><td>服务器错误页访问量（%）</td></tr>
<tr><td>Web 站点错误页访问量</td></tr>
<tr><td>Web 站点错误页访问量（%）</td></tr>
<tr><td rowspan="2">用户退出页面</td><td>客户端中止页访问量</td></tr>
<tr><td>客户端中止页访问量（%）</td></tr>
<tr><td rowspan="2">响应超时</td><td>每页端到端时间（毫秒）</td></tr>
<tr><td>页加载时间（秒）</td></tr>
<tr><td rowspan="2">无响应</td><td>每页端到端时间（毫秒）</td></tr>
<tr><td>页加载时间（秒）</td></tr>
<tr><td rowspan="8">响应时间</td><td rowspan="2">每页面端到端时间</td><td>每页端到端时间（毫秒）</td><td rowspan="8"></td></tr>
<tr><td>每页端到端时间 p95（毫秒）</td></tr>
<tr><td rowspan="2">每页面网络时间</td><td>每页网络时间（毫秒）</td></tr>
<tr><td>每页网络时间 p95（毫秒）</td></tr>
<tr><td rowspan="2">每页面服务器时间</td><td>每页服务器时间（毫秒）</td></tr>
<tr><td>每页服务器时间 p95（毫秒）</td></tr>
<tr><td>页面加载时间</td><td>页加载时间（秒）</td></tr>
<tr><td>页面阅读时间</td><td>页阅读时间（秒）</td></tr>
</table>

续　表

三级指标	四级指标	RUEI 指标	备注
负载能力	所有流量	所有流量	
	吞吐量	吞吐量（Kbps）	
	并发用户数	并发用户会话	
	单位时间点击数	每分钟应用程序点击	
		每秒钟应用程序点击	
		每分钟页访问量	
		每秒页访问量	
稳定性			稳定性即系统响应时间的均方根，所以需要先测量计算出平均响应时间

9.3　系统建设目标

目前，电网公司可通过技术手段，对内部 IT 资源系统的运行状态和各种性能指标进行监测，比如服务器的 CPU、硬盘空间、内存使用情况，网络设备的流量、延迟和丢包情况等，并通过综合分析这些状态和性能指标来给出业务系统的运行状况，间接反映业务系统的服务质量，对信息系统运维工作提供支撑。然而，对于用户使用系统的真实体验，系统各项功能的使用效果，以及系统使用过程中出现的问题，却难以把握。随着“以客户为中心”理念的深入，用户体验逐渐成为信息化服务的焦点，从用户体验视角进行可用性和性能分析成为现代运维管理中最为重要的服务水平监测和评价手段。为此，电网公司于 2011 年以试点方式部署实施了蓝科用户体验监控系统（UXM），选取 OA 系统作为监控对象，现已全面推广，把企业信息系统全部纳入监控。

UXM 采用网络旁路采集用户体验数据的工作原理收集终端用户的操作体验，为 IT 运维和业务管理人员提供客观真实的系统运行情况和服务质量数据，捕捉关键或异常操作，以及分析用户的行为习惯。UXM 从最终用户的视角，迅速发现后台监控所不能发现的故障和隐患，让问题解决在对最终用户产生实质性影响之前，从而更好地确保服务交付，有效提升用户满意度，在技术上与 IT 资源监控系统形成互补。同时，通过捕获和分析海量用户操作数据，挖掘最终用户的潜在需求和行为习惯，为优化系统操作提供依据。

在电网公司内部构建业务系统用户体验分析平台，实时监控用户使用各业务领域企业级管理信息系统的真实体验（涵盖视觉体验、阅读体验和交互体验），了解系统的实用化情况及运行效果，辅助挖掘系统使用过程中的问题，为系统优化提供直观依据，从而逐步提升信息系统用户满意度。具体包括以下几点。

第一，针对在建系统，为信息建设部门、业务部门提供信息系统试运行期的负载压力、响应时间、可用性、稳定性、功能缺陷、功能易用程度、界面美观程度等体验指标信息，促使系统问题尽早发现和解决。

第二，针对在运系统，为信息运维部门提供基于真实用户角度的系统性能及可用性评价，弥补现有运维工具仅针对 IT 基础平台进行监控的局限。通过丰富的统计报表功能，为运维人员提供翔实的系统性能瓶颈分析和运维指标统计功能，提高故障应急处理能力；通过体验异常预警功能，便于运维人员及时发现系统运行故障。

第三，面向业务部门提供信息系统的实用化情况，了解不同地域、不同分支机构的用户群体对系统的访问量，便于开展实用化评价；提供用户在业务流程方面的操作情况，通过用户行为分析发现业务流程设计的缺陷，促进业务流程优化。

9.4 系统架构与特色功能

9.4.1 系统架构

9.4.1.1 系统技术结构

系统采用三层技术结构，分别是数据采集层、数据处理层和管理展现层，如图 9－10 所示。

系统工作流程包括数据采集、数据处理和数据分析三个环节：

1）数据采集负责获取应用服务器的网络通信数据包、协议分析与 TCP 流重组，并将处理后的数据传给数据处理层进行分析处理。网络流量可通过交换机端口镜像或网络分流器实现旁路采集。

2）数据处理层主要对采集层传输过来的数据进行进一步加工处理，包括根据应用配置信息对动作进行命名，以及识别用户、事务、地域、用户组等，并且按各种指标维度对用户体验数据进行汇总统计，生成多种统计主题的数据供展现。

3）管理展现层提供丰富的人机交互界面，包括体验概览、用户体验定检、定量指标统计查询、定性指标统计查询、问卷调查、关键业务体验统计查询、问题清单、TOP 排行、事件管理、告警通知等主体功能。

9.4.1.2 系统部署架构

业务系统用户体验平台于2014 年在省级部署，由 17 台服务器组成，包括用户体验

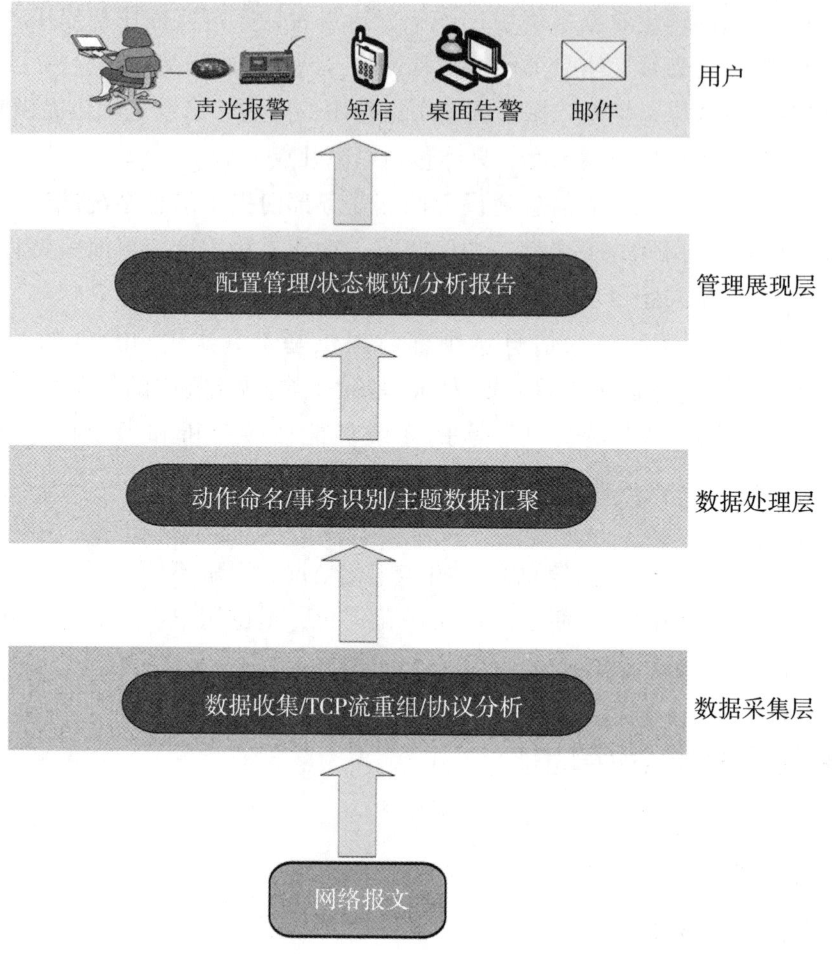

图 9－10　系统技术架构

数据库服务器、用户体验分析引擎服务器、采集管理服务器、采集服务器、用户体验管理服务器、指标评分数据库服务器、指标评分应用服务器、主动模拟采集服务器等，系统部署架构如图 9－11 所示。

其中，采集服务器负责数据采集，分析引擎服务器负责数据处理，用户体验管理服务器负责数据展现，指标评分服务器则负责对业务系统的用户体验进行评分，以一种量化的形式表现用户体验的好坏程度。而采集服务器与主动模拟服务器的区别在于使用不同的采集方式：前者通过网络交换机镜像端口采集，属于被动式；后者是模拟用户操作进行采集，属于主动式。

对业务系统用户体验平台来说，用户访问应用服务器产生的网络流量越大，TCP 流重组的消耗就越高；用户访问量越大，数据处理的任务就越繁重。因此，在决定使用多少台采集服务器时可参考业务系统应用服务器的网络流量及在线用户数两个指标。目前使用 6 台采集服务器大概能支撑 20 套以内，大集中部署模式的企业级管理信息系统。

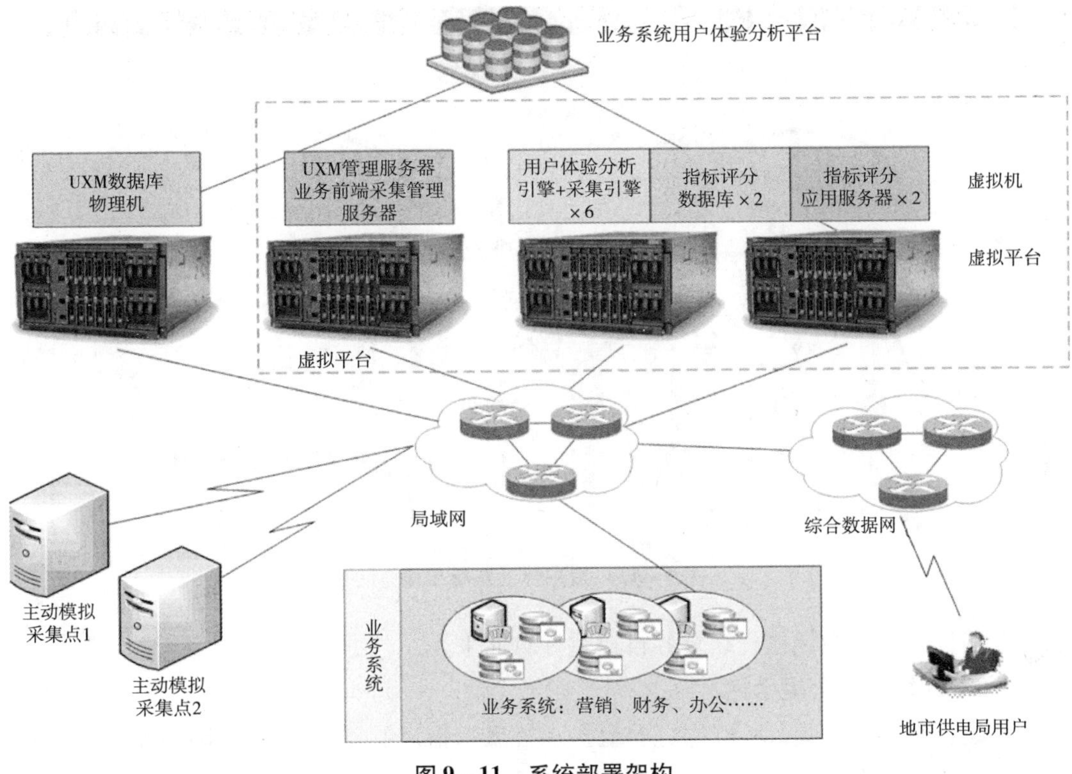

图9-11　系统部署架构

9.4.2　系统特色功能

业务系统用户体验平台利用信息化手段实现了一套基于用户体验的电力企业级管理信息系统运行质量评价体系，直接反映了信息系统性能和功能方面的质量特性。它提供多项特色功能，主要包括用户体验指标仪表盘、红绿灯告警提示栏、用户体验定检、关键业务定量指标统计查询、调查问卷、模拟用户主动访问、指定 IP 的用户会话跟踪与体验分析等。

9.4.2.1　用户体验指标仪表盘

在系统首页采用直观、显眼的仪表盘展示信息系统的用户体验指标分数，涉及交互体验维度中的定量指标①，阅读体验、视觉体验和交互体验维度中的定性指标②。如图9-12所示，仪表盘有红、黄、绿（从左至右）三种颜色区域，代表不同的分数段：指标得分超过80分为绿灯；60分到80分之间为黄灯；小于60分的为红灯。

六个仪表盘分别显示指定业务系统的用户体验指标总体得分、四类定量指标（页面可用性、响应时间、负载压力、稳定性）得分及一个定性指标得分。总体得分是根

① 定量指标：可使用准确数量定义、精确衡量的指标，是对评价对象的一种客观描述。
② 定性指标：无法使用准确数量定义、精确衡量的指标，是对评价对象的一种主观描述。

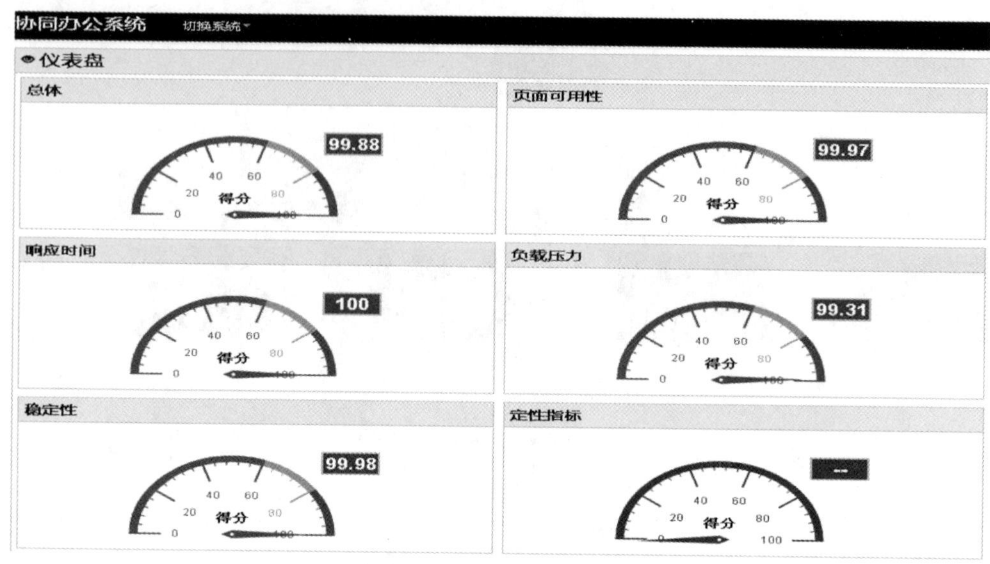

图 9-12　用户体验指标仪表盘

据定量指标和定性指标得分结合各自权重计算而来。

9.4.2.2　红绿灯告警提示栏

系统首页还使用醒目的红绿灯告警提示栏展示指定业务系统的定量指标得分情况，每 5 分钟刷新一次。与仪表盘不同，告警提示栏能展示更小维度的定量指标得分，并按指标得分从低到高排列，配以红绿灯可供监控人员快速判断用户体验的正常或异常，如图 9-13 所示。

系统告警提示栏

序号	指标维度	内容	记录时间	得分 ▽	红绿灯 ▽
1	负载压力	并发会话数	2016-01-12 00:40	99.39	●
2	负载压力	吞吐率	2016-01-12 00:40	99.74	●
3	页面可用性	页面响应超时率	2016-01-12 00:40	99.74	●
4	负载压力	每分钟页面数	2016-01-12 00:40	99.97	●
5	页面可用性	页面无响应率	2016-01-12 00:40	100.00	●
6	响应时间	页面网络时间（局域网）	2016-01-12 00:40	100.00	●
7	响应时间	页面服务器时间	2016-01-12 00:40	100.00	●
8	响应时间	客户端时间	2016-01-12 00:40	100.00	●
9	响应时间	页面网络时间（综合数据网）	2016-01-12 00:40	100.00	●

9　1 /2　每页 9 条,共 11 条

图 9-13　红绿灯告警提示栏

9.4.2.3　用户体验定检

此功能实现按月度查询业务系统的用户体验评价报告，并提供规范格式的报告导出功能。报告内容包含两部分：一是业务系统交互体验的四类定量指标评价表，包含

指标含义、评分规则、基准值与实际值、得分、同比环比等信息；二是定检结论，系统能自动生成描述详细的定检结论。结论中首先告知用户该业务系统的月度用户体验综合得分及评价等级，并根据内置的告警条件逐个判断定量指标值是否触发告警，若有异常则提醒用户进一步关注相应的指标详情，若正常也应告知用户。这个智能化功能设计极大减轻了用户耗在定检报表上的工作量。

9.4.2.4 关键业务定量指标统计查询

系统为关键业务提供定量指标统计查询功能。关键业务是由用户自定义的热点、核心业务操作，在系统中称为“事务”。以协同办公系统为例，关键业务包括首页登录、查看待办列表、公文转发等。用户可按事务查询体验的定量指标，如平均服务器耗时、平均网络传输耗时、访问次数、平均加载时间、平均客户端时间等。定量指标采用频率可按不同的时间颗粒度选择，最小为 5 分钟，最大为 1 天。

9.4.2.5 模拟用户主动访问

模拟用户主动访问功能可定期模拟用户操作业务系统的行为（模拟行为需预先定义），以采集用户体验定量指标数据，如响应速度、网络流量等。主动模拟功能可不间断运行，即使在没有真实用户访问业务系统的情况下依然能够获知系统的运行状态和运行质量。这个特性使得平台能够准确区分无真实用户访问及业务系统宕机两种情况，从而自动统计业务系统可用率、运行率等关键运维指标，如图 9－14 所示。

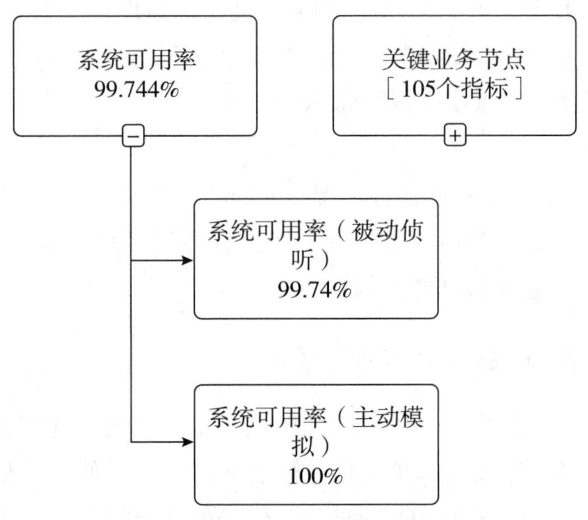

图 9－14　业务系统可用率统计

9.4.2.6 指定 IP 的用户会话跟踪与体验分析

用户可自行配置需要关注的 IP 地址，通过此功能跟踪指定 IP 的会话信息，对相应用户的体验进行统计分析，包括响应时间、耗时最长的页面、用户最常用的操作、出错最多的页面、关键业务 KPI 等。这一功能特性能协助 IT 部门了解企业关键用户的体验情况，据此制订重点优化方案。

9.5 应用效果

项目于2014年12月竣工验收，截至目前平台已稳定运行近2年。这套分析平台不仅能使企业信息部门随时了解管理信息系统的历史与实时用户体验信息，还与IT集中监控系统做接口，将多套企业级信息系统的用户体验关键指标在IT服务台进行展示。此外，用户体验评分结果还作为评价管理信息系统运行质量的主要依据之一，选取页面可用性、页面响应时间和系统稳定性等几类定量指标考察管理信息系统的交互体验，每月自动生成各系统的用户体验定检报告，用以指导系统的优化和完善。

综上所述，业务系统用户体验分析平台的投运在管理、技术和业务三个层面为电网公司带来明显的价值与效益。

（1）管理效益

使IT部门能够直面业务需求和用户体验，帮助建立基于用户体验的服务水平管理体系，提升IT运维管理的精细化程度；促进信息系统用户体验水平的提升，降低人工访谈获取体验感受产生的成本。

（2）技术价值

完善现有应用系统问题的检测方法，能监控到传统IT设备监控工具无法发现的问题，对应用异常进行预警，改善IT部门的被动地位；帮助运维人员快速确认应用问题，帮助定位性能瓶颈，有效加快问题解决速度；提供丰富的用户体验数据并对其进行深度分析，为系统优化和完善提供线索和依据。

（3）业务价值

帮助业务部门掌握系统业务运行情况，例如每天用户访问量及业务笔数有多少，业务量的高峰和低谷在什么时段，哪些业务的体验最好，系统出错影响到哪些业务等，为改善管理信息系统的业务服务能力提供数据支持。

9.5.1 促进信息系统运行质量的改善

新上线或处在试运行系统，一般程序问题比较多。可充分利用平台提供的问题清单和辅助诊断工具，帮助开发人员尽早发现和解决问题，从而使系统尽快进入稳定运行状态。对于正式投运移交给运维部门的系统，系统出现性能问题的概率多些。可充分利用平台提供的监控报告和性能问题诊断工具，提早发现性能隐患并有计划地安排系统优化工作，同时，还可利用平台对优化后的效果进行量化评价。2015年起公司选取了协同办公、财务应用、资产、人力资源等使用相对频繁且对用户体验要求较高的业务系统进行持续跟踪和优化，取得了不错效果，下面对这些系统跟踪和优化的案例做简单介绍。

案例一：用户体验分析平台对A公司优化后的2015年11月份数据进行监测，并与优化前的2015年10月份数据进行对比分析，系统总体性能提升1.7%，平均页面总耗时降低40.9%，服务器耗时降低25.9%，网络传输耗时降低35%，客户端耗时降低66.2%。观察优化后2015年11月份性能总体趋势，性能波动性也明细减小，系统稳定性得到明显提高。

案例二：某公司B财务系统于2015年4月份纳入用户体验分析平台进行监控，监控结果显示平均总耗时2.06s，其中客户端耗时1.49s，占比72%，说明应用程序有很大优化空间。开发商根据用户体验分析平台提供的差性能动作清单对相关页面进行分析和优化，经过几个月的跟踪和优化，到2015年10月份页面平均总耗时降到0.808s，客户端耗时降到0.614s，取得了比较明显效果，如图9-15所示。

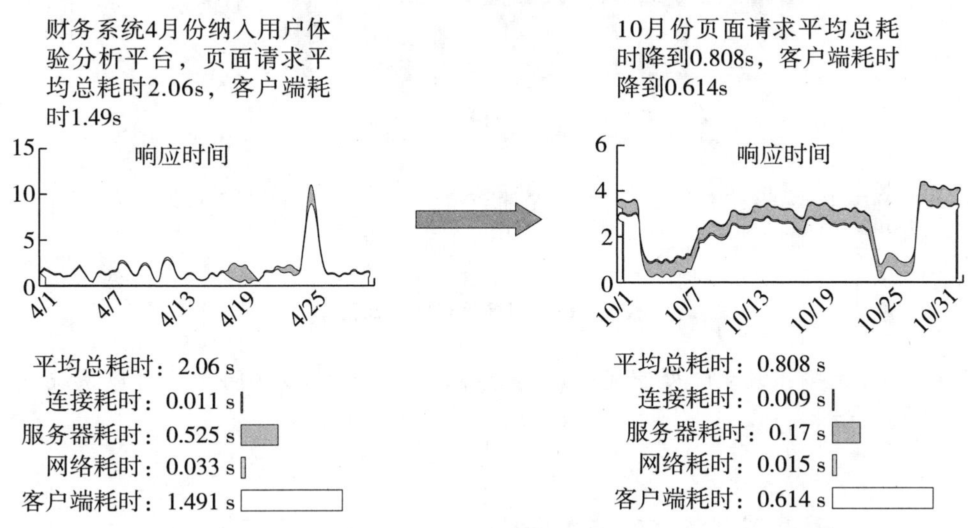

图9-15 财务系统优化结果

案例三：某公司C人力资源管理系统V2.0根据用户体验监控发现卡慢现象，根据需求做了如下配置调整：①中间件设置数据库连接池设置，将初始容量设为10，最大容量设为200；②中间件设置最大打开套接字数，由原设置为300调整至50000；③数据库设置定时任务，每日23：00执行数据库表分析任务，整理数据库大表索引；④修改jvm参数2G调整为4G，增加中间件可使用服务器内容容量；⑤在程序包中的web.xml加上会话超时参数设为15分钟，缩短长时间不操作的用户占用系统资源的时间，避免应用节点会话长时间不能释放；⑥开启连接池的测试连接配置优化效果：平均耗时下降16%，服务器耗时下降22%。

9.5.2 日常监控发现问题

案例四：某公司D供电期间，10：00通过用户体验分析平台主动模拟访问功能，发现财务系统部分节点访问缓慢，经与“1000号”座席确认，期间约有100个用户反映卡慢等异常现象，经管理员核查为财务系统部分应用节点异常导致，采取把异常节点从集群中的暂时停用的方式处置，如图 9－16 所示。

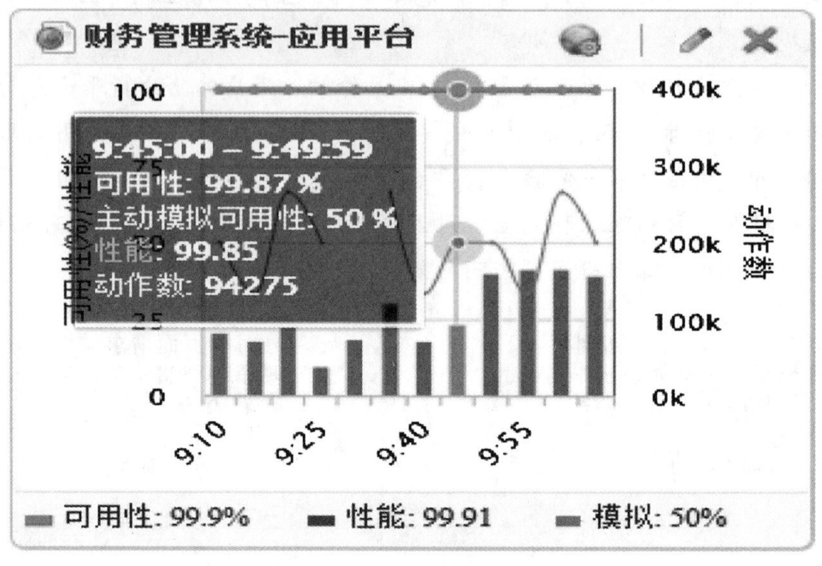

图 9－16　财务管理系统故障

13：00，财务系统故障处理完毕，用户体验的主动模拟访问显示财务系统业务恢复，如图 9－17 所示。

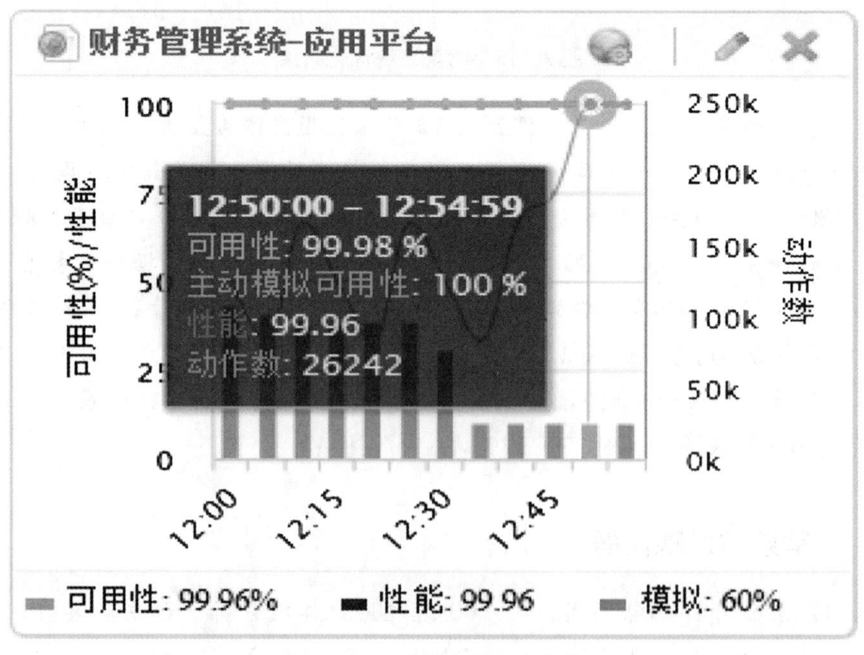

图 9－17　财务管理系统恢复

9.6 小结

电网公司以用户体验指标体系论为指导，贯彻“以客户为中心”的理念，通过信息化手段实现了基于用户体验的管理信息系统运行质量评价，IT 部门能够全面关注 IT 设备、IT 资源及业务系统的用户体验水平。而信息系统的用户体验水平提升，始终取决于最终用户、信息部门和业务系统开发商三者的互动程度。在项目投运阶段不断分析、优化与改进用户体验，才能切实推进管理信息系统的实用化。

10 电网信息网络及管理信息系统智能安全防护

10.1 引论

随着信息化浪潮的推进，企业级管理信息系统已经成为公司各项业务正常开展的基石，公司的精益化管理也同样离不开企业级管理信息系统的支撑。就目前来看，信息系统的设计架构已经从分散建设转为集中建设，应用范围已经从部门级应用转变为企业级应用，服务目标已经从业务驱动转变为战略驱动。

企业级信息系统已经成为信息安全防护的重中之重。企业级信息系统网省级集中后表现出以下特点：系统架构变得更加复杂，公司局域网业务和互联网业务并行，数据中心虚拟化、云计算成为趋势，移动应用成为系统架构中的新需求。这些新的特点都给企业级管理信息系统的安全防护带来新的挑战。

在公司外部，信息安全威胁日益严峻，抱有各种目的的黑客团体、组织、个人，可以采用诸多手段对企业的管理信息系统进行信息窃取、攻击和破坏。信息安全问题成为公司面临的重大问题。动态的安全威胁迫使企业在制订企业级信息系统安全防护策略时，不仅要考虑安全防护的全面性，更要考虑向自动化、智能化方向转变。

本章将从管理信息系统安全防护角度，对现状进行分析，指出当前存在的问题，提出企业级管理信息系统智能安全防护体系建设思路，即构建主动防御、协同防御、纵深防御的全方位信息安全防御体系，并对全方位信息安全防御体系的实现进行说明。

10.2 安全防护国内外研究现状

如图 10 - 1 所示，信息安全发展大致经历了以下几个时代。

第一个时代是通信安全时代，其主要标志是 1949 年香农发表的《保密通信的信息理论》。在这个时期，通信技术还不发达，电脑只是零散地位于不同的地点，信息系统的安全仅限于保证电脑的物理安全以及通过密码（主要是序列密码）解决通信安全的保密问题。把电脑安置在相对安全的地点，不容许非授权用户接近，就基本可以保证数据的安全性了。这个时期的安全性是指信息的保密性，对安全理论和技术的研究也仅限于密码学。这一阶段的信息安全可以简称为通信安全。它侧重于保证数据在从一地传送到另一地时的安全性。

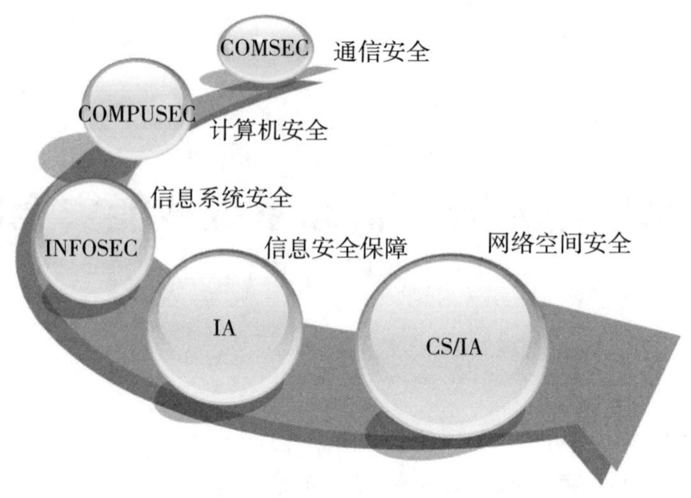

图 10－1　信息安全的几个时代

第二个时代为计算机安全时代，以 20 世纪 70—80 年代《可信计算机评估准则》（TCSEC）为标志。在 20 世纪 60 年代后，半导体和集成电路技术的飞速发展推动了计算机软、硬件的发展，计算机和网络技术的应用进入了实用化和规模化阶段，数据的传输已经可以通过电脑网络来完成。这时候的信息已经分成静态信息和动态信息。人们对安全的关注已经逐渐扩展为以保密性、完整性和可用性为目标的信息安全阶段，主要保证动态信息在传输过程中不被窃取，即使窃取了也不能读出正确的信息；还要保证数据在传输过程中不被篡改，让读取信息的人能够看到正确无误的信息。1977 年美国国家标准局（NBS）公布的国家数据加密标准（DES）和 1983 年美国国防部公布的《可信计算机系统评价准则》（TCSEC－Trusted Computer System Evaluation Criteria，俗称橘皮书，1985 年再版）标志着解决计算机信息系统保密性问题的研究和应用迈上了历史的新台阶。

第三个时代是在 20 世纪 90 年代兴起的信息系统安全时代。从 20 世纪 90 年代开始，由于互联网技术的飞速发展，信息无论是在企业内部还是在企业外部都得到了极大的开放，而由此产生的信息安全问题跨越了时间和空间，信息安全的焦点已经从传统的保密性、完整性和可用性三个原则衍生为诸如可控性、抗抵赖性、真实性等其他的原则和目标。信息安全的关注点从计算机安全转移到信息系统安全。

第四个时代是进入 21 世纪的信息安全保障时代，其主要标志是《信息保障技术框架》（IATF）。如果说对信息的保护，主要还是处于从传统安全理念到信息化安全理念的转变过程中，那么面向业务的安全保障，就完全是从信息化的角度来考虑信息的安全了。体系性的安全保障理念，不仅关注系统的漏洞，而且从业务的生命周期着手，对业务流程进行分析，找出流程中的关键控制点，从安全事件出现的前、中、后三个阶段进行安全保障。面向业务的安全保障不是只建立防护屏障，而是建立一个“深度防御体系”，通过更多的技术手段把安全管理与技术防护联系起来，不再是被动地保护自己，而是主动地防御攻击。也就是说，面向业务的安全防护已经从被动走向主动，安全保障理念从风险承受模式走向安全保障模式。信息安全阶段也转化为从整体角度考虑其体系建设的信息安全保障时代。

第五个时代即信息安全保障已经从单个系统的信息安全保障拓展到整个网络空间安全的保障时代。

10.3 当前企业级信息系统安全防护存在的问题

10.3.1 企业级信息系统内部的脆弱性长期存在

大集中后的企业级信息系统架构更加复杂，服务覆盖范围更加广泛，发生安全事件后的影响更加重大。企业级信息系统运行所依赖的网络设备、服务器、操作系统、数据库、中间件和应用程序本身的漏洞和缺陷长期存在并且难以消除，不断积累，导致系统整体的安全风险升高。

10.3.2 双网业务共存，外部威胁复杂多样

随着公司业务的发展，业务系统越来越频繁需要与外网应用进行信息交互，无论采用物理隔离还是逻辑隔离技术措施，企业内部的信息流都与外界保持着一定的联系。互联网业务和公司局域网业务共存，这就给公司的网络与信息系统安全运行带来了极大的威胁。

10.3.3 云计算、虚拟化环境下的新安全风险

在云计算、虚拟化环境下，传统的网络边界变得越来越模糊。传统的网络边界，一般都是按照网络中资源重要程度的不同进行区域划分，各个区域之间边界明确，然后再在不同区域根据安全需求不同采取相应的边界防护措施。但在云计算环境下，由于大量运用虚拟化技术、资源池化技术，导致云计算环境内服务器、存储设备和网络设备等硬件基础设施被高度整合，多个系统同时运行在同一个物理设备上，传统的网络边界正在被打破。

在虚拟化平台上建立新的服务器节点时，都是将标准虚拟机模板进行复制操作，得到一个新的服务器节点。这时标准虚拟机模板的补丁、安全配置、安全软件就非常重要，可决定整个云数据中心的安全。用户是否具备能力进行安全配置和安全加固？是否自觉安装安全软件？任何一个环境出问题都可能导致云平台受到入侵的威胁。

10.3.4 安全检测和安全防护不能实现联动

为了不断应对新的安全挑战，公司范围内先后部署了防火墙、UTM（通用横墨

卡托投影)、入侵检测和防护系统、漏洞扫描系统、防病毒系统、终端管理系统等，构建起了一道道安全防线。然而，这些安全防线都只能抵御来自某个方面的安全威胁，形成了一个个“安全防御孤岛”，无法产生协同效应。这些复杂的IT资源及其安全防御设施在运行过程中不断产生大量的安全日志和事件，形成了大量“信息孤岛”，有限的安全管理人员面对这些数量巨大、彼此割裂的安全信息，操作着各种产品自身的控制台界面和告警窗口，显得束手无策，工作效率极低，难以发现真正的安全隐患。安全事件数量多、分布比较分散，技术分析比较复杂，因此，安全事件也是比较难以管理的要素。在实际工作中，不同的系统由不同的安全管理员管理，面对大量的日志和安全事件，管理员没有充足的时间和精力对大量的日志和安全事件进行逐一分析和察看，安全系统和设备的日志没有发挥其应有的作用。另外，企业日益迫切的信息系统审计和内控要求、等级保护要求，以及不断增强的业务持续性需求，也给公司信息安全环境提出了严峻的挑战。

在传统的安全防护措施下，无论是杀毒软件还是WAF/IPS系统（Web应用防护系统）具备丰富渗透经验的黑客都会有各种手段逃避检测。面对经验丰富、技能高超、具备反检测能力的入侵者，传统的安全存在以下安全风险：

第一，防病毒软件、防毒网关单纯依靠特征库进行安全检测，对于未知的病毒特征依赖专业人员进行判断，无法及时发现和消除。

第二，防火墙只能控制经过其本身的非法访问和攻击，而对不经防火墙的访问和攻击却无能为力，若防火墙安全策略设置不规范，则无法提供访问控制的功能。

第三，IPS具备实时入侵检测并拦截攻击的功能，但却又不能防护特征库以外的攻击行为。

这些传统的安全产品已经无法适应现在日益变化多样的网络攻击行为，黑客工具千变万化，攻击手法层出不穷，各种新型病毒，0day漏洞频繁出现，传统安全产品的防护效果已大打折扣。

现有的信息安全防护体系无法防护那些经验丰富、技能高超的入侵者，往往在被入侵成功产生了恶意影响后才启动应急预案，对系统进行修复和加固，处在一种被动式的安全防护环境之中。

10.4 企业级管理信息系统智能安全防护精益化管理思路

企业级管理信息系统智能安全防护就是要构建主动防御、协同防御、纵深防御的全方位、智能化的信息安全防御体系，该防御体系的特点是主动、协同、智能、全面，该防御体系具备下面四种能力：快速全面的威胁感知能力、主动协同的安全防御能力、积极的应急响应能力和完整的安全管控能力，如图10－2所示。

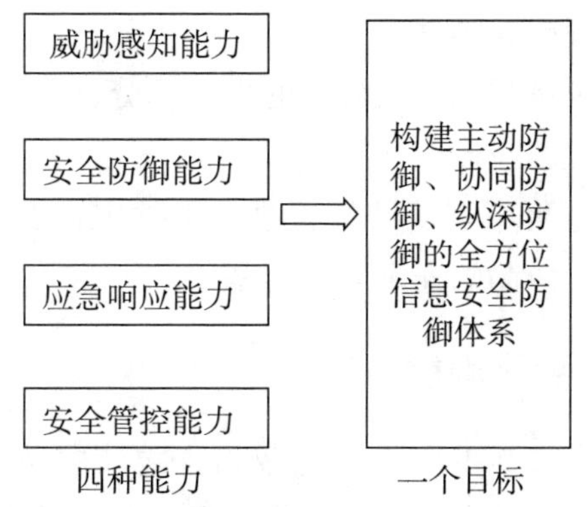

图 10－2　智能安全防护精益化管理思路

10.4.1　快速全面的威胁感知能力

信息安全威胁感知可以分为 5 个逐渐演进的发展阶段，如图 10－3 所示。

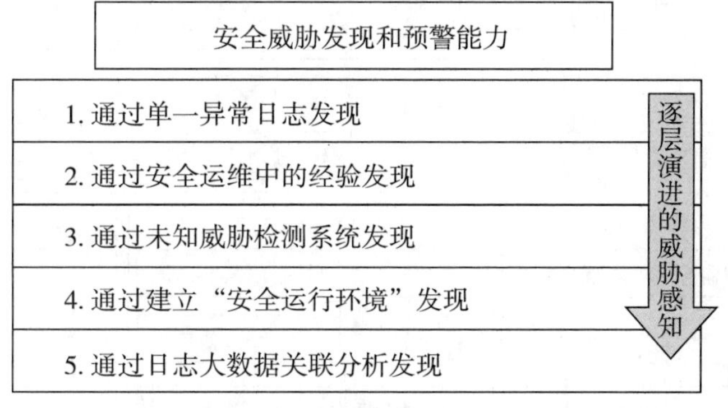

图 10－3　安全威胁发现和预警能力

第一级：通过单一异常日志发现安全威胁。例如互联网应用服务器发现病毒事件、服务器自动重启等。这些异常来源于单一事件。

第二级：通过安全运维中的经验发现威胁。例如安全运维人员根据其经验发现应用系统页面延时异常、配置无记录的变更、Web 文件大小异常等。

第三级：通过未知威胁检测系统发现异常威胁。未知威胁检测系统内置虚拟机，可以对网络中的文件进行还原并在虚拟环境中运行，感知其异常行为，以脱离特征码的方式去发现未知威胁。

第四级：通过建立“安全运行环境”发现威胁。安全运行环境是通过记录业务正常运行环境中的网络会话信息，形成“白环境”安全运行策略。任何违反白环境的行为都属于异常，从而产生异常事件告警。

第五级：通过日志大数据关联分析发现威胁。大数据分析系统通过分析大量安全系统、应用系统的日志，挖掘其中的异常事件，通过多维度的证据链证实威胁的存在，实现大数据关联分析去发现威胁事件。

这里的大数据关联分析是智能安全防护的重要部分，只有具备了发现威胁的能力，才能实现开展智能防护系统的建设。

发现威胁越准确，就越可根据威胁情报进行事件定位、主动阻断攻击。快速、全面、准确的威胁感知是主动协同的安全防护的基础。

10.4.2 主动协同的安全防御能力

安全防御是指攻击正在发生时，在未造成损害之前主动阻断攻击源，实现主动安全防护。主动安全防御需要各种安全设备协同进行。它需要安全检测设备（IDS、SOC、WAF 威胁检测中心等）、安全分析系统或模块、安全防护设备（防护墙、IPS、WAF 等）协同联动，才能形成主动协同的安全防御能力，如图 10－4 所示。

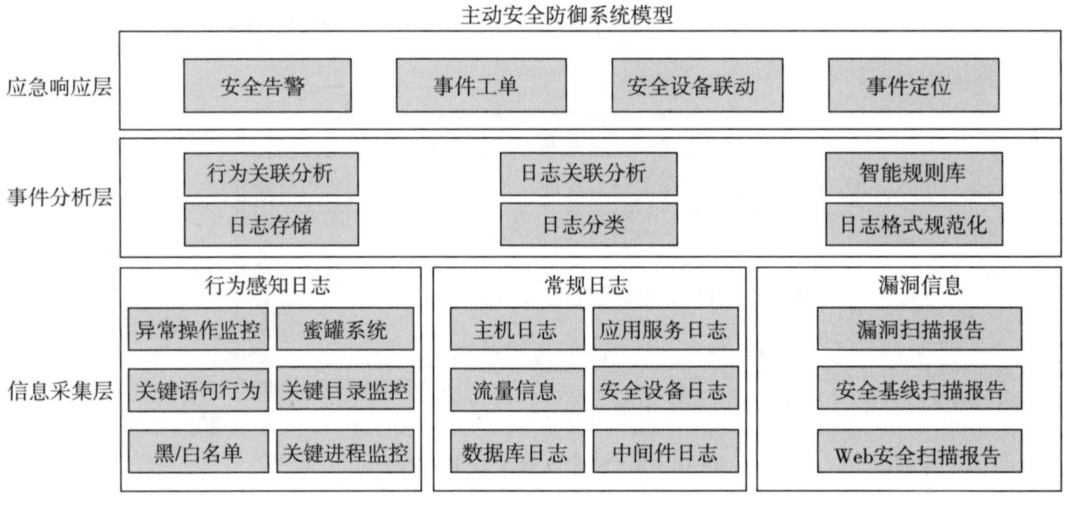

图 10－4 主动安全防御系统模型

10.4.3 积极的应急响应能力

应急响应能力主要包括信息安全保障团队的组建，信息安全应急机制的建立、与外部信息安全部门沟通机制的建立、应急预案的制订等，也包括信息安全故障设备的快速恢复、攻击事件的快速处理等。

10.4.4 完整的安全管控能力

根据外部威胁和内部脆弱性，制订信息安全防护策略，并持续优化改进，闭环管控。包括持续的信息安全风险评估、持续的系统入网安评、渗透测试、漏洞整改、合规检查等。

主动防御指在网络攻击进行的过程中进行安全事件感知，从而第一时间产生威胁告警，生成安全事件告警工单并下发到指定人员负责采取安全风险控制措施。

协同防护是指系统可具备联动防火墙、IPS 等安全设备阻断攻击源，实现设备间的协同工作，相互实现功能补充，达到高效、及时、准确的安全防御目标。

纵深防御是指多种安全防护设备、安全监测设备、安全大数据关联分析系统同时实现攻击行为的感知。

10.5 企业级管理信息系统智能安全防护实践

10.5.1 快速全面的威胁感知——威胁情报的集中化与可视化

建立统一的威胁监控分析中心。将全网的 IPS、IDS、安全扫描设备、未知威胁设备、服务器、网络设备、日志中心日志纳入威胁监控分析中心，实时监测全网威胁，并以图形的方式实时展示出来，实现企业级信息系统整体安全态势的感知，如图 10－5、图 10－6 所示，并快速追踪定位攻击源，如图 10－7 所示。

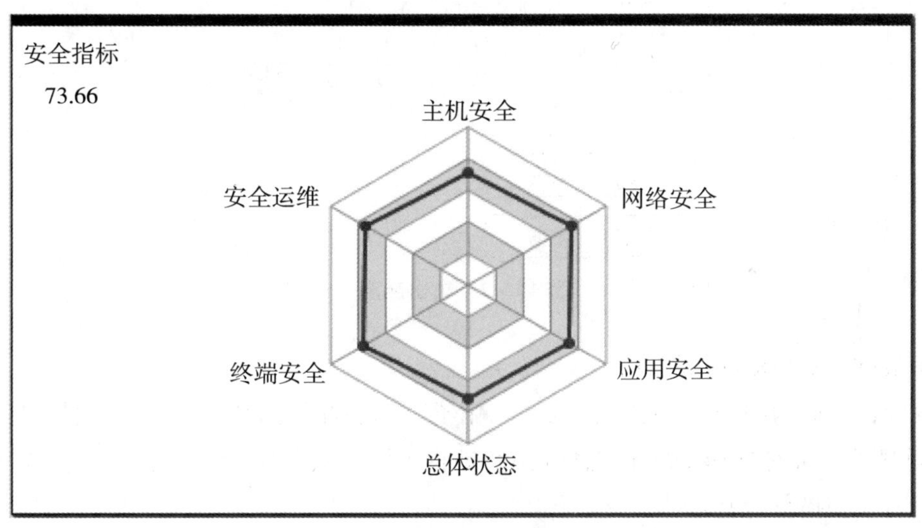

图 10－5　全网安全六维图

10.5.2 主动协同的安全防御——多种安全设备的联动防御

主动安全防御系统可在入侵行为正在进行期间，还未构成危害的时候主动阻断攻击源，实现主动安全防御的效果。

现有的安全设备中，防火墙主要用于访问控制，可以限制访问资源；但是对于来自 HTTP 等通用协议的扫描、注入、暴力破解则无能为力。

IPS/IDS 主要用于检测和拦截扫描、入侵等行为，中断入侵者的会话连接。可以阻断规则库中的攻击回话，但是入侵者 IP 并没有被封锁，还可持续不断地对目标站点进

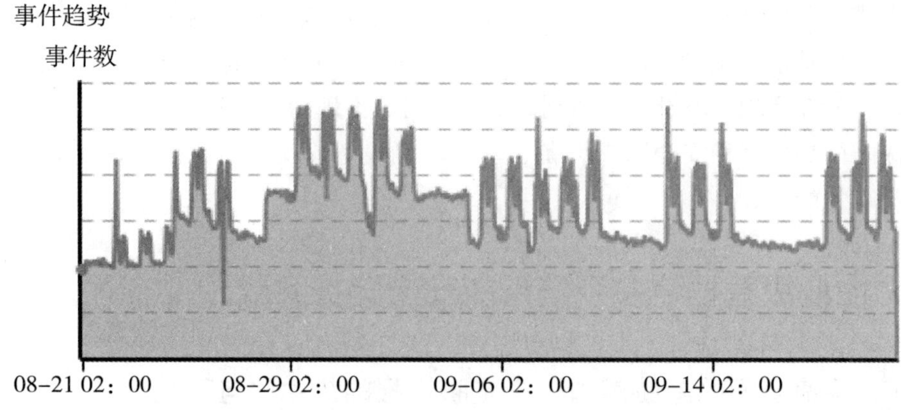

图 10－6　全网安全趋势

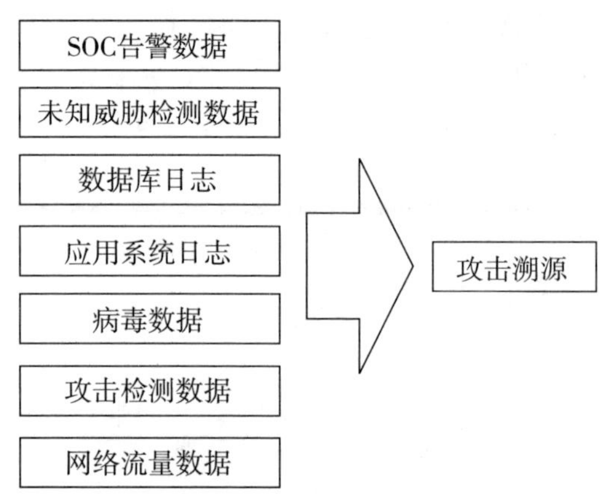

图 10－7　攻击溯源

行攻击尝试，潜在威胁依然存在。

目前，互联网中大量挖掘漏洞的“白帽子”，其对漏洞的挖掘都是通过扫描器加载 0day 漏洞或特殊攻击手法进行信息收集和远程探测，其前期行为都会在入侵检测系统中出现有关扫描行为日志。

在黑客的入侵过程中，首先会对目标进行扫描探测，发现漏洞，然后根据漏洞进行针对性的入侵行为，在进行扫描的过程中会触发入侵检测系统日志。黑客入侵的攻击链如图 10－8 所示。

本项主动安全防御的思路是将入侵检测与防火墙功能结合实现主动的安全防御：任何攻击行为首先需要通过扫描器进行漏洞信息采集行为，这些行为往往会在入侵检测系统上留下一些扫描信息记录。当检测到攻击行为，其行为达到一定的阈值则联动防火墙建立一条临时的 ACL（访问控制列表），阻止源 IP 对目标服务器的访问，阻断时间为数分钟。这足以让漏洞扫描器超时，无法继续扫描。其工作原理如图 10－9 所示。

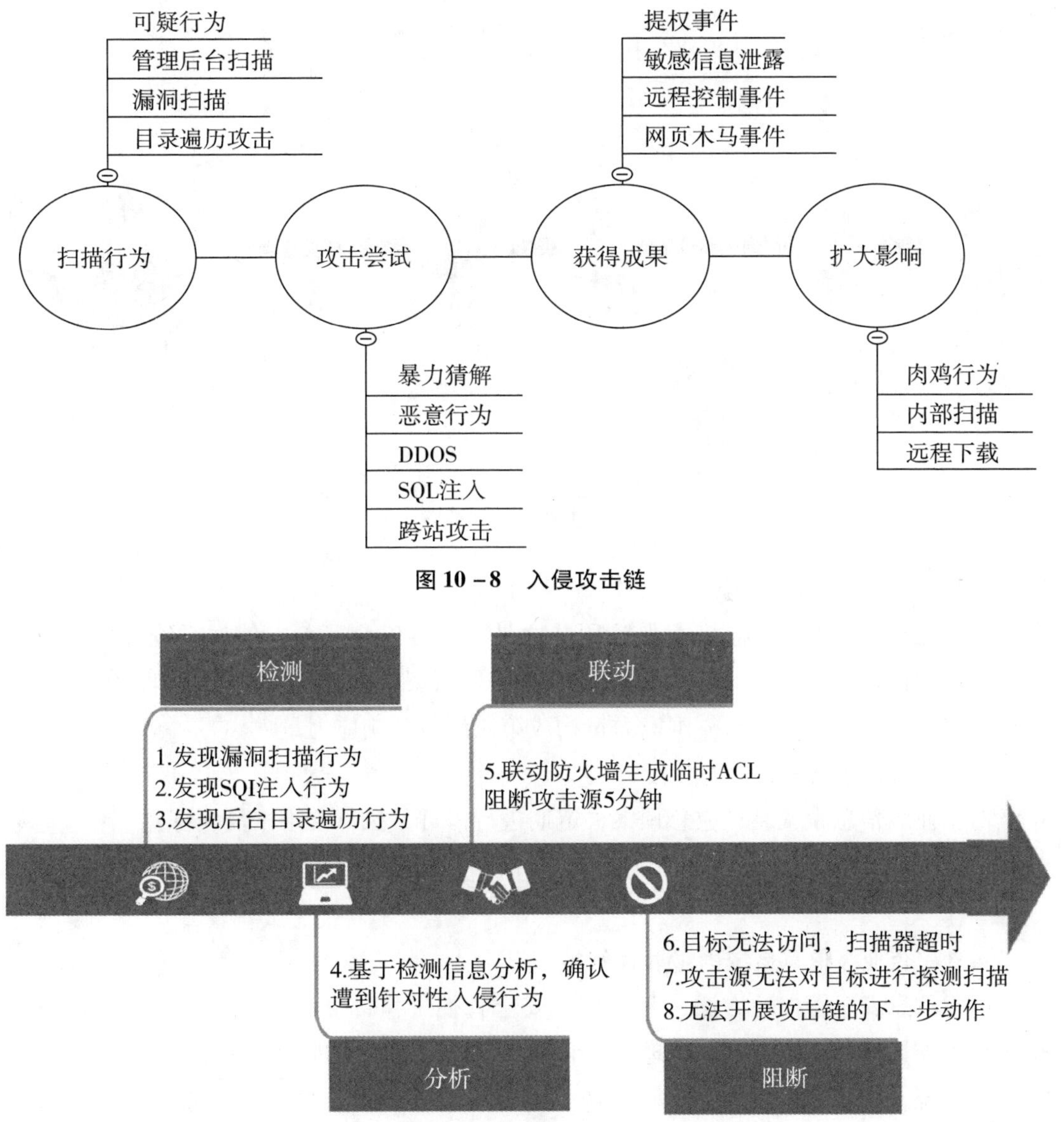

图 10－8　入侵攻击链

图 10－9　工作原理分析

当攻击链中的扫描行为和攻击尝试行为被探测后，达到设定的阈值后将触发防火墙功能模块去建立临时 ACL，将阻断攻击源 IP 数分钟，导致扫描器超时而无法继续进行漏洞探测等入侵行为，与防火墙联动实现主动协同的智能安全防御，如图 10－10 所示。

10.5.3　积极的应急响应——信息安全应急体系

10.5.3.1　公司自主人才培养

在企业级管理信息系统网省集中的情况下，在省公司层面选拔各地市局信息专业的业务骨干、技术专家，组成省级信息安全保障团队，优化安全保障方面的人力资源。

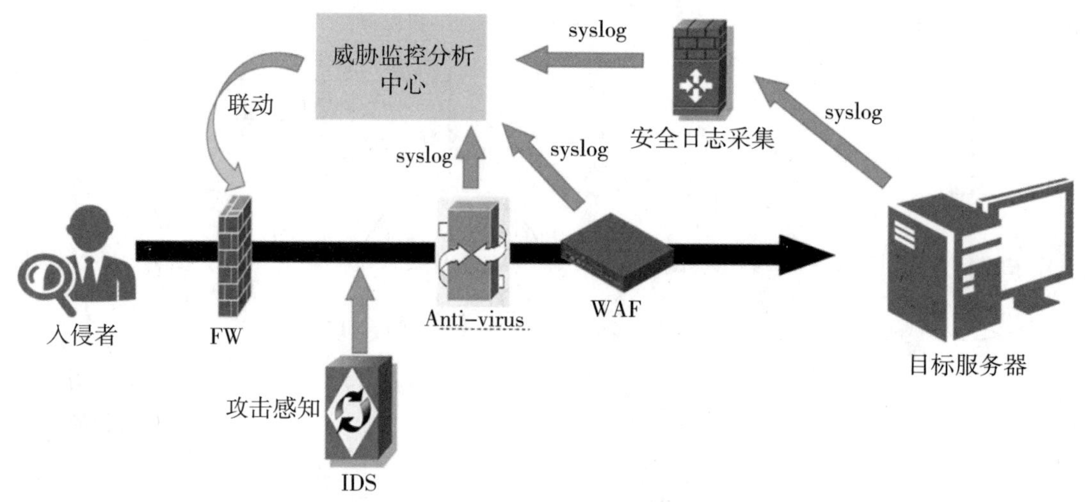

图 10－10　主动协同智能安全防御

10.5.3.2　三级应急响应组织

在成立公司本部的信息安全保障团队之外，与各安全厂商、信息系统开发商协同合作，构成信息安全保障的第二级应急力量。与国家信息安全管理部门合作，建立安全事件突发的沟通机制，依靠国家力量构成第三级应急响应力量。

10.5.3.3　应急预案的制订与执行

对企业级信息系统制订应急预案，定期进行修订，执行灾难恢复演练。

10.5.4　完整的安全管控——纵深防御体系

10.5.4.1　企业级信息系统的脆弱性管控

引入信息安全管控的方法，开展信息安全管控工作，形成全网统一遵循的信息安全顶层管控策略，对信息安全管理措施和信息安全技术手段进行指导和控制。

为了统一信息安全合规基准，解决信息安全标准众多，监管部门众多，国家和行业标准描述的颗粒度和维度不一致，合规工作的开展缺乏统一指引的问题，公司依据国家、行业、地方的政策法规和标准，信息安全制度和要求，创新性地通过建立框架、整合标准、细化方法、量化评价四个环节，构建《信息安全合规库》。经 2016 年修订后，《信息安全合规库》包括了 1305 项信息安全合规要求，合规范围涵盖管理和技术两大领域共 11 个控制层面：安全管理制度、安全管理机构、人员安全管理、系统建设管理、系统运维管理、物理安全、网络安全、主机安全、应用安全、数据安全和备份恢复。信息安全合规库成为日常信息安全工作的基准线。

10.5.4.2　云计算、虚拟化环境下的数据中心安全防护

（1）传统安全方案

1）每个虚拟机上安装防毒软件并设置统一的安全策略。

2）网络安全解决方案。

（2）虚拟化安全防护方案

当虚拟机存在高危漏洞时，可以打上虚拟补丁，防范虚拟机高危漏洞被攻击者利用。为停止支持的操作系统和应用程序提供补丁防护，从而延长旧有系统的使用寿命，节省升级及改造成本。许多组织都有不再具有或者不能升级补丁的应用程序或操作系统，虚拟补丁可以对这些系统提供保护。比如，Windows XP 系统即将退出市场，微软不再支持，但还有很多人使用，当有新的漏洞出现时无法防御，这时就可以使用虚拟补丁技术，解决由于更打补丁造成的业务中断和蓝屏等现象，从而降低运维风险。服务器的补丁部署，往往需要重新启动，会造成业务中断，甚至造成系统蓝屏等现象。使用虚拟补丁不需要重新启动电脑，也不会对系统和应用有任何影响，因为其没有对系统做任何操作。维持生产应用程序以实现更佳的运行时间和 SLA 性能。通过虚拟补丁修复，无须预设非工作时间的停机，即可保护关键应用程序免受漏洞威胁。

解决非 Windows 系统漏洞威胁。在服务器区域提供服务的操作系统包含 Linux、Solaris 等非 Windows 系统，在这些系统上往往运行关键业务系统，近些年来，这些系统发现越来越多的系统漏洞，并被黑客掌握、病毒感染，对业务系统及网络造成严重影响。虚拟补丁可以对这些系统提供漏洞保护，从而减少盲点。

这种解决方式反应快速，可缓解关键服务器和桌面暴露于新漏洞威胁的情况，有效避免泄露事件发生。虚拟补丁修复可及时提供漏洞防护，而无须进行应用程序修改，从而缩短了测试和部署关键补丁程序所需的时间，通过快速消除服务器中的关键漏洞，实现全面的安全防护，如图 10－11 所示。

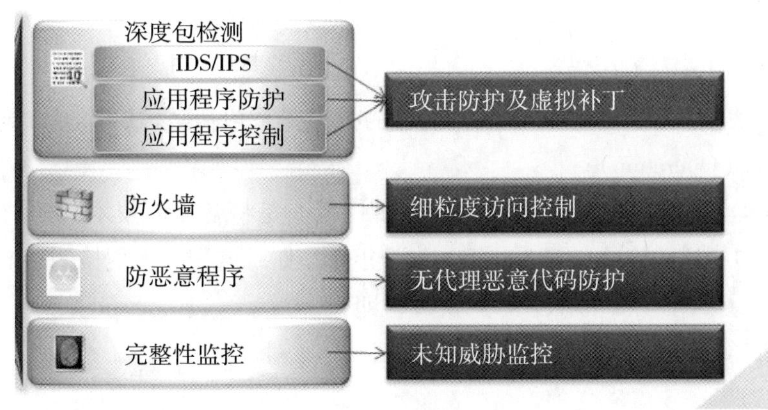

图 10－11　虚拟补丁

10.5.4.3　IATF 信息安全保障技术框架下的纵深防御

根据美国信息保障技术框架理论，IATF 有三个关键要素，如图 10－12 所示。

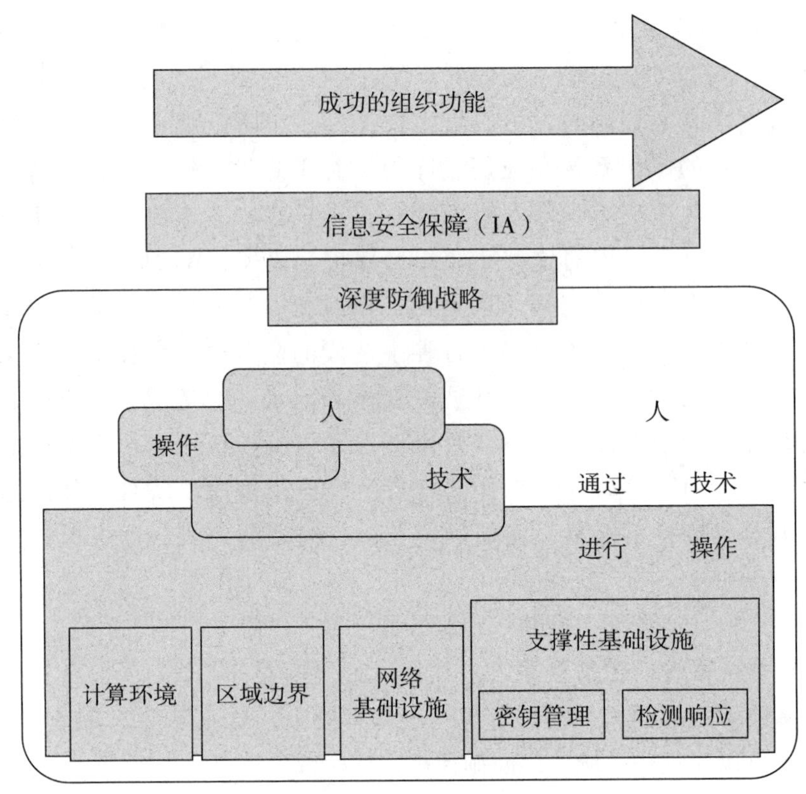

图10－12　IATF的三个关键要素

（1）人（People）

人是信息保障体系的核心，是第一位的要素，同时也是最脆弱的。基于这样的认识，安全管理在安全保障体系中愈显重要，包括意识培训、组织管理、技术管理、操作管理。

（2）技术（Technology）

技术是实现信息保障的重要手段，动态的技术体系包括防护、检测、响应、恢复。

（3）操作（Operation）

操作也叫运行，构成安全保障的主动防御体系。是将各方面技术紧密结合在一起的主动的过程，包括风险评估、安全监控、安全审计、跟踪告警、入侵检测、响应恢复。

IATF定义了四个主要的技术焦点领域，即：

1）本地计算环境。

2）区域边界。

3）网络基础设施。

4）支撑性基础设施。

这四个领域构成了完整的信息保障体系所涉及的范围，在每个领域范围内，IATF都描述了其特有的安全需求和相应的可供选择的技术措施，如图10－13所示。

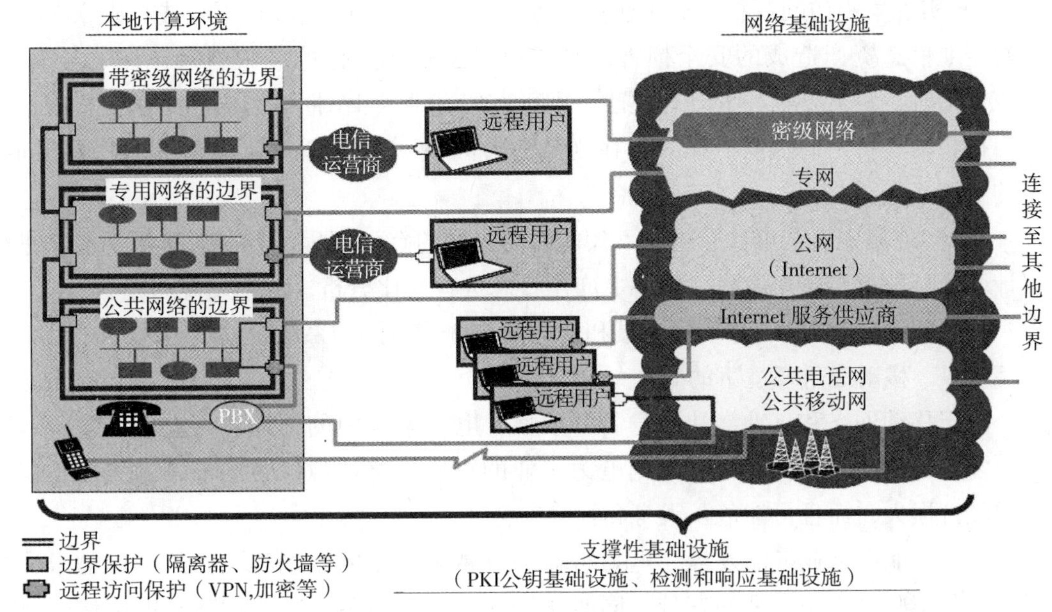

图 10－13　四个技术焦点领域

（1）安全区域重划分

根据《电力二次系统安全防护规定》（电监会 5 号令）规定和相关安全技术要求，结合分区、分级、分层、分域的防护原则，在新形势下，面对目前新的信息业务需求和安全态势，公司开展企业级管理信息系统建设、内外网数据交互、双网隔离、数据中心建设、企业私有云建设等多项工作和项目建设，以业务应用与核心资产的防护为主要目标，重新划分安全区域。

根据公司实际业务，公司及外联网络划分为生产控制大区、管理信息大区、综合数据网区域、互联网区域、专网区域 5 大区域。分区防护的重点是实现管理信息大区与其他区域的边界和管理信息大区内部的安全互联。区域边界是指网络之间、计算环境之间以及计算环境与网络之间完成连接的部件。

（2）企业级信息系统的统一认证和授权

为解决企业信息系统目前存在的账号管理难度大、口令管理不规范、管理维护难度大和安全审计困难等安全问题，企业有必要在局域网中部署支持统一用户账号管理、统一认证管理、统一授权管理和统一安全审计功能的企业统一认证平台系统。主要实现以下功能：

1）实现集中化的账号管理。管理员在一点上即可对不同系统中的账号进行管理，由系统自动同步不同系统下的账号，账号创建、分配过程均留下电子记录，便于审计。

2）实现集中化的身份认证。管理员不仅可以根据需要选择不同的身份认证方式，而且可以在不更改或只对应用进行有限更改的情况下，即可在原来只有弱身份认证手段的应用上，增加强身份认证手段，提高系统安全性。

3）实现集中访问授权。对企业资产进行有效保护，防止私自授权或权限未及时收回对企业信息资产造成的安全损害；对应用实现基于角色的授权管理，在人员离职、岗位变动时，只需要在一处进行更改，即可在所有纳入4A框架的应用中改变权限；可以为授权增加特定的限制，如只有在规定的时间段、来自特定地域的人员才能访问指定的资源。

4）实现集中安全审计管理。不仅能够对人员的登录过程、登录后进行的操作进行审计，而且能够将多个主机、设备、应用日志进行对比分析，从中发现问题。

5）实现单点登录。方便管理员和普通用户登录不同的系统。

10.5.4.4 移动应用环境下的安全

由于移动网络和移动终端自身的开放性，电力系统中的移动应用会不可避免地引入更多的安全风险。同时，考虑到电力工业的重要战略地位，智能电网的失控不仅会造成经济损失，而且可能危及人身和社会安全。

随着智能电网业务的发展，电力行业会有越来越多的现场移动无线应用需求，为了充分利用移动应用带来的好处，同时防护新型安全威胁，需要构建高度可信的智能电网移动应用安全架构来保障应用环境下的信息安全。目前企业对移动应用环境的安全有以下几种需求。

（1）病毒防护措施

智能手机平台都是建立在操作系统的基础上的，病毒在具备操作系统的手持设备中传播概率极高，因此，手机病毒防护已经成为移动互联网亟须解决的热点问题，为了确保移动互联网的安全运行以及业务的正常开展，可以建立控制、预警、检测以及实时响应等一系列安全防护流程以阻止手机病毒的传播，及时发现病毒并有效地对其进行隔离并处理掉。

（2）数据信息资料泄露安全防护

目前数据信息安全防护技术主要分为三类，其一是数据加密技术，数据加密技术是防止敏感数据信息泄露的主要技术，可以分为磁盘加密技术、文件类加密技术、硬件类别加密技术、网络信息加密技术等。数据加密技术通过各种算法实现对敏感信息加密，防止数据传输的过程中遭到截取，进而防止用户轻易访问敏感信息。其二是控制相关技术，控制类技术主要指的是相关访问控制策略技术，主要包括对数据集中管理以及控制，对数据添加访问权限控制，并定期对数据访问记录进行审查。其三是过滤类安全技术，数据安全过滤技术的主要措施是在网关的地方设置某些安全过滤硬件设备，此种设备能够详细地对HTTP协议、FTP协议以及POP 3等协议进行分析，通过对协议的分析过滤掉不安全的数据信息。

（3）数据传输安全

移动应用采用无线方式进行连接，意味着任何用户都可搜索到无线网络并尝试连接，这就给了非法分子可乘之机。因此需要设置无线网络准入认证、传输过程采用专线或者加密措施，提供数据传输的安全保证。

10.6 小结

企业级信息系统的智能安全防护需结合政策导向及新技术发展趋势，技术与管理并重、外防与内治结合。着重提升信息安全态势感知、预警通报与应急响应能力，巩固关键领域“进不来、拿不走、打不开、赖不掉”四道信息安全防线，构建主动防御、协同防御、纵深防御的全方位信息安全保障体系，确保公司信息安全。

参考文献

[1] 加瑞特. 用户体验要素 [M]. 范晓燕，译. 北京：机械工业出版社，2008.

[2] 邓戈锋. 业务应用系统非介入式用户体验监控技术探讨 [J]. 广西电力，2012，35 (6)：83 -87.

[3] 杭聪，刘强，张蔚东，王聪. 业务系统用户体验分析技术在电力企业级管理信息系统中的应用 [J]. 信息化建设，2016，4：252 -254.